U0856690

国家社会科学基金教育学一般项目“反思与重建：中国现代大学德性研究”（BIA130083）

江苏高校优势学科建设工程项目（江苏师范大学教育学）

江苏高校哲学社会科学优秀创新团队“现代大学治理”（江苏师范大学）建设项目

江苏师范大学博士教师科研支持项目

大学德性论

理念重审与制度重建

朱景坤 

On University Morality

Conceptual Reexamination and Institutional Reconstruction

中国社会科学出版社

图书在版编目（CIP）数据

大学德性论：理念重审与制度重建／朱景坤著．—北京：中国社会科学出版社，2023.4

ISBN 978－7－5227－1295－6

Ⅰ.①大…　Ⅱ.①朱…　Ⅲ.①高等学校—思想政治教育—研究—中国　Ⅳ.①G641

中国国家版本馆 CIP 数据核字(2023)第 024292 号

出 版 人　赵剑英
责任编辑　周晓慧
责任校对　刘　念
责任印制　戴　宽

出　　版　中国社会科学出版社
社　　址　北京鼓楼西大街甲 158 号
邮　　编　100720
网　　址　http://www.csspw.cn
发 行 部　010－84083685
门 市 部　010－84029450
经　　销　新华书店及其他书店

印刷装订　北京君升印刷有限公司
版　　次　2023 年 4 月第 1 版
印　　次　2023 年 4 月第 1 次印刷

开　　本　710×1000　1/16
印　　张　18.5
字　　数　307 千字
定　　价　99.00 元

凡购买中国社会科学出版社图书，如有质量问题请与本社营销中心联系调换
电话：010－84083683

序

大学在现代社会发展中承担着多重任务，发挥着多种功能。譬如，大学作为学术机构，依靠其对科学领域的全覆盖，成为知识生产、科学进步的主要力量。又如，大学作为“服务站”，通过推广知识、技术转化、创新开发，在社会进步、文化繁荣、经济发展中发挥着愈来愈重要的作用。当然，大学作为教育机构（这是大学之所以为大学的根本所在），其培养人才功能的实现对于现代社会来说更是不可或缺。据2020年的统计，中国已有普通高校2738所，各类高等教育机构在学人数4183万人，大学以每年几百万的毕业生为社会输送着高素质人才，不断提升国民的整体文化与学历水平。大学社会功能的正常发挥，不仅需要合理的制度与政策保障，而且需要大学不断提升自身的品质与能力。因此，大学的“德性”近年来成为人们关注的一个重要话题。朱景坤博士的这本专著——《大学德性论：理念重审与制度重建》正是为回应社会关切，就大学德性问题展开的深入研究与探索。

什么是大学的德性？这是大学德性研究必须弄清楚的基本问题。朱景坤博士从德性概念的分析入手，在总结已有德性理论研究的基础上认为：“德性特指人的具有道德意义的优秀品质，这种品质在性质上是善的，是道德的。”“一种品质之所以被看作德性，是因为它有利于人更好的生存，这是德性的实质，是所有德性所具有的共同本质。这种共同的本质是具有普遍而绝对意义的，它不会因为具体德性的相对性、特殊性而丧失其普遍性和绝对性。”因此可以推论，大学的德性是指大学所具有的善的、有道德意义的优秀品质。大学的德性主要体现在大学制度、大学组织以及构成大学组织的人（教师、学生）之上。人道、正义、理性则是大学德性内涵中的核心要素。

大学德性的现状如何？近年来，大学德性之所以成为人们关注的热点话题，是因为大学的品质出现了问题，“德性迷失”了。朱景坤博士在其书中主要从大学价值观危机、大学组织异化、大学德行堕落三个方面归纳了大学德性迷失的具体表现。大学价值观危机体现为学术活动商业化、价值取向功利化、大学精神庸俗化；大学组织异化包括商业组织化、官僚机构化、学术部落化；大学德行堕落表现为精英意识式微、教育公平失却、人文关怀缺失。那么，导致大学德性迷失的原因是什么呢？书中认为：“考察大学德性的迷失原因离不开教育运行的现实环境，从现实环境如何影响大学德性而言，存在着许多新的变化和挑战，这个变化着的环境的最广泛且最具影响力的特征可能包括全球化、现代性及制度化等因素。”

怎样重建大学德性？分析大学的品质问题，探讨大学德性的影响因素，是为了找回迷失的德性，这也是研究的基本要义所在。朱景坤博士从理念与路径两个层面阐述了重建大学德性的思路与对策。在理念层面，他认为应重塑以知识为基、使命为要、学术为本的大学观，形成明晰学术职责、坚守学术伦理、重建学术共同体的大学教师观，确立养成健全的人、彰显人文关怀、实施通识教育的人才培养观。在路径层面，他认为应依靠传承与创新构建大学的现代性，以强调自主与责任建立大学内部各主体之间的契约合作关系，以明确规范与自律完善大学内部的治理体系。

朱景坤博士的这本专著依据上述三个方面的理论分析构建了研究大学德性问题的逻辑结构，为进一步深入探讨大学德性问题和在实践中重建大学德性提供了有积极意义的方法与策略。希望朱景坤博士在这一研究领域继续前行，不断取得新的成果。

是为序。

胡建华

2022 年阳春

目　录

导　论

> 虽然结果不是预先决定的，并因而无法预测，但并不意味着我们只能绝望地等待飓风将我们裹挟而去。任何历史危机到来时都存在着人们能够做出的现实选择。那些能够清醒地做出选择并全力实现选择的人，与那些将命运完全置于看不见的历史之手摆弄的人相比，最后的结局将使他们失望的可能性小一些。①

大学②曾经是一个不折不扣的中学后高等教育机构，承载着有关高深知识的社会共同利益和人类共同的福祉，专注于科学和学术而无须考虑那些与高等教育无关的或附属性的利益。曾被英国诗人约翰·曼斯菲尔德这样颂扬："世间再无堪与大学相媲美的事物。在国破家亡、价值沦丧之时，在大坝坍塌、洪水肆虐之时，在前途暗淡、了无依赖之时，不论何地，只要有大学存在，它就巍然屹立，光芒四射。只要有大学存在，人的自由思想、全面公正探索的冲动仍能将智慧注入人们的行为之中。"③大学曾以"纯粹"的思想有力地引领社会前行的步伐，并从根本上维持

① ［美］特伦斯·K. 霍普金斯、伊曼纽尔·沃勒斯坦：《转型时代：世界体系的发展轨迹1945—2025》，吴英译，高等教育出版社 2001 年版，第 11 页。

② 本书中的"大学"是指从事中学后教育的高等教育机构，在中国的语境中主要指公立研究型大学。同时，为了行文方便，本书将"高等学校"与"大学"作为同一概念交替使用，不作具体区分。由于大学是近代高等教育制度形成时的主要机构，在现代高等教育体系中仍然居于主要地位，因此人们在讨论高等教育问题时，往往会出现泛化大学概念或者模糊大学与高等教育这两个概念的内涵，彼此相互替代的现象。在这一点上，本书也采取了同样的方式，即不严格区别大学模式与高等教育模式的异同。

③ ［美］罗伯特·伯恩鲍姆：《大学运行模式：大学组织与领导的控制系统》，别敦荣译，中国海洋大学出版社 2003 年版，序第 6 页。

了自身的学术组织形式。现代以降，特别是工业革命和知识经济的兴起，日益增加的劳动人口需要在大学里接受高等教育，大量的科学研究也都是在大学中进行的，而且研究的范围和相关性已经大大扩展，大学的地位日趋重要、责任日益重大。逐渐走出象牙塔的现代大学成为“世俗的教会”“新思想的领导者、推动者和交流中心”“社会的服务站”“后工业社会的轴心机构”“信息经济的发动机”“21 世纪全球经济的核心机构”，等等，这些溢美之词道出了大学在当代社会中无与伦比的重要性和卓然超群的优越地位。

不过，社会对大学日益增长的需求、高等教育的大规模扩张等，也使大学职能变得日益多元、模糊不清，甚至远离其最初使命，需要坚定的信念以抗拒来自校园外部诸如人口、政治、经济和社会趋向之类环境力量的要求和影响。也正因如此，大学在收获巨大成功的同时，也失去了很多并被赋予一种别样的存在方式：大学曾经的神圣、纯洁“随风而逝”，弊病、问题、危机逐步呈现，大学不再是一个德性组织，其发展面临着众多困惑。大学德性问题成为各种新闻媒体竞相报道的社会热点和焦点问题，引起了包括大学人在内的社会各界人士的共同关注①，人们似乎认为这就是中国大学问题的关键所在，而这种讨论也有愈演愈烈的趋势，因此，客观深入、全面系统地从理论上研究这个问题显得非常迫切。

---

① 参见冉云飞《沉疴：中国教育的危机与批判》，南方出版社 1999 年版；朱小蔓《教育的问题与挑战——思想的回应》，南京师范大学出版社 2000 年版；钱理群《中国大学的问题与改革》，天津人民出版社 2003 年版；熊丙奇《大学有问题》，天地出版社 2004 年版；杨东平《中国教育公平的理论与现实》，北京大学出版社 2006 年版；江新华《学术何以失范：大学学术道德失范的制度分析》，社会科学文献出版社 2005 年版；陈中原《中国教育平等初探》，广东教育出版社 2004 年版；薛涌《北大批判：中国高等教育有病》，江苏文艺出版社 2009 年版；高德胜《论大学德性的遗失》，《全球教育展望》2009 年第 12 期；王恩华《大学学术失范与学术规范》，湖南师范大学出版社 2010 年版；启越《中国大学的危机》，《经济观察报》2011 年 6 月 3 日；肖起涛《大学危机十论》，《江苏高教》2013 年第 5 期；赵凤娟《后现代视域中的大学危机及其超越》，《鲁东大学学报》（哲学社会科学版）2015 年第 2 期；周益赋《当前我国大学文化危机研究》，博士学位论文，华东师范大学，2016 年；张其香《大学何以陷入“废墟”：一个知识生产的视角》，《福建师范大学学报》（哲学社会科学版）2016 年第 4 期；王建华《大学的范式危机与转变：创新创业的视角》，《中国高教研究》2020 年第 1 期。

一 选题缘由与研究的意义

随着高等教育功能的不断扩展，大学职能的不断泛化，大学的价值观开始呈现多元化趋势。“我们时代的大学遗失了传统的淡泊与宁静，忙碌于满足国家和社会的各种要求，遗忘了它本应倾力维护与追寻的更加崇高的目标乃是培养卓越的人。大学作为时代精神的引领者的角色在我们时代难以为继已是不争的事实。”① 人们似乎不约而同地感觉到，理想中的大学与我们渐行渐远。

（一）选题缘由

古人云：“学源于思，思源于疑。”“疑是思之始，学之端。”任何研究都肇始于问题的发现。无论何种话语，如果在当今社会凸显出来，一般源于两点：一是因为这种话语的缺失，二是因为当下的迫切需要。② 人们对德性的追问，正是出于现实中德性迷失和伦理精神发展的需要。在中国当前以经济建设为中心和社会转型发展的语境中，在争创“双一流”和建设高等教育强国进程中伦理审思就显得极为迫切，强调“理性回归”和“德性重建”就显得更加必需和必要。

正如威廉·梅洛迪所指出的：“在大学发展的历史进程中，大学理念和大学制度是被周期性讨论的两个活跃的主题。”③ 当它受到教会、国家或者后来的商业这些社会主导性机构攻击的时候，此种讨论就变得更为激烈。在中国，大学就处于这样一个时期，国家政府行政权力强力干预，商业经济利益深度介入，建立中国语境下的现代大学制度是当下中国高校良性发展无法回避的“重大课题”和解决问题的“不二法门”。党的十八届三中、四中全会也明确提出“推进管办评分离”“扩大高校办学自主权”和“依法治教”等与现代大学制度建设密切相关的政策目标。④ 大学制度以大学组织的学术性本质为内在依据，以保障大学的生存与发展

---

① 韩益凤：《平庸时代的大学》，博士学位论文，南京师范大学，2015 年，第 1 页。

② 张东：《论大学教学管理的伦理诉求》，博士学位论文，西南大学，2012 年，第 2 页。

③ ［英］安东尼·史密斯、弗兰克·韦伯斯特：《后现代大学来临?》，侯定凯、赵叶珠译，北京大学出版社 2010 年版，第 124 页。

④ 邬大光、王旭辉：《近年来我国高等教育研究若干问题述评》，《教育研究》2015 年第 5 期。

为外在目标，是对大学发展模式的整体设计。随着高等教育的规模扩张和大学职能的多样化，大学的传统观念受到了来自国家、社会、学生、教职工、校友、科研经费提供者、产学研合作者等诸多利益相关者的挑战，大学的管理变得日益复杂、受到更多的关注，如何进一步调整和优化现有大学内外部治理结构和运行机制，成为社会各界普遍关注的问题。制度是思想或理念的外在表现形式，大学制度必须建立在治学理念和办学思想的基础之上，“大学制度的选择在更深层次意义上是对大学理念的选择，大学制度的建立离不开大学理念的建立”①。事实上，我们对现代大学制度的诉求，隐含着对现代大学理念或思想的深刻审思。正如龚怡祖教授所指出的：“在企业里，是资本决定制度，制度决定技术；在大学里，是价值决定理念，理念决定制度。什么样的价值在大学占上风，就会有什么样的大学制度和学术。”② 大学德性作为体现大学总体性格和特征的价值观念体系，常常被凝聚成大学普适的理想和价值追求，如社会的公正与人道、自由与平等、人类的文明与幸福等，为大学的现实与理想、当下与未来提供了努力的方向和行动的指向。大学德性问题关涉大学的属性、大学的功能、大学的精神，关乎政府、社会与大学之间的关系，大学内外部治理结构与模式的选择，是研究现代大学制度无法绕开的命题，建构现代大学制度需要研究大学德性问题。作为大学理想与大学精神的内核，大学德性一直贯穿于大学的各种行为和活动之中，既是大学存在与发展的精神动力和保障，也是大学未竟的一种价值理想，是大学建设与发展中不可回避的重要内容，它能带领大学僭越现实。

（二）研究的意义

大学理念和大学制度是高等教育学界持续关注的热点。目前的研究成果主要遵循社会学和经济学等研究范式，立足于现代大学制度的构建，从理念演变的视角分析大学制度的发展与创新。由于大学德性问题的内隐性，很难引起人们普遍的关注。尽管很多人都觉得大学出了问题，而且很严重，但很少意识到问题的症结之一在于大学自身缺乏应有的德性

① 厦门大学教育研究院课题组：《万里模式：一种可资借鉴的现代大学制度》，《高等教育研究》2007 年第 12 期。

② 马陆亭：《现代大学制度建设与创新人才培养》，《中国高等教育》2010 年第 5 期。

或者说曾经的德性迷失了，忽视了应有的德性修养，因而也极少从根本上即大学德性方面进行伦理考察。其实，任何社会都应该体现公正、人道、理性等德性伦理价值，这是一个社会文明进步的重要标志。同样，大学组织也应该蕴含公正、人道、理性等德性伦理价值，这也是大学生存发展和进步卓越的重要表征。因而，从大学德性的维度进行探索尤为重要，如果不对大学组织本身的价值基础进行伦理追问，那么对大学问题的研究将是不彻底的。① 大学德性问题是关乎大学理念和制度建立、变革及发展的根本性问题，大学德性的迷失已成为今日大学产生诸多现实问题的根本原因之所在。再就是伴随着新自由主义和新公共管理主义在高等教育场域的盛行，高等教育市场化（学术资本主义）、大学教育产业化和私有化成为管理时尚，各种看似与大学科学研究、教书育人活动不甚和谐的教育“异化”现象和行为频发，并呈现出普遍的泛化趋势，“仅仅关注教师个体伦理道德的教育伦理学，越来越难以解释和解决高等教育实践中存在的诸多道德难题”②。实际上，当个人失范行为大量出现或者普遍存在的时候，问题的关键就可能不在于个体，而是约束个体行为的组织和制度体系出现了严重缺陷，它们未能有效发挥约束不良行为的作用，从而导致大学系统中出现众多逾越制度规范的现象。③ 因此，有必要将审视的目光投向组织，看看是不是大学组织本身出了问题。基于以上理由，在伦理学视角下，运用德性伦理展开对大学德性的追问与研究，并且对中国高等教育现代化进程中所凸显的大学理念和大学制度危机进行反思与重建，是一个可行的观察角度。

1. 理论意义

随着知识经济时代的到来，高等教育在促进经济社会发展和推动人类文明进步的历史进程中发挥着越来越重要的作用，高等教育也因此肩负着越来越重要的历史使命和责任。然而，随着高等教育规模的扩张，质量危机、财政危机和道德危机一起成为高等教育大众化进程中需要应对的三大危机，人们对质量和道德危机的担忧和觉醒其实反映了社会对

① 吴国娟：《大学制度伦理反思》，博士学位论文，华中科技大学，2008 年，第 4 页。

② 朱平：《高等教育制度伦理研究》，北京理工大学出版社 2011 年版，第 2 页。

③ 吴国娟：《大学制度伦理反思》，博士学位论文，华中科技大学，2008 年，第 1 页。

大学德性的密切关注和更高要求。[①] 世界各国对于如何保障高等教育的质量，都做出了一系列积极的尝试和努力，但从德性的角度理解和分析大学所面临的问题还比较少见。目前国内讨论大学德性的学术专著只有《批判和导引：当代中国大学德性的伦理反思》。以“大学德性”为关键词检索 CNKI 数据库，仅仅有十余篇论文；以“大学德性”为篇名检索，带有较强关联性的论文也只有 17 篇，可以说是“寥落晨星”。这说明对大学德性问题的研究还没有上升到理论高度，大学德性在中国高等教育学界目前尚是一个较为生僻的概念，对大学本身的伦理性、道德性的研究，特别是系统的研究还不多见。不过，愈益严峻的“高校腐败”“学术不端”“大学危机”等已引起有关学者的注意，武汉大学前校长刘道玉教授提出“彻底整顿高等教育十意见书”[②]、哈佛大学华裔数学家丘成桐教授在中山大学“论高等教育”的演讲中痛陈当代中国高等教育存在“七大弊端”[③]、香港中文大学郎咸平教授在《我们的生活为什么这么无奈》中质问“谁谋杀了中国的大学生”[④]，顾明远先生在《中国教育路在何方——教育漫谈》中剖析了中国教育“六大弊端”[⑤]，这些恰恰折射出大学德性出了问题。本书从界定“大学德性”概念出发，借用德性伦理学理论，把大学德性从一个现象性问题提升为一个研究性课题，揭示大学德性的本体性和属人性的特点，德性与理念和制度之间的关系，为现代大学制度的构建提供了新的分析路径，以回归大学教育“为人”的本真，更好地实现“立德树人”的教育宗旨。通过研究大学德性而产生的新知识，可以丰富高等教育学和德性伦理学的理论内容。大学德性是一个崭新的较为前沿的研究领域，亦是一个跨学科的综合研究地带。无疑，从德性伦理的视角出发，探讨大学发展的诸多理论与实践问题是开展高等

---

① 黄海涛：《美国高等教育中的学生学习成果评估研究》，博士学位论文，南京师范大学，2010 年，第 75 页。

② 刘道玉：《彻底整顿高等教育十意见书》，2009 年 2 月，凤凰资讯（https://news.ifeng.com/opinion/200902/0227_23_1035791.shtml）。

③ 张胜波：《丘成桐炮轰中国高等教育七大弊端 称人文教育匮乏》，《成才之路》2009 年第 4 期。

④ 郎咸平：《谁谋杀了中国的大学生?》，2011 年 9 月，腾讯网（https://edu.qq.com/a/20110905/000406.htm）。

⑤ 顾明远：《中国教育路在何方——教育漫谈》，《课程·教材·教法》2015 年第 3 期。

教育多学科研究的一种新的尝试。

2. 实践意义

正如阿拉斯代尔·麦金太尔所指出的："传统德性已从以往社会生活的中心地位被边缘化，沦为实现外在利益——功利的工具，人类社会呈现出道德危机的征候，而要拯救现代社会就要向亚里士多德主义的德性传统回归。"① 在中国，以儒学德性伦理为内核的传统德性经过五四时期"新文化运动"和"文化大革命"时期"批林批孔"运动等疾风骤雨式的洗礼，虽不至于荡然无存，但也所剩无几，金钱、地位和权力等功利主义目标正侵蚀着人们心中的价值与尊严、理想与信念、崇高与神圣，将我们从祖祖辈辈营造的精神家园中放逐。身处社会转型大环境中的中国大学，虽然在规模、速度上得到前所未有的快速发展，但繁荣之下也面临诸如学术不端、道德失却、人文式微、大学腐败等德性问题，与大学这一秉持自由、人道、正义、理性，追求真、善、美的德性组织所应有的品性和品行相去甚远。在与政府、市场的博弈中，在外界不良社会风气的侵蚀下，在内部行政权力与学术权力的较量中，大学德性不断沦丧，大学德性问题变得越来越突出。大学里功利主义、过度商业化和强科层制度（行政化）盛行，出现明显的精神虚脱。一个无德行之人必然不受尊于人，一个无德性之大学必然不能受尊于世。因此，在突出高等教育质量提升和内涵发展、建设高等教育强国的现实背景下，在全国上下齐心协力创建世界一流大学和世界一流学科（"双一流"）的关键时刻，从德性的维度审视和思考何为"好大学"，回归大学之道，对于大学发展和社会进步具有重要意义。

二　相关研究综述

就当前伦理学研究领域而言，少有伦理学者把组织作为研究对象，教育伦理学研究领域更是如此。围绕"大学问题""大学危机""大学德性"等相关核心词汇，通过超星图书馆、读秀知识库、中国知网、ProQuest 博硕论文全文库、EBSCO 数据库、Springer Link 数据库、Wiley -

---

① ［美］阿拉斯代尔·麦金太尔：《伦理学简史》，龚群译，商务印书馆 2010 年版，译者前言第 2 页。

Blackwell 数据库等国内外学术资源，对本书所涉及的研究内容进行了较为全面的查阅。由于大学德性问题指向大学的理念和制度，大致可以将所搜集到的相关文献分为关于德性和德性伦理的研究，关于大学德性问题的研究，关于大学理念和制度的研究三个方面。

（一）国内外有关德性的相关研究

国外关于德性的研究有很多，大致集中在一些研究伦理学、哲学的论著中。德性是古希腊伦理学和中世纪伦理学的一个核心概念，有不少哲学家研究了德性问题，但通常认为苏格拉底、柏拉图和亚里士多德的观点最具权威性。

苏格拉底主张道德的基础在于超出日常实在世界的永恒真理世界，永恒真理既是灵魂[①]的超验部分，也是灵魂中内在的东西，“灵魂能够拥有对永恒真理的知识，但要达到这种知识，灵魂需要培育，而德性就是对灵魂的培育”[②]。“道德即知识”，德性在苏格拉底那里意味着灵魂具有关于永恒真理的知识，德性是内在于心灵的原则。也就是说，真正认识到善的人是不会为恶的，而要想在道德上完美，就必须真正有知识，“德性之间的区别仅仅是相同的知识状态在不同生活情境中的应用”[③]。从终极的意义上看，德性与善的形式相关，为了真正成为善的，而不只是根据“正确意见”行动，人们必须逐渐认识不变的善本身。

柏拉图在《国家篇》中提出了灵魂的三位一体概念，即理性、精神和欲望。理性是人追求生活的真正目的；精神是原本为中性但能接受理性指导的动力；欲望则是对肉体东西的愿望。灵魂的精神部分如果还“没有被坏的教养所败坏”，就会充当理性的代理人，而当理性受到压抑时，它就处在愤慨之中。也就是说，灵魂只要其理性的部分控制了非理性的精神和欲望的部分就能达到秩序和安宁。但是，当灵魂进入肉体后，肉体刺激非理性的部分取代了理性的统治地位，因而无序就发生了，灵魂以前所具有的永恒真理知识就丧失了。[④] 柏拉图称重新获得这种知识为

---

① 苏格拉底理解的灵魂并不是某种幽灵般的实体，而是具有智力和品质的人格结构。

② 李明:《当代大学生德性问题研究》，博士学位论文，郑州大学，2016 年，第 45 页。

③ 秦洁:《当代中国公务员德性研究》，博士学位论文，郑州大学，2013 年，第 35 页。

④ 秦洁:《当代中国公务员德性研究》，博士学位论文，郑州大学，2013 年，第 35 页。

"回忆"，并且使它与理性对精神和欲望控制的重新获得联系起来。所以，柏拉图像苏格拉底一样相信知识即德性。然而，与灵魂三个部分相应，有三种可以区别的德性，即智慧、勇敢和节制。智慧是当理性不被灵魂的非理性部分纷扰而能看到形式或理念特别是善的永恒知识时获得的。勇敢产生于精神的意志能量即使在逆境中都积极地遵循理性的指导，同时避免做出轻率或莽撞行为。节制则只有在把欲望保持在一定的限度内并避免过度地追求快乐和满足欲望以使它们不会主导灵魂的其他部分时才能获得。柏拉图也谈到第四种德性，即公正。公正意味着给每一个部分以它自己所应有的，它是在灵魂的每一个部分都履行了它们的功能时获得的。也就是说，柏拉图用灵魂的三个部分解释了智慧、勇敢、自律（节制）和公正这四种（品质）美德："智慧的人主要基于理性来作出决策；勇敢的人在面对危险时从精神那里获得动力，精神和理性是联系在一起的；自律的人遵守理性的戒律，控制自己的欲望；公正的人做事时要让灵魂的各个部分彼此和谐——每个部分都遵守理性的命令，担当合适的角色。"①

亚里士多德相信永恒真理并不是与人类分离的，所以它不仅能通过研究人性来认识，而且可以通过实践来获得，"德性是一种获得性人类品质。这种德性的拥有和践行，使我们能够获得实践的内在利益"②。人的灵魂作为人自己的形式，由理性部分（人类特有的）、欲望部分（人与动物共有的）和营养部分（人与植物共有的）三个部分组成，与人类道德相关的是灵魂的理性部分与欲望部分之间的关系。尽管欲望部分本身不是理性的，但只要在理性部分的控制之下，它也是理性的。道德的德性就是这种意义上灵魂的各种理性能力。这些道德德性都不是天生的，而是通过教育和实践习得的。与柏拉图的那种德性基本上只是知识的观念不同，亚里士多德的理解是，每一种德性除了理性知识之外还包含灵魂的自我控制。除了柏拉图的德性项目之外，亚里士多德还考虑了许多其他德性项目，包括慷慨、大方、友谊、真诚和自尊等。大多数道德德性

---

① ［英］奈杰尔·沃伯顿：《从〈理想国〉》到〈正义论〉》，林克译，新华出版社 2010 年版，第 9 页。

② ［古希腊］亚里士多德：《政治学》，吴寿彭译，商务印书馆 1996 年版，第 291 页。

可以被理解为两种恶性即过度和不及之间的中庸，这即他的中庸学说。[①] 有的错以为主张中庸就是凡事只应求其半，行其半。其实，“中”的真正含义是“恰如其分”“恰到好处”，也就是说，德性功能的实现有其界限，过犹不及。比如说血气发挥太过是大胆，发挥不足是懦弱，发挥得恰到好处方能称为勇敢。[②] 亚里士多德还认为有另一类德性，那种德性纯粹在于灵魂的理性能力，与控制欲望部分无关。它们就是理智的德性，包括第一原则的“哲学智慧”和善的“实践智慧”。

在西方中世纪哲学家中，一般认为奥古斯丁和托马斯·阿奎那对德性所作的解释具有权威性。奥古斯丁的哲学思想与中世纪有着紧密的联系。他认为，自从亚当、夏娃违背了上帝的意志之后，人的意志就不再是自由的，而是堕落的，具有了恶性。[③] 当然，那些恶人并不是天生的，只是浸染了恶习的缘故。人要重新获得意志的自由，必须同这种恶性做斗争，德性就是在这种斗争中产生的。总之，就其质的规定性而言德性是一种包含绝对价值的规则：

> 德性自身，不是自然底原始事物，它只是由于学习的结果而承受这些东西的。纵使它在人类善的事物中有最高的地位，但它的职责，没有什么别的，只有是永久地和恶习做斗争——不是在我们以外的，而是在我们以内的，不是他人的，而是我们自己的——这是一种希腊人叫作自我控制、我们叫作节制的德性所从事着的斗争，这种斗争控制着肉欲而阻止心灵趋于恶。[④]

奥古斯丁承认，现实世界中的许多真实德性对于应对人生逆境是有帮助的，但并不能把德性之人从不幸中拯救出来，只有对来世的希望，人才不会陷入许多现世的重大罪恶中，这样的人生才是幸福的、安全的。

---

① 有的翻译为“中道”，或者“适度”“中间”。

② 韩宁、高继鑫：《〈理想国〉中的德性概念及其现实意义》，《山西高等学校社会科学学报》2017 年第 6 期。

③ 李明：《当代大学生德性问题研究》，博士学位论文，郑州大学，2016 年，第 57 页。

④ 周辅成：《西方伦理学名著选辑》（上卷），商务印书馆 1964 年版，第 356 页。

阿奎那认为，“德性是指使力量达到完善的习惯”[①]，这是因为习惯而有了行为为善的倾向，而正是这种倾向实际上产生了德性。阿奎那的“向善”就是对终极教育价值的一种确定，更倾向于亚里士多德对德性的理解。任何事物的完善，主要是根据其目的而定，力量的目的是行动。人则不同，人有理性的力量，这种力量不是被决定去做一个单纯的动作，而是多方面地因被习惯所决定而动作。所以，“人类的德性乃是习惯”[②]，这是因为习惯而有了行为为善的倾向，而正是因为这种倾向它才在实际上产生了德性。

当代哲学家对德性问题的重视与德性伦理学的复兴相关。20 世纪 80 年代以来，麦金太尔、桑德尔以及泰勒等掀起了声势浩大的、带有强烈现代性色彩的“德性伦理运动”，它以反思西方传统伦理思想的面目出现，对以功利论（边沁、密尔）、义务论（康德）和新契约论（罗尔斯）等为代表的新旧规范伦理学思想进行批评，试图通过复兴亚里士多德的德性论传统，建构现代德性伦理学，以治疗现代社会“道德碎片”和“德性失落”的道德病痛。[③] 现代德性伦理学对德性的阐释主要有两种取向：一是新亚里士多德主义的；二是非亚里士多德主义的。[④] 当代新亚里士多德主义对德性的解释基本上采取了亚里士多德的观点，将德性看作品质的特性，这种特性呈现于特定的行为类型以及认知和情感的反应之中。非亚里士多德主义的情形比较复杂，有一些哲学家是在针对当代德性伦理学家对结果主义或功利主义和义务论的批评做出回应的过程中对德性做出阐释的；有些伦理学家虽然属于德性伦理学的，但并不赞成或不完全赞成亚里士多德对德性的解释。罗尔斯强调制度正义的重要意义，他在《正义论》中提出了“作为公平的正义”的正义观。当代伦理学家、社群主义的主要代表麦金太尔于 1981 年出版的《德性之后》，可以说是现代德性伦理研究的一个纲领性文献。该书站在亚里士多德德性伦理传

---

① 转引自江畅《托马斯·阿奎那论德性》，《华中师范大学学报》（人文社会科学版）2014 年第 2 期。

② 周辅成：《西方伦理学名著选辑》（上卷），商务印书馆 1964 年版，第 370 页。

③ 原理：《基于儒家传统德性观的中国本土伦理领导力研究》，《管理学报》2015 年第 1 期。

④ 江畅：《德性论》，人民出版社 2011 年版，第 27 页。

统的基础上，对启蒙运动以来以功利和权利概念为中心的现代西方规范伦理学进行了批判性分析，要求重建德性伦理，重树德性伦理在当代社会道德生活和道德理论中的主导性地位。[①] 迈克尔·桑德尔在 1982 年出版的《自由主义与正义的局限》中从社群主义的立场对罗尔斯的自由主义正义理论进行了系统的批评。1984 年，美国学者迈伦德尔出版了《德性的理论与实践》。该书以麦金太尔《德性之后》关于德性伦理的论述为根据，追溯了柏拉图等西方思想家的德性伦理思想，阐释了当代道德教育及其存在的问题，指明了德性伦理在当代社会中的重要地位。1988 年，麦金太尔发表了《谁之正义？何种合理性?》，他认为："由于有着探究传统的多样性，因而事实将证明，存在着多种合理性而不是一种合理性，正如事实也将证明，存在着多种正义而不是一种正义一样。"[②] 麦金太尔认为，追求现代性和自由主义使现代西方社会陷入道德危机之中，他深刻反思了当代西方社会道德危机的根源。1989 年，美国学者克拉克与辛普森合作出版了《伦理学中的反理论与道德保守主义》一书，提出了伦理学中的"反理论"，即反对现行道德理论对道德的理解，反对把道德原则和道德规范普遍化、抽象化、程序化和技术化，要求恢复道德的德性意义。美国学者迈克尔·斯洛特于 1994 年出版的《从道德到德性》一书，重点论述了德性伦理在当代社会的合理性问题。英国哲学家奥罗拉·奥尼尔于 1996 年出版《朝向正义与德性》，重新解释了实践理性、规则、正义、德性等概念，力图在一种新的实践理性的基础上使新自由主义规范伦理与社群主义德性伦理达致统一。随后玛莎·努斯鲍姆、菲利帕·福特、罗莎琳德·赫斯特豪斯、伯纳德·威廉斯、约翰·麦克道尔等人从各个角度不断拓展德性伦理学的研究深度和广度。

与西方古代的德性伦理学家相比，"中国自先秦时期的儒家开始就十分重视德性思想，传统的德性思想内容十分丰富"[③]。中国传统儒家学说强调人自身道德品质的完善，以仁、义、礼、智、信（五常）为中心概

---

① 寇东亮:《"德性伦理"研究述评》,《哲学动态》2003 年第 6 期。

② ［美］阿拉斯代尔·麦金太尔:《谁之正义？何种合理性?》，万俊人等译，当代中国出版社 1996 年版，第 12 页。

③ 李晓燕:《张载德性论研究——基于"为生民立命"实现路径的探析》，硕士学位论文，上海师范大学，2018 年，第 2 页。

念，以君子修身、齐家、治国、平天下为主要问题，“故儒学可谓是中国的德性伦理学”[①]，就是说中国儒家的伦理从本质上讲是一种德性伦理。在中国，德性思想可以追溯到殷商时期。在殷商的宗教观念中，“德”已是一个带有政治和道德含义的概念。到了西周，传统的原始宗教观念中的“德”被延伸为“敬德”，如果一个统治者对他的“德”的关注失败了，他的统治权威也就失去了合法性，而他就不再是一个应该进行统治的国王了。“敬德”要求有良好的行为表现并完成宗教义务，实际上，“德”作为心灵力量的努力关联于诸如仁慈和尽职这些令人向往的品行。渐渐地，“德”开始指向不仅包含国王，而且包括官员、贵族和平民所表现出来的令人向往的个性与品质，“德”成为一个融宗教、政治、道德为一体的思想观念。在春秋时期，它被广泛用来指称道德行为。到先秦时期，西周思想中的宗教成分被进一步削弱，并不自觉地将“敬德”思想的根基从周人的“天”移植于“人”。孔子在总结春秋以来注重人事、人道思想的基础上，把周人的德性思想提高到一个新的阶段，创立了“仁学”；孟子则进一步使“德”根植于人心；荀子的“明天人之分”和天道服务于人事的思想则比较彻底地实现了“德”本位由“天”到“人”的转变，在内、外两个方面扩展了孔子的思想。[②] 至此，中国先秦儒家基本上完成了中国传统德性思想的构建，并经过汉儒董仲舒和程朱宋明理学获得了进一步发展和完善。葛晨虹指出，中国传统儒家的德性思想有着共同的基本价值取向：“天合于人的人道价值取向。在天人之际，天道、人道之际，主张以人道为本体，天道合于人道，合于德性，高扬天地间人的地位、人的价值。”“情合于性的精神价值取向。追求高尚人格，追求精神境界的内在超越，强调修养践履及道德自律性，高扬人的道德个性。”“利合于义的社会价值取向。强调个人对社会整体的责任和义务，注重人伦和谐，重视德性仁政。”[③] 近代以来，国内学者对德性伦理的研究大概始于20世纪80年代。一些专著相继问世，如黄显中的《公正德

---

① ［美］余纪元：《德性之镜：孔子与亚里士多德的伦理学》，林航译，中国人民大学出版社2009年版，第64页。

② 江畅：《德性论》，人民出版社2011年版，第26页。

③ 葛晨虹：《德化的视野：儒家德性思想研究》，同心出版社1998年版，第195—223页。

性论——亚里士多德公正思想研究》，陈根法的《德性论》，余纪元的《德性之镜：孔子与亚里士多德的伦理学》，王国银的《德性伦理研究》，江畅的《德性论》，李承贵的《德性源流——中国传统道德转型研究》，俞世伟、白燕的《规范·德性·德行——动态伦理道德体系的实践性研究》，夏纪森的《正义与德性》等。国外的一些专著陆续被翻译出版，一些学术期刊也相继刊发了相关的论文，如刘东锋的《和谐社会视野下德性重建基本途径探析》、周浩翔的《德性的秩序——从康德哲学看儒家伦理的两种构成》、廖申白的《德性的“主体性”与“普遍性”——基于孔子和亚里士多德观点的一种探讨》、吕林的《德性的缺失与重构》、江畅的《论德性与善、义务、正当及道德许可的关系》、王彩波的《正义与德性：休谟政治哲学探析》、赵红梅的《从规范到德性：伦理学的回归》、韩秋红的《德性、传统、理解——在麦金太尔意义上》等。国内的德性伦理学研究主要探讨了以下问题：德性与幸福，德性的概念和内涵、本质和特点、功能和作用等；德性伦理和制度伦理的关系；德性在个人生活和社会生活中的重要地位、功能和作用。有的从当前伦理变革中德性伦理在道德体系中的位置出发关注当前的德性困境问题。

（二）国内外有关大学德性问题的研究

由于少有学者从德性的视角研究大学，因此这方面的文献材料比较少。鉴于此，笔者将一些间接关涉大学德性问题的研究，比如高等教育公平、大学制度公正、大学问题与危机、学术腐败以及高等教育和大学中的伦理等方面的研究作为大学德性研究的参考。

随着高等教育的扩张，质量危机、财政危机和道德危机成为高等教育的三大危机：“全世界几乎所有国家的高等教育都处于危机之中”（马约尔，1995）；“全世界大学已经进入一个看不到尽头的令人感到混乱的时期”（克拉克，2003）；“全球教育领域腐败现象严重，采取应对措施刻不容缓”（教科文组织，2007）。作为高等教育强国，美国一直比较重视高等教育对于国家发展和在国民素质提升中的战略性意义。当然，正如欧内斯特·博耶所指出的，“在这个国家，对于公民的智力和素质发展来说，（高等教育）无疑是颇富希望的方式之一”，但是似乎“高等教育的问题总是多于成绩"[①]，高等教育中的各种问题也成为人们经常评头论足的主要话题。十分常见的批评之一就是，许多学校已经不仅仅是中立的授业解惑的机构，而是被高度政治化了。用大卫·纳索的话说就是，"学生上学是为了成为守规之人，学校抹杀了学生的个性，取而代之的是训练学生成为资本主义工业机器上的齿轮"[②]。20世纪80年代，美国高等教育就由精英化进入了普及化阶段，大学入学条件降低、对人才培养要求的提高和新科技革命对教学手段的革新等新变化也使得大学教育质量问题愈加凸显，加之大学的开支日益增加，美国政府、教育者和社会公众开始问责高等教育，攻击大学的著作如潮水般涌现——《国家处于危机之中》《失败的高等教育》《拥有终身教职的激进分子》《狭隘的教育》《神殿中的冒名顶替者》等，各种报道不约而同地指向高等教育质量下滑问题，把美国经济竞争力的下降归结为公立学校的平庸和失败。美国高等教育进入了批判反思和危机四伏的时期，渐渐失去了往日的公信力，面临诸多压力，"已有一些人在失望地谈论高等教育的'本体论危机'，甚至认为出现了高等教育的'合法性危机'"[③]。社会和职业界已经对高等教育的可靠性产生了怀疑，"可以公平地说，在西方社会迈向21世纪（第三个千年）的时候，大学正处在危机状态，正在陷入丧失社会信任的险境"[④]。艾伦·布鲁姆在《走向封闭的美国精神》一书中，针对当时在美国社会广为流传的价值相对主义对美国大学及大学生的影响，剖析了造成当时美国大学生冷漠、无知、善恶不分、以自我为中心、虚无主义等自私颓废的状态，最终导致美国社会品位和格调整体下降的原因，即当时美国的大学缺乏正确的教育方式和培养目标，只强调专业教育而缺乏必要的、平衡专业教育的通才教育；暴露了美国教育指导思想在知识论领域所面临的深刻危机，因而必须重新调整人文学科与自然科学的关

---

① Ernest L. Boyer, *Selected Speeches* 1979 – 1995, Princeton, N. J.: Carnegie Foundation for the Advancement of Teaching, 1997, p. 81, 85.

② ［美］斯坦利·阿罗诺维兹：《知识工厂：废除企业型大学并创建真正的高等教育》，周敬敬等译，高等教育出版社2012年版，第3页。

③ ［美］约翰·S. 布鲁贝克：《高等教育哲学》，王承绪等译，浙江教育出版社2001年版，第2页。

④ ［美］雅罗斯拉夫·帕利坎：《大学理念重审：与纽曼对话》，杨德友译，北京大学出版社2008年版，第14页。

系，振兴通识教育，以净化学生的灵魂，懂得追求卓越与德行完美。美国著名哲学家玛莎·努斯鲍姆在《告别功利：人文教育忧思录》一书中批评美国时任总统不重视人文教育。查尔斯·塞克斯的《教授把戏：教授们与美国高等教育的终结》收集了大量学术不良行为的档案材料，引起人们的极大关注。罗杰·金博尔的《获得终身教职的激进分子：政治如何腐蚀了我们的高等教育》虽是一本严肃的著作，但同时也是美国学院和大学里“人文学科”教学的丑闻录。[1] 大卫·科伯在《高等教育市场化的底线》中把市场作为不可回避的基本现实，对商业价值和市场标准在高等教育领域的泛滥怀有隐忧。[2] 哈瑞·刘易斯在《失去灵魂的卓越》中从自己亲身经历出发，向读者描述了哈佛这所著名大学是如何放弃教育宗旨的——大学在追求“卓越”的过程中，已经失去了培养人的责任，大学所要的只是“失去灵魂的卓越”。社会学家罗伯特·尼斯比特在《学术信条的退化》中指出，大学因为强调服务及其与联邦政府和私人企业的关系而走向无望的堕落。安东尼·克龙曼在《教育的终结：大学何以放弃了对人生意义的追求》中通过考察人文学科的衰微、学术研究思想的转变、大学的转型等，探讨了大学放弃追求人生意义的深层原因。[3] 斯坦利·阿罗诺维兹在《知识工厂：废除企业型大学并创建真正的高等教育》中批评指出，“除了个别例外，在美国罕有够资格称为高等教育的地方”。因为“多数的本科课程，除了培养专业人士的专业，忽略了中国、印度、拉美、非洲，以及美国少数族裔的文献及历史”[4]。

加拿大学者比尔·雷丁斯在《废墟中的大学》中从大学基本原则的角度，表达了对现代大学的忧思：“在早期，大学往往是一国思想文化的生产者、守护者与倡导者”，而如今，全球化削弱了民族的任何牢固意义，民族文化被“卓越”这个无所指的“原则”所取代，现代大学成为

---

① 转引自［美］爱德华·希尔斯《学术的秩序：当代大学论文集》，李家永译，商务印书馆2007年版，第108页。

② 转引自向振中《新技术时代的高等教育：反思、批判与建构》，硕士学位论文，华中科技大学，2017年，第18页。

③ 转引自孙晶《从分殊到融合：教育与出版关系的历史考察与哲学思考》，《复旦学报》（社会科学版）2017年第1期。

④ ［美］斯坦利·阿罗诺维兹：《知识工厂：废除企业型大学并创建真正的高等教育》，周敬敬等译，高等教育出版社2012年版，前言第VIII页。

一个“荒废的机构”[①]。牛津大学摩德林学院院长安东尼·史密斯也认为：“大学是一个荒废的机构，被迫放弃历史上的存在理性，陷入消费主义意识形态之中。”[②] 利己主义的大学在“追求卓越”的同时，放弃了“坚持真理”；它不过是跨国资本交易中的一种新公司而已，仅仅为自己服务。德里达深深地感觉到现代大学的危机，“大学的劳动沦为了为资本的逻辑作论证的被动活动，从而失去了对大学之于未来的开放的历史和对人的真正权利的关怀”[③]，并提出了无条件大学的主张。另外，还有一些涉及高等教育和大学伦理的研究文献。保罗·哈丁在《学术中的伦理与经济问题：大学校长的观点》中，以大学校长的身份论述了大学在管理在校外捞外快的大学教师时所遇到的进退两难的伦理道德困境问题。[④] 威廉·布罗德与尼古拉斯·韦德在《背叛真理的人们：科学中的弄虚作假》一书中指出，由于出版性质的变化，过分强调发表著作，造成了杂志和论文大肆泛滥的后果。哲学家斯宾格勒在《西方的没落》一书中把学者的舞弊视为一个腐败文明的症状之一。索尔斯坦·凡勃伦在《学与商的博弈：论美国高等教育》一书中攻讦诸多学者秉承金钱至上的价值观念，使得“博学的统帅”们难以形成真正的学术事业。[⑤] 亚历山大·霍姆斯在《高等教育中的伦理》中，用案例分析的方式分析了大学的伦理制度。埃里克·古尔德在《公司文化中的大学》一书中指出，公司伦理已经取代了大学制度伦理，造成了大学的伦理危机。罗杰·盖格在《美国大学所面临的市场悖论》中写道：“从总体上讲，市场带给大学更多的资源、更好的学生、更强大的探索先进知识的能力，以及在美国经济中更有价值的地位。但同时，市场也削弱了大学的自治权及服务公众的使命，并且与商业越来越多地牵扯在一起，这些至少可能毁损大学作为公正不阿的

---

① 转引自蒋凯《大学认同危机的人文反思——评比尔·雷丁斯的〈废墟中的大学〉》，《北京大学教育评论》2009 年第 2 期。

② 转引自 Bill Readings, *The University in Ruins*, Cambridge, MA: Harvard University Press, 1996, back cover.

③ 转引自吴洪富《现代大学的人文忧思——〈废墟中的大学〉的基本思想》，《江苏高教》2009 年第 6 期。

④ 转引自朱平《高等教育制度伦理研究》，北京理工大学出版社 2007 年版，第 9 页。

⑤ 转引自谭小琴《公益性—经济性：大学知识资本化的规范与价值追求》，《中国科技论坛》2012 年第 6 期。

知识仲裁人的特权地位。”① 日本学者山崎茂明在《科学家的不端行为:捏造篡改剽窃》中考察了国际科学活动中所出现的种种不端行为,从理论和实践方面进行了深入细致的探讨。

近年来,现代大学制度研究在中国学术界渐成热点,但涉及大学德性的研究或从德性伦理的视角研究大学的却凤毛麟角。从目前搜集到的文献来看,只有几篇文章散见于一些期刊里。不过,出现了对中国大学理念和制度进行反思的系列研究成果,专著有朱小蔓的《教育的问题与挑战——思想的回应》、钱理群的《中国大学的问题与改革》、熊丙奇的《大学有问题》、杨东平的《教育:我们有话要说》和《中国教育公平的理论与现实》、江新华的《学术何以失范:大学学术道德失范的制度分析》、陈中原的《中国教育平等初探》、薛涌的《北大批判:中国高等教育有病》、王恩华的《大学学术失范与学术规范》等;论文主要有:别敦荣等的《我国高等教育大众化道路上的公平问题研究》、黄厚明的《大学合法性危机:大学治理的原因探究》、张永胜的《论大学治理权合法性的危机与重建》、王建华的《现代大学的危机与超越》《道德危机中的中国大学》、肖起清的《我国大学存在的失范与危机》、王英杰的《大学危机:不容忽视的难题》、眭依凡的《大学庸俗化批判》、肖芸的《论大学治理权的制度性危机与合法性重建》、袁祖望的《从官僚制到官本位:大学组织异化剖析》、荣华的《论大学之道在中国大学中的异化与矫正》、孙冬梅的《高等教育市场化的危机》、王洪才的《转型中的中国高等教育质量危机与治理对策》、陈维达的《教育的异化与高等教育的危机》、黄利的《大学的危机——对中国高等教育的一点思考》等。另外,张开洪在《反思与重构:大学制度伦理研究》中探讨了大学制度伦理体系和大学制度的合理性问题。② 朱平从伦理层面分析高等教育的制度问题。高德胜在《论大学德性的遗失》一文中从德性的本体论内涵和伦理学意义出发论证了大学德性问题,并从全球化的多重效应、物欲时代的影响、专业化的

① 转引自[美]菲利普·阿特巴赫《世界一流大学:亚洲和拉美国家的实践》,吴燕等译,上海交通大学出版社2008年版,第10页。

② 张开洪:《反思与重构:大学制度伦理研究》,河南人民出版社2010年版,前言第2页。

代价等方面分析了大学德性遗失的表现及原因。① 王建华在《道德危机中的中国大学》一文中指出，由于“行政权力的持续干预、自由探究的缺失、制度的桎梏和利益的驱动”等原因，因此“不自由、不独立，依附于政府的大学在道德上无任何优势可言”②。从已有的研究来看，学界对大学德性的研究还比较薄弱，高等教育学界和伦理学界对之关注也不够。第一，现有的研究多为问题研究和危机研究。从德性的角度理解和分析大学所面临问题的研究成果还比较少见，特别是在国内尚处于零星研究、概念研究阶段，缺乏全面、系统的分析，大学德性问题还没有引起理论界的关注，更没有从现象性问题上升到研究性课题。第二，已有的研究较少涉及大学属人性的德性问题，而是直接建构所谓的现代大学制度，从而赋予其更多的官僚组织和商业组织的理论基础和制度架构，显得空泛，针对性不强。

（三）国内外关于大学理念和制度的研究

现代大学源于西方中世纪大学，因而西方国家对大学组织的研究已有很长的历史，比较系统和成熟。其中经典的高等教育著作有：纽曼的《大学的理想》、卡尔·雅斯贝尔斯的《大学之理念》、弗莱克斯纳的《现代大学论——英美德大学研究》、亨利·罗索夫斯基的《美国校园文化——学生·教授·管理》、奥尔特加·加塞特的《大学的使命》、德里克·博克的《走出象牙塔——现代大学的社会责任》、布鲁贝克的《高等教育哲学》、帕利坎的《大学理念重审：与纽曼对话》、巴尼特的《高等教育理念》及伯顿·克拉克的一系列著作等，这些著作重点在于论述学术自由、大学自治等大学理念或者研究宏观层面的高等教育体制及政策等。纽曼在《大学的理想》中指出，大学是“教学”场所，是一个提供博雅教育，培育绅士的机构。他认为，大学“是一个传授普遍知识的地方”③，知识本身即为目的，知识传授是其唯一的功能。威廉·冯·洪堡在19世纪初组建柏林大学时，提出研究至上和学术自由原则。德国大学

---

① 高德胜：《论大学德性的遗失》，《全球教育展望》2009年第12期。

② 王建华：《道德危机中的中国大学》，《大学教育科学》2010年第2期。

③ ［英］约翰·亨利·纽曼：《大学的理想》（节本），徐辉等译，浙江教育出版社2001年版，第23页。

的新理念，在美国大学研究先驱弗莱克斯纳的《现代大学论——美英德大学研究》一书中获得系统性的阐述。他肯定“研究”对大学很重要，但也给“教学”以同样重要的地位。亦即大学之目的不仅在于创造知识，也在于培育人才，大学的作用具有双重性，保存知识和增进知识。美国加州大学前校长克尔在《大学之用》中指出，大学既要重视本科生的教育，又要兼顾科学研究，还要做好社会服务，美国大学在继承德国大学重研究、英国大学重教育之传统的基础上，发展出自我的性格。此时的大学已不再是纽曼式的学术回廊，也不再是弗莱克斯纳式的研究有机体，而是一种独一无二的新型机构——功用更加全面、更加实际的“社会服务站”。英国学者罗纳德·巴尼特在《高等教育理念》中从理性、研究、文化和学术自由四个核心概念着手，透彻、深刻地揭示了“高等教育”的本质，强调指出“知识客观”与“院校自治”这两个大学存在公理的基础已经受到削弱。

20 世纪后半叶，战后经济的复苏促进了高等教育的大发展，让身居“象牙塔”内的大学步入社会的中心地带并直接服务于社会经济发展，大学的利益相关者要求大学建立起更加高效灵活的制度体系以满足市场和社会的需求。在这种背景下，国际学术界对大学制度的研究开始逐步兴起，各国都围绕大学的宏观制度体系和内部治理结构开始了深入研究。① 1960 年，美国企业管理学教授约翰·科森出版了《学院和大学的治理》一书，分析了 10 所高等教育机构的管理和决策，被认为是完全针对高等教育管理的第一部著作。此后，陆续有一些关于大学组织特征和管理模式的探讨，其中既有理论分析，也有实证研究。伯顿·克拉克在《高等教育系统》中分析了大学横向、纵向组织结构的设计问题，提出了国家系统、职业系统和市场系统三种权力模式；西奥多·卡普洛等人在《学术市场》一书中对美国 10 所重点大学的组织活动做了详细的分析；威廉·考利在《校长·教授·理事——美国学术管理的演进》中指出，大学必须实现理性上的完善，重视科学管理；维克托·巴尔德里奇在《学术管理》中提出了“学者共和国”模式和追求等级、理性的科层组织模式两种管理类型；迈克尔·科恩等人在《领导和模糊概念：美国大学校长》

① 吴国娟：《大学制度伦理反思》，博士学位论文，华中科技大学，2008 年，第 8 页。

中指出，大学是“有组织的无政府状态”；美国伯克利加州大学前校长田长霖在《美国重点高校的学术行政管理》中介绍了美国重点高校的组织与结构、学术与行政管理等，并对美国高等教育的管理与发展趋势做了探讨；英国学者托尼·布什的《当代西方教育管理模式》对当代西方主要教育管理理论流派做了介绍、分析和比较，较为全面地评介了正规模式、学院模式、政治模式、主观模式、模糊模式、文化模式六种教育管理模式。另外，还有罗伯特·伯恩鲍姆的《大学运行模式——大学组织与领导的控制系统》、J. A. 帕金斯的《变化中的大学》、P. 希尔普的《面向未来的高等教育》、科茨希尼克的《变动世界的大学》、S. E. 路雷厄的《大学的作用：象牙塔，服务站还是前哨阵地?》、克拉克·科尔的《高等教育不能回避历史》、德里克·博克的《走出象牙塔》、詹姆斯·杜德斯达的《21 世纪的大学》和《美国公立大学的未来》、弗兰克·纽曼的《高等教育的未来：浮言、现实与市场风险》，等等。

中国现代大学本身即为“西学东渐”的产物，国内关于大学理念和制度的理论研究和实践运用也多源于西方。民国时期主要以西方的大学制度文本为代表，如蔡元培的《大学令》、梅贻琦的《清华学校组织大纲》等，多是从西方直接移植而来，少有对中国本土大学的专门研究和系统探讨。1949 年新中国成立后，由于大学组织及大学制度的计划体制特征和“全面学苏”，大学研究也未能实现真正的独立和系统化。改革开放后，随着教育法、教师法、高等教育法及其他相关法律法规的不断完善，大学组织的法人地位得以确立，对大学理念和制度的研究开始逐步受到重视。特别是近年来，随着高等教育体制改革的不断推进和深入，大学理念和制度建设问题成为中国高等教育理论界的研究热点，理论界相继出版、发表了众多研究成果。① 专著主要有张雁的《西方大学理念在近代中国的传入与影响》、金耀基的《大学之理念》、韩延明的《大学理念论纲》和《大学理念探析》、刘宝存的《大学理念的传统与变革》、眭依凡的《大学校长的教育理念与治校》、肖海涛的《大学的理念》、阎光才的《识读大学——组织文化的视角》、张学文的《大学理性研究》、王建华的《我们时代的大学转型》等。其间有大量的论文发表，主要有甘

① 吴国娟：《大学制度伦理反思》，博士学位论文，华中科技大学，2008 年，第 8 页。

阳的《华人大学理念九十年》、徐同文的《20 世纪西方主要发达国家大学理念的演进》、谢辉的《大学理论创新与建设高等教育强国》、蒋玉梅的《论“一流”大学理念的解构与重构》、张宝明的《从大学理念到大学精神》等。

随着改革开放的不断推进和高等教育大众化的到来，借鉴现代企业制度改革的方向与路径，中国高等教育也开始进行现代大学制度改革的探索与实践，“建立现代大学制度，是新时期高等教育改革的方向，发展的必然要求”①。高等教育界在对大学制度的基本问题进行研究的基础上，对现代大学制度的内涵、建立、创新、变迁及发展等问题展开了热烈的讨论。专著主要有胡建华的《现代中国大学制度的原点：50 年代初期的大学改革》、熊志翔的《高等教育制度创新论》、张俊宗的《现代大学制度：高等教育改革与发展的时代回应》、王建华的《第三部门视野中的现代大学制度》、胡赤弟的《教育产权与现代大学制度构建》、孙霄兵的《中国特色现代大学制度建设研究》、黄俊杰的《大学校长遴选：理念与实务》、李明忠的《高深知识与大学治理》、阎凤桥的《大学组织与治理》、蔡国春的《论高校学术委员会制度的建构与重构》、胡仁东的《大学组织内部治理研究》等。更多的研究集中在学术论文中，如张德祥的《“关于现代大学制度研究”的几点思考》、宋旭红的《“现代大学制度”概念综述》、潘懋元的《走向社会中心的大学需要建设现代制度》、张祖英和许积年的《对建立我国现代大学制度的探讨》、王洪才的《论现代大学制度的结构特征》、高桂娟的《论建立现代大学制度的时机与紧迫性》、别敦荣的《我国现代大学制度探析》、李少华的《大学理念与现代大学制度》、王全林的《大学制度变革中的价值本位博弈》、李江源的《论我国大学制度变迁的路径依赖》、眭依凡的《从宏观与微观结合上关注大学制度的创新》、毕宪顺的《建立现代大学制度：高校管理体制改革的目标》、赵成和陈通的《治理视角下的大学制度研究》、赵文华的《论现代大学制度与大学校长职业化》、胡建华的《大学制度改革的法治化问题探讨》、朴雪涛的《后现代知识观与现代大学制度的变革》，等等。大致来说，以上研究是围绕大学制度及

---

① 袁贵仁：《建立现代大学制度 推进高教改革和发展》，《中国高等教育》2000 年第 3 期。

现代大学制度的概念、内涵、特点，现代大学制度的建立及创新，如何建设和创新大学制度三个方面的问题展开的。

经过多年不懈的探索，中国大学理念研究和制度建设研究取得了巨大的成就，不过，其中的问题也是显而易见的：① 一是少数研究只是口号性、政策性或者是对现象的表面所做的肤浅性描述研究，仅仅是单纯地呼吁大学理念和现代大学制度建设的重要性，但所提出的建议却是宏观的、粗线条的，也未对具体实施措施做深入探讨。二是少数学者乐于从静态描述、设计大学理念与制度，尽管也论及大学理念与制度的时代特征，但还是缺乏对大学理念与制度的生成、变革、创新和发展等动态过程的系统研究。三是许多研究是就问题而研究问题，没有对影响大学理念与制度发展的内生变量进行全方位的理性思考和审视，缺乏对问题背后“深层次”因素的哲学和伦理学思考，影响了大学理念与制度研究的理论深度。四是研究过于注重大学制度的技术层面，过多关注制度的可操作性，对制度伦理价值的挖掘和审视不够，对制度本身的价值引导和伦理规范不够，对大学组织的创新和发展的学术贡献不大。

三　研究思路、方法与内容

“物有本末，事有始终。”哲学的思维是对“本体”的追问，即回答事物“是什么”的问题。本书从“本原的意向性追求”出发，通过解析大学德性的概念和内涵体系，揭示大学德性的本质。以德性伦理学的基本诉求为参照，分析大学德性的核心原则、应然方向和实践路径。

（一）研究思路

1. 理论探讨

本书以德性伦理学为分析工具，科学地界定大学德性的内涵，并对大学德性进行深入的理论探讨，找出大学德性式微的原因。

2. 比较研究

现代大学发源于西方的中世纪大学，中国近代大学本身也是西学东渐的“舶来品”。因此可以循着中世纪欧洲“修道院式”经典大学、近代“象牙塔式”德国大学和“社会服务站式”现代大学的历史脉络，为解决

① 吴国娟：《大学制度伦理反思》，博士学位论文，华中科技大学，2008 年，第 12 页。

中国大学德性问题提供启示借鉴。比较分析的目的在于廓清中国大学发展中所存在的制度性障碍，并试图从异域或者历史的视角借鉴解决问题之道。

3. 对策建议

在现状考察、理论探讨、比较借鉴的基础上，对大学德性式微进行反思，提出大学德性的理念重审与制度建构的对策和建议。

本书具体研究架构如图 1 所示。

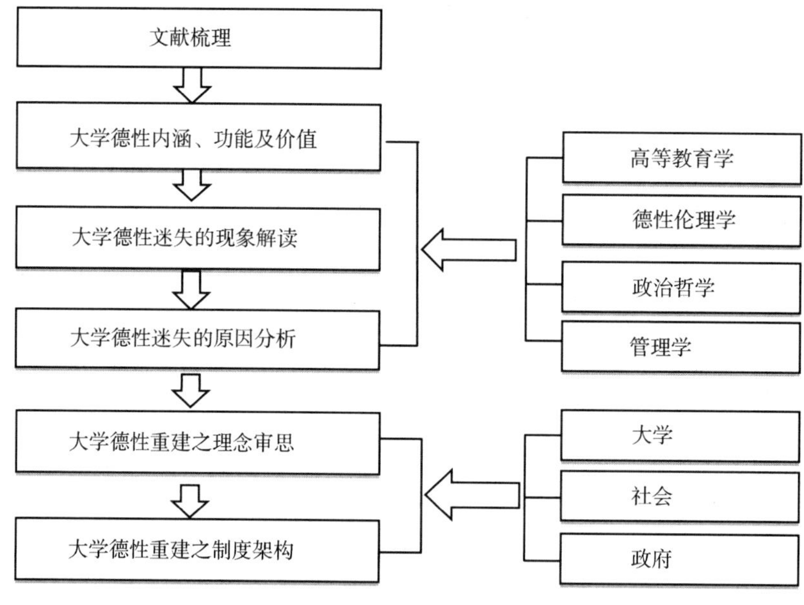

图1 研究架构

（二）研究方法

陈寅恪在为《王静安先生遗书》所作序言中，总结王国维的治学方法为："一曰取地下之实物与纸上之遗文互相释证""二曰取异族之故书与吾国之旧籍互相补正" "三曰取外来之观念，以固有之材料互相参证"①。对同一个问题应该采用不同的方法、不同的视角进行研究，以确

① 陈寅恪：《王静安先生遗书序》，2017 年 7 月，新浪博客（http：//blog. sina. com. cn/s/blog_1334b7d530102xhmk. html）。

定它们是否相互证实，以提高论证的可信度。本书涉及大学理念与制度考察、比较分析、问题剖析、反思与重构等多个方面，主要采用以下研究方法。

1. 文献法

文献法是本书最基础的研究方法，它是指通过搜集和分析研究各种现存的有关文献资料，从中选取信息，以达到某种调查研究目的的方法。人类活动与认识的无限性和个体生命与认识的有限性之间的矛盾，决定了我们在研究时必须借助于文献，已有的文献是本书得以进行的基础。本书充分利用求学单位南京师范大学和工作单位江苏师范大学图书馆的馆藏资源，利用知网、超星等便捷的电子文献检索系统查阅了相关文献。通过文献的查阅、分析、比较、整理，从而由表及里、由此及彼，发现事物本质及其内在规律，为本书框架的设计提供思路和理论准备，为本书的撰写提供素材，为论证观点提供依据。

2. 比较法

古罗马著名学者塔西佗曾说："要想认识自己，就要把自己同别人进行比较。"约瑟夫·法雷尔也指出："如果对教育的研究不是比较的，那么这种研究就不是对教育的一般化的科学研究。"① 大学有两个超越时空、国度和文化的共同点：一是大学具有共同的源头。不管各国大学模式多么丰富多彩，沿着历史的脉络，回溯大学的演进史，都能在中世纪大学那里寻根求源。二是大学是知识性的组织。从诞生之日起，大学就被先天性地赋予了知识的本性。正是基于大学的共同点，比较分析才有了合理的起点，通过比较可以凸显普遍存在的问题和已经取得的成就，提供看待问题的新视角。

3. 多学科的方法

潘懋元曾指出："无论从高等教育系统与社会各个系统的外部关系上，还是从高等教育各个专业、各门学科的内部关系上，都有必要从不

---

① Joseph Farrell, "The Necessity of Comparison and the Study of Education: The Salience of Science and the Problem of Comparability," *Comparative Education Review*, Vol. 23, No. 1, June 1979, p. 10.

同的学科观点，运用不同的学科方法来认识高等教育的功能与价值。”①对大学德性的研究，以及从德性的视角探讨大学制度的研究还刚刚起步，需要借鉴哲学、伦理学、社会学、管理学、组织学、行政学等相关学科的理论来阐发。

（三）研究内容

1. 基本假设

（1）大学是一个由价值决定理念，由理念决定制度的学术组织。大学的德性作为体现大学总体性格和特征的价值观念体系，关乎大学理念和制度建立、变革及发展的根本性问题，大学德性的迷失已成为今日大学产生诸多现实问题的根本原因所在，建构现代大学制度，顺利推进高等教育强国需要研究大学德性问题。

（2）大学是一个学术性人合组织，蕴含着自由、人道、正义、理性等德性伦理价值。德性是大学的一种存在方式，它贯穿于大学的精神、制度和行为之中。建设世界“双一流”大学，必须对大学德性的式微进行反思与重建，一流大学必须是有德性的大学。

（3）大学的发展是自然演进与人为建构的合成品，是“遗传”和“环境”的产物。走出象牙塔的现代大学不可能再回到中世纪，但在变化的环境面前要重建其德性，需要理念的指引和制度的卫护，建立符合大学理念精神的现代大学制度是大学德性重建的必然选择。

2. 具体内容

（1）关于大学德性本质属性的研究。对大学德性相关概念的辨析与界定是本书的基础，也是本书的核心内容。通过关于大学德性的论述，从正义、自由、人道、理性等几个方面探讨大学德性的范畴，准确把握大学德性的本质；在理清大学德性与大学理念、大学制度以及大学运行之间关系的基础上，探寻大学德性在大学生存与发展中的功能、在大学制度建设中的作用。

（2）关于现代大学德性迷失研究。就中国高等教育而言，现代大学虽是西学东渐的“舶来品”，但西方大学所倡导的学术自由和大学自治等理念和制度却始终没能在中国文化土壤中扎根。加之中国长期的“计划

① 潘懋元：《多学科观点的高等教育研究》，上海教育出版社 2001 年版，第 2—3 页。

制度”，致使中国大学成为一直被局限于科层制网络之中的“计划教育”，缺乏学术机构应有的学术自由与自治。本书将寻着中国近现代大学的历史轨迹和文化传统，从大学现实和社会现实互动关系出发，对现代化进程中大学德性的迷失从价值观危机、组织异化和德行堕落等几个方面进行现象解读，从全球化负面效应、现代性不良后果、制度化历史选择等方面进行原因分析和理念反思。

（3）关于现代大学德性重建研究。虽然大学德性外化于大学的理念、制度和行为之中，但它本身也需要大学理念的涵育和大学制度的卫护。显然，大学德性的反思与重建不能仅仅停留在形而上的精神层面，而必须依赖于制度的建立与完善。本书将从大学理念的超越性与教育实践的操作性出发，从大学理念和大学制度两个层面，探寻大学德性的重建问题。不同的历史和文化传统、不同的政治体制和现实国情，决定了中国大学的独特性，需要建立和完善具有中国特色的现代大学制度，切实推进“双一流”建设，实现高等教育强国梦。

四　创新之处与研究不足

（一）创新之处

1. 研究视角的突破

在大学发展的进程中，最初人们更多地从元教育的角度理解和审视大学。后来随着大学职能的发展与泛化，人们逐渐开始从政治、经济、文化等多学科的视角，对高等教育的各种行为进行追问。但一个显见的事实是，随着高等教育功能的不断增加，大学的价值观开始呈现出多元态势。理想中的大学与我们渐行渐远，大学不再是一个完全的德性组织，其发展面临着众多困惑。本书以德性伦理学为分析工具，从“德性”的视角，借用德性伦理学理论探寻大学的理念与制度建设，试图为教育理论研究提供一条新路径。

2. 研究内容的创新

大学德性问题是关乎大学理念和制度建立、变革及发展的根本性问题，大学德性的迷失已成为今日大学产生诸多现实问题的根本原因之所在。本书将“大学德性”作为“主题”，对其本质属性进行系统研究，探寻大学德性在大学生存与发展中的功能、在现代大学制度建设中的作用。

（二）研究的不足

物之初生，其形必丑。本书对大学德性进行初步探索和总体把握，对于一些相关理论问题的研究仍处于起步阶段，研究深度还远远不够。作为学人和一名高校管理者，对中国高等教育的深度关切和体悟是进行此项研究的一个重要原因，所以我甘冒石里克所认为的最大危险①，做苏格拉底式的牛虻。② 研究的不足之处和遗留问题将在有关这一主题的后续研究中加以讨论，并力所能及地予以解决或进行完善。

---

① 石里克认为：没有比一个哲学家变为一个道德家，从一个研究者变为一个传道士更危险的事了，（参见［德］莫里斯·石里克《伦理学的问题》，张国珍等译，商务印书馆 1997 年版，第 11 页）。

② 苏格拉底把自己比喻为牛虻，说自己甘冒天下之大不韪，对当时社会的弊端进行针砭，即使自己为此而死也在所不惜。

第一章

大学德性核心概念解析

德国古典哲学的创始人伊曼努尔·康德曾指出："一切知识都需要一个概念，哪怕这个概念是很不完备或者很不清楚的。但是，这个概念从形式上看，永远是个普遍的、起规则作用的东西。"① 概念是人们认识世界的思维工具，研究我们必须使用或可以使用的那些概念是至关重要的，它是进行人文社会科学研究的基础要求。

第一节　大学的起源及其演进

"过去的希望、抱负和价值观与现代大学概念紧紧结合在一起……如果不理解过去不同时代和地点存在的不同的大学概念，就不能真正理解大学。"② 高等教育是一个历史的概念，大学的含义和目的是因时、因地而异的，它依靠改变自己的形式和职能以适应当时当地的社会政治环境，同时通过保持自身的连贯性及使自己名实相符来保持活力。大学的职能在不同的历史时期产生着不断变化的内涵特点，不同的历史时期产生和丰富着新的内涵，推进大学职能不断发生演变。

一　大学的起源

University 原与 Community、College 二词通用，后来慢慢演变成为一

---

① 北京大学哲学系外国哲学史教研室：《西方哲学原著选读》（下卷），商务印书馆 1982 年版，第 296 页。

② ［美］伯顿·克拉克：《高等教育新论：多学科的研究》，王承绪等译，浙江教育出版社 2001 年版，第 49 页。

种特殊的"基尔特"之称谓。在中世纪，与英文 university 一词最接近的称谓是 studium generale，指"一个接纳来自世界各地的学生的地方"。Universitas 一词原就具有包括各种行业的"行会""社团""公会"在内之意，其设立的目的是保护市场、决定职业标准以及寻找其他有利的事，具有自发性、自治性和自卫性的特点。① 到了中世纪晚期，学生和学者逐渐发展为一个职业阶层，于是有了组成行会的需要。按照布鲁巴克的说法："随着时间的推移，这种联合起来的、比较严密的组织取得了中世纪法定的'会社'形式。换句话说，中世纪的学生和教师或'博士'联合了起来，这种高等教育的社团组织逐渐以'教师与学生会社'而著称。后来，为了方便，这种社团的名称被简化为'会社'，或采用它的英文名称，称之为'大学'。"② 这时 studium generale 与 universitas 二词变成同义，都变成英文 university 的前身了。这有点像"master"原本是对加入行会的师傅的称呼，后来演变为大学教师的学衔，继而又演变为一级学位的名称一样。

从词源来说，大学这个术语在发展过程中逐渐被确定为学者社团，即教师和学生的联合体，这也是大学理念的本质。概括起来，大学具有三个基本特性：第一，大学是一种学者或学术组织；第二，大学是法人团体；第三，大学是具有特权的组织。③ 这些基本特性形成了大学组织独特的基因：基于知识追求的学者以独立的形式并享有特殊的权力管理自身的学术事务。大学最初是由教师和学生聚合在一起而形成的，是以学习和教授某项专门知识为目的的一种行会组织。经过 800 多年的历史演进，大学得到巨大的发展与完善，已经"从中世纪的宗教和世俗的知识团体，演变成今日在以知识为基础、以科学为方向的技术型后工业社会起关键作用的机构"④，在人类文明传承与创新的过程中发挥着重要作用。

---

① 胡仁东：《大学组织内部治理研究——基于权力场域的视角》，南京大学出版社 2017 年版，第 13 页。

② ［美］约翰·S. 布鲁巴克：《教育问题史》，单中惠等译，山东教育出版社 2012 年版，第 459 页。

③ 刘海峰、史静寰：《高等教育史》，高等教育出版社 2010 年版，第 267—268 页。

④ ［美］伯顿·克拉克：《高等教育新论》，王承绪等译，浙江教育出版社 2001 年版，第 24 页。

作为昔日“精神手工业者行会”的大学，在一次又一次知识的交融与碰撞中，不断拓展自己的使命，实现着大学的组织变迁，经由意大利、法国、英国、德国、美国一路走来，最终遍布世界各地，凡有高等教育的地方均可看到欧洲大学凯旋的身影。

从大学的发展阶段来看，古代埃及、中国、印度等都是高等教育的发源地，古希腊和罗马、拜占庭（东罗马）及阿拉伯国家都建立了相当发达和完善的高等教育系统。这些地方的高等教育机构也被许多教育史家称为大学，但多数学者认为，真正现代意义上的大学还是来源于欧洲中世纪大学，“大学是中世纪的产物，犹如中世纪的大教堂和议会”①。大学最初是由教师和学生聚合在一起而形成的，是以学习和教授某项专门的知识为目的的一种行会组织，继之成为学术共同体。爱弥儿·涂尔干指出：“主教座堂学校与修道院学校尽管都十分简陋，不事奢华，但却由此孕育了我们整个的教育体系。初等学校、大学、学院，这些都是从此发展出来的。”中世纪欧洲的旨趣不在世俗世界和物质生活，而在于天国和精神生活，但它也有一个特别突出的能力，就是在世俗世界里进行制度/机制构建，中世纪的教会、封建制度、学校等都是其表现。② 11 世纪，西欧封建制度已经确立，农业生产水平缓步上升。随着剩余产品的增多，手工业得到发展并逐渐从农业生产中分离出来，商业活动也逐步展开。专职的工商业者聚居一处，从事生产和贸易，逐渐形成了中世纪的城市。城市的普遍兴起和发展，国际贸易和交往的日益频繁，加上十字军东征（1096—1291 年系列宗教性战争）使拜占庭文化迅速传遍整个欧洲，客观上促进了欧洲文化的发展。

随着社会条件的变化，原有的僧侣学校和大主教学校已不能满足社会发展的需要。在意大利、法国和英国的一些地方，师生们为了使自己的权利得到法律保护，依照手工业艺人行会的方式，组成教师行会或学生行会：教师按所教的学科组成行会性质的“教授会”，学生按籍贯组成“同乡会”。由于相互之间的需要，这些学生团体和教师团体形成学习和

---

① ［美］查尔斯·霍默·哈斯金斯：《大学的兴起》，王建妮译，上海世纪出版集团 2007 年版，第 1 页。

② 刘海峰、史静寰：《高等教育史》，高等教育出版社 2010 年版，第 259 页。

研究的“组合”。拉丁文“大学”一词的原意就包括各种行业的“行会”“社团”“公会”在内。其设立的目的是保护市场、决定职业标准以及寻找其他有利的事，具有自发性、自治性和自卫性的特点。在中世纪晚期，学生和学者逐渐发展成为一个职业阶层，于是有了组成行会的需要。“universitas”也就专用于指称大学。可见，基于知识的权力在大学起源上已经具有不可抹去的痕迹，为后来大学内部治理的权力配置留下了空间。

由于最早的大学等同于行会，因此它就获得了各种行会所具备的特权，其中大学最主要的特权是“法权自治、罢课和分离独立的权利及独揽大学学位授予的权利”。大学以这些特权为基础构建了大学自治的组织特性并形成了学术自由的传统。早期的大学是逐渐形成的，并没有根据专门的法令创办大学，因此不可能为任何一所早期大学指定一个确切的创建时间。12 世纪，在意大利、法国和英国开始出现了一些早期的大学，其中具有代表性且影响较大者是意大利北部的博洛尼亚大学、萨莱诺大学和法国的巴黎大学。大学的组织形式根据管理主体的不同可分为两类：一类是“学生大学”。以博洛尼亚大学为代表，由学生主持校务。教授的选聘、学费的数额、学期的时限和授课的时数，均由学生决定。欧洲南部的大学，如意大利、法国（巴黎除外）、西班牙、葡萄牙等地的大学多属此种类型（后来这种形式逐渐被削弱，到 18 世纪末彻底消亡）。另一类是“教师大学”。以巴黎大学为代表，由教师掌管校务。“巴黎大学创建伊始，无非是由各方面的教师所组成的一个法团。……巴黎大学的思想倾向根本上不是教士型的，不仅如此，甚至多少还容纳了一大批教外人士，具体数目还难以确定。”① 欧洲北部的大学，如英格兰、苏格兰、德国、瑞典和丹麦等地的大学，多属此种类型。中世纪大学主要从事纯理论研究，与社会保持着一定的距离，因而被称为“象牙塔”。

在对大学起源认识的方面，刘易斯·科塞认为，它有两个历史源头，即绅士学者的团体和职业教育者的松散团体。② 这种观点蕴含着大学来源

① ［法］爱弥尔·涂尔干：《教育思想的演进》，李康译，上海人民出版社 2003 年版，第 31 页。

② ［美］刘易斯·科塞：《理念人：一项社会学的考察》，郭方等译，中央编译出版社 2001 年版，第 305 页。

于人及人与人之间关系形成的场域。所以我们认为，从大学组织的起源来看，它是特定人群基于共同需要在一定的物理空间形成的相互关系：第一，从使命区别于其他组织来辨别大学，从而也使大学与外部形成区隔；大学为了生存与发展，向强势集团争取特权。第二，在大学内部，两类不同类型的大学明显地表现为由不同人群组成的场域特点，为了维护或保护各自不同的利益而争夺权力。第三，其内部运行建立在相互依赖、相互合作的关系基础之上。

二　大学的演变

世界高等教育已有近千年的发展历史，中国和西方的大学在高等教育发展历程中由于历史和文化传统的不同而形成了各不相同的发展路径，大学发展的理念、精神、使命和职能一直是教育社会学家关注的热点。大学职能的演变趋势总是伴随着大学与相互关系变迁，以及大学精神的彰显而逐渐呈现。

（一）中世纪大学

关于大学发轫何端素有争议，一般以 12 世纪诞生的欧洲中世纪大学作为近代大学之滥觞。12 世纪初，经历长年战乱后的欧洲，在罗马帝国的废墟上逐步重建人类文明。一些城市逐步兴起，并产生了受教育的要求。学者们在一些城市开设讲坛，传授知识，成批的学生涌进他们所在的城市，一起进行探讨和研究。后来，教师和学生为了保护自己的利益，仿照手艺人行会的形式组织成教师或学生行会，这就是中世纪大学的雏形。最早的中世纪大学诞生的准确时间已很难确定，但史学家一致认为，意大利的萨莱诺大学和博洛尼亚大学是欧洲最早的大学。博洛尼亚大学以研究法学著称，1158 年，经神圣罗马帝国皇帝弗雷德克一世的敕令使之成为正式的大学；萨莱诺大学建立于 11 世纪初，以研究医学著称，1231 年得到政府承认。① 中世纪的大学适应当时人们在身心和社会关系方面的需要，传授神学、医学和法学等方面的知识。这些学科又都以文法为基础，一所大学一般同时开设文法和神学、医学及法学中的一科或几

---

① 胡仁东：《大学组织内部治理研究——基于权力场域的视角》，南京大学出版社 2017 年版，第 14 页。

科，并以传授某一学科的知识而闻名。如萨莱诺大学以医学闻名，博洛尼亚大学以法学闻名，巴黎大学以神学闻名。文、法、神、医遂成为中世纪大学的四大学科。在组织上，教师按照从事的学科组成教授会，教授会选一位“主任”作为代表；学生则按照地区的不同而组织成同乡会，由选举出的一位“顾问”负责。教授会的主任和同乡会的顾问共同推选出大学校长。博洛尼亚大学的学生文化程度较高，而且年龄较大，学校以学生为主，由“学生行会”决定教授选聘、学费、授课学时等全部校务，人称“学生大学”。这种由学生行会行使领导权的学生大学模式，由于损害了学生行会之外其他各方的权利，并没有形成欧洲大学持久的模式，而是最终走向消亡；[①] 另一种更有影响的大学领导权模式是由巴黎大学建立起来的，由主教区当局监督下的教授会来掌管大学，称“先生大学”，后来发展为西欧各大学的“典范”，被誉为“世界（欧洲）大学之母”。

在中世纪晚期，大学组织得到了一些地方的捐赠，逐渐有了自己固定的场所，学术生活逐步稳定下来。在捐赠的推动下，大学中出现了学院运动。学院（collegium，又译作学舍、学寮）最初是为贫穷学生提供的住所，后来变成了一个自治或半自治的学术团体，他们在捐赠的房子里学习和生活。1180 年，巴黎大学出现了欧洲最古老的学院，为 18 名贫困学生建成的十八人学院（Collège Des Dix-Huit）；1186 年，圣托马斯学院建立；1257 年左右，索邦的罗伯特建立了索邦学院；到 14 世纪末期，巴黎大学拥有大约 70 个学院。1264 年，牛津建立默顿学院，1284 年，剑桥建立彼得豪斯学院。到 1500 年，牛津共建立了 10 个学院，剑桥有 13 个学院。[②] 随着学院的发展，大学组织出现了三种不同的模式。一是牛津和剑桥的联合大学或导师型大学模式。在这种大学里，教学分散在各个学院，每个学院都是教师和学生进行教学和生活的社区，每个学院都有很大的独立性。二是教授型大学，如荷兰的莱顿大学、德国的哥廷根大

---

① 李泽彧、姚加惠、朱景坤：《我国巨型大学的管理与组织模式研究》，厦门大学出版社 2005 年版，第 97 页。

② 金顶兵：《大学组织结构及其对行为模式的影响》，博士学位论文，北京大学，2002 年，第 8 页。

学。这种大学进行集中教学，倾向于根据学科训练专家。三是学院式大学模式。这种模式结合了前两种模式的优点，并保持了规模小的有利之处，可以用很小的成本对学生和教学进行控制。这种紧凑的小型大学适应了17世纪到19世纪初大学地区化的需要，广泛地分布在欧洲各地，特别是在西班牙、苏格兰、德国、意大利以及东部等边缘地区。

（二）现代大学

文艺复兴和宗教改革运动之后，古典人文主义学科逐步在大学取得一席之地，希腊时代对于自然科学的探讨也得到恢复。特别是在工业革命的推动下，大学不断进行变革，逐渐抛弃了中世纪大学的教育目的与教育内容。德国大学率先进行变革，废除了中世纪传下来的经院主义课程，创建以数学和自然科学为基础的现代哲学，成为创造性科学研究的最早基地。到了19世纪，在科学革命、公众需求以及启蒙运动对技能的重新评价的综合作用下，技术学科在高等教育领域得到迅速发展。1860年，德国将一批中等工业学校升格为大学；在英国，实用技术学科难登牛津和剑桥的大雅之堂，1828年成立了伦敦大学，设置专攻科学技术的学科，以此为代表的很多城市学院发展起来；法国则发展了一种多科技术学院的形式，并为欧洲很多国家所采纳。美国在建国以后，特别致力于实用技术学科的发展。1861年，国会通过了《莫雷尔法案》，由联邦政府援助公地设立农业学院和工艺学院。同年，美国最早的私立理工科大学麻省理工学院成立。这样，新的实用技术学科也在大学取得了地位。

除了学科的发展之外，大学组织的科研功能也逐步得到发展。在中世纪大学里，学者们也从事各种研究活动，教师的研究和写作对于他的教学生涯是非常重要的。但这些研究活动是教师的个人行为，而不是大学组织的目标。大学只是一个提供博雅教育、培育绅士的象牙之塔，它的使命是“传授”学问而不在“发展”知识。欧洲文艺复兴和宗教改革运动，推进了对古典文献的探讨和研究，同时张扬了理性主义思潮，再加上近代自然科学的发展，大学中的科学研究活动逐步活跃起来，学者们的注意力开始从已知知识的传授转移到对新知识的探索上。19世纪初，德国洪堡创立柏林大学，提出“教学与科研相统一”的思想，推动人才培养和科学研究，大学的组织特性开始发生巨大变化，按学科和专业门类分成不同的系、不同的研究所，彼此独立自成系统。在德国，为了适应各个学科的发展，大学设立了各个学科的研究所。研究所是一个独立的研究和教学单位，研究所设立一个教授职位，教授是他的研究领域中唯一一名讲座持有者，也是研究所的唯一负责人。教授下面有一些教学和研究人员，拥有必要的设备。研究所之上设立学部，学部的权力是咨询性的，其决策机构是总务委员会。它是一个由地位相同的高级人员组成的松散的组织，负责总的课程安排、考试和学位授予事宜，并负责向教育部长推荐空缺讲座职位的候选人和教授备选资格获得者。学部上面是大学，大学的决策机构是学术评议会。① 美国大学则出现了以学科为基础的系，系是由从事同一学科的学术人员组成的一个机构，它的权力与德国的研究所相比较为分散。1825 年，哈佛学院设立 9 个系；同年，弗吉尼亚大学设立 8 个学院。此后，各个大学陆续建立系和专业学院。到 1990 年，系和专业学院在美国大学里已占有牢固地位，成为适应专业化需要，划分更大结构的基本单位。② 研究所和系的组织形式都是在 19 世纪自然科学不断发展、学科不断分化的基础上产生的，它们适应了新形势下大学的实际需要，促进了当时高等教育和科学研究的发展，也为 20 世纪大学的蓬勃兴旺奠定了组织基础。

（三）巨型大学

20 世纪，市民社会的需求和市场经济的逻辑成为主宰高等教育适应性发展和变迁的根本力量。人文主义和科学主义的争论、实用的思想和功利的目的，要求高等教育教学和科研活动服务于现实生活，致力于提高生活质量。在素以实用主义著称的美国，率先出现了回应这种价值期待的高等教育思想观念和办学实践。1862 年的莫里尔法案和 1887 年的海琪法案，使高等教育系统被纳入美国的实用主义体系之中，规范、引导和强化了高等教育的社会指向特征和社会服务思想；从 1904 年到 1918 年，查尔斯·范海斯领导下的威斯康星州立大学的开创性实践，实现了高等教育功能的第二次延伸；继而，以斯坦福大学和加州大学伯克利分

① ［加］约翰·范德格拉夫：《学术权力——七国高等教育管理体制比较》，王承绪等译，浙江教育出版社 2001 年版，第 22—24 页。

② ［加］约翰·范德格拉夫：《学术权力——七国高等教育管理体制比较》，王承绪等译，第 22—24 页。

校创立以硅谷为代表的实施产、学、研结合的模式，使学校的教学科研与社会的经济增长呈现良性互动。特别是随着知识经济时代的到来，大学更是被推向社会的中心，以知识创新、研究成果来为社会提供服务。这使得大学在规模上不断扩张，在结构和性质上不断发生变化，许多大学都成为克拉克·科尔所说的多元化巨型大学。尽管在不同的语境和文化背景下，巨型大学的概念有所不同，但巨型大学十分突出的组织特征，使其既区别于其他组织，也有别于一般的大学。

1. 规模巨大

巨型大学首先都有庞大的学校规模，拥有数量巨大的学生数，在校生少则数万人，多则数十万人。如由 9 个分校组成的美国加州大学共有 18.8 万名学生；2000 年，由原吉林大学、长春工业大学、白求恩医科大学、长春科技大学和长春邮电学院五所高校合并而成的新吉林大学（2004 年，原中国人民解放军军需大学转隶并入），现有 6 个校区 7 个校园，在籍学生 7 万多人。

2. 学科齐全

巨型大学大都是真正意义上的综合性大学，学校几乎拥有所有学科门类，而且拥有一批国家级重点学科，基础学科实力雄厚，新兴学科充满生机，具有较强的跨学科教学和研究能力。美国密歇根大学每学期可开办 5600 种学士及研究生学位科目，课程选择富有弹性。合并后的浙江大学、北京大学等都拥有除军事之外的所有学科门类。

3. 目标多元

知识在当今社会的指导意义远胜过任何时期，而大学又是知识产业的中心，大学对国家和社会的服务已经渗透到各行各业。“最初，大学是为社会精英服务的，而后又为中产阶级服务，现在则为所有人服务，不论其社会和经济背景如何。”放眼各类社会组织，恐怕很难再找到类似巨型大学能集人才培养、科学研究和社会服务三大职能于一身的组织。弗莱克斯纳在《现代大学论——英美德大学研究》中指出：

> 在这动荡的世界里，除了大学，在哪里能够产生理论，在哪里能够分析社会问题和经济问题，在哪里能够理论联系事实，在哪里能够传播真理而不顾是否受到欢迎，在哪里能够培养探究和讲授真

> 理的人，在哪里根据我们的意愿改造世界的任务可以尽可能地赋予有意识、有目的和不考虑自身后果的思想者呢？人类的智慧至今尚未设计出任何可与大学相比的机构。①

巨型大学不仅是国家的高级人才培养中心、高科技研究开发中心，同时也是多功能全方位的社会服务中心，它所努力的目标不是一个，而是形成了体现自己办学特色的目标倾向及多目标体系。

4. 结构复杂

随着大学规模的不断扩大，大学的管理事务进一步复杂化，客观上要求管理机构和管理人员的增加。作为一种高度社会化组织的巨型大学，其组织结构更为复杂。一方面，大学本身就是一种围绕许多学科发展起来的集劳动分工、信念形成、权责分配于一体的、有科层性质的、庞大的综合机构。从纵向上看巨型大学办学层次呈现出多样化，包括研究生教育、本科生教育、成人教育、远程教育，使得学术水平不同、学术性质各异的各种学术群体聚集在一起。从横向上看，除了教学、科研机构以及各种职能部门外，还有各种各样的服务机构，纵横交错，错综复杂。另一方面，巨型大学内部成员的复杂也导致其结构性关系的复杂，如组织成员之间既有制度化的正规关系，又存在非制度化的非正规关系，不能忽视的是这种非正规关系对大学各级组织的影响作用甚大。此外，巨型大学组织的权力结构也不单纯，它“具有教授个人权力、教授行会权力（学院式权力）、大学行政权力并存的权力构架”②。

5. 科研强大

巨型大学十分重视学术研究，这既是其最基本的特征，也是其优势所在。由于办学经费充裕，巨型大学能够吸引世界级的学者，能够创造出影响世界科技发展的科技成果。在加州大学伯克利分校现任教授中有 8 人摘取过诺贝尔奖桂冠，有 112 人是美国国家科学院院士，有 68 人是国家工程院院士，雄厚的师资为伯克利分校的教学质量和科研发展奠定了

---

① ［美］亚伯拉罕·弗莱克斯纳：《现代大学论——美英德大学研究》，徐辉等译，浙江教育出版社 2001 年版，第 10 页。

② 眭依凡：《大学校长的教育理念与治校》，人民教育出版社 2001 年版，第 19 页。

坚实的基础，其研究生院在全美高校中保持着最大规模，其研究生与博士后人数占全校学生总数的1/3。[①] 与此相应，大都拥有装备精良的实验室、先进的仪器设备、功能完备的大型图书馆、尖端的计算机、信息网络和知名的出版社等科研环境。密歇根大学共设有14个开放给学生及教职员使用的电脑中心，其中许多电脑中心是全天候24小时开放的。学术媒体中心大楼设有一般及电子式的图书馆、电脑培训室、先进的视像实验室、展览室、电子会议室等，设备十分现代化，这些极有利于产生高水平的科研成果。伯克利分校设有许多重要的研究机构，其中有美国能源开发署的三个世界闻名的大型研究中心：劳伦斯伯克利实验研究中心、劳伦斯弗莫尔实验室、阿拉莫斯科学实验室。伯克利分校正是以其显赫的研究成果和拥有大批优秀的科学家而闻名于世，它的许多研究在美国大学中处于领先地位。

6. 开放办学

“大学不是某个时代一般社会组织之外的东西，而是在社会组织之内的东西……它不是与世隔绝的东西，而是时代的表现，并对当时和将来都产生影响。”[②] 社会对大学的日益依赖，迫使大学不能只生活在封闭的自我关系中求内在适应，更应生活在现实社会中，通过感知和满足社会需要实现外在适应，通过不断吸收社会资源来实现自己影响社会的抱负。巨型大学的内部机制是充满变化和开放的，而不是自我封闭和僵化的。一方面，与企业界、科技界及社会各界建立广泛的联系，为国家和地区的发展做出积极贡献。如引人注目的“硅谷现象”“剑桥现象”及以大学为中心建立起来的各种科学园区；另一方面，加强国际上的学术交流和科技合作，实施国际化办学。在伯克利加州大学现有的3万多名学生中，除了加利福尼亚公民外，还有来自全美各州和全世界100多个国家的留学生。

三　中国大学的历史发展

在中国古代，“大学”一方面指称的是知识体系中的高深学问，是一

① 岳庆平、徐中煜：《关于北京大学定位的思考》，《高等教育研究》2003年第1期。

② ［美］克拉克·科尔：《大学的功用》，陈学飞等译，江西教育出版社1993年版，第3页。

种文化象征的符号，这种大学或承载于典籍中，或深藏在贤哲的头脑里；另一方面指称的是作为组织实体的大学，这种大学或寄存于宫廷，或散落在民间，如稷下学宫、太学、孔子私学、书院等，共同构成了中国大学学术传统的底色。汉武帝从董仲舒之请创立太学，设置五经博士教授，在东汉最盛时，太学生达三万人。董仲舒在举贤良对策中说，“不素养士，而欲求贤，譬犹不琢玉，而求文采也。养士之大者，莫大乎太学。太学者，贤士之所关也，教化之本原也”①，太学实是国家养贤之所。从历史的宏观角度来看，中国式“大学”② 一直不绝如缕，特别是太学的传统被中国继承了两千多年，并在历史上衍生出多种形式。就名称而言，晋代虽仍设太学，到咸宁二年（276）又创立“国子学”（专收五品及以上官宦子弟）；隋唐时期，太学外有“国子学”及“四门学”（专收 19 岁以上男子）；宋代太学仍旧，但宋代私人兴学，书院地位重要；元代末年，书院成为主要高等教育机构，达 900 所。在明嘉靖年间（1522—1566），书院更是多达 1239 所。经明一代，太学、国子学、国子监的名称已成为同义词，清代基本沿袭明制。③ 儒家经典《学记》曰：“夫然后足以化民易俗，近者说服而远者怀之。此大学之道也”。《大学》开篇即道：“大学之道，在明明德，在新民，在止于至善”；列出了“格物”“致知”“诚意”“正心”“修身”“齐家”“治国”“平天下”④ 等关乎大学教育的“三纲领”和“八条目”。就教育内容而言，自始至终以经学（四书五经）为核心，集中于培育社会发展所需要的个人道德及社会责任的德行完善，可见，中国的高等教育深受儒家的人文主义使命或知行观的影响。不过，源于儒学传统的中国大学与源于西方中世纪的 university 分属于中华文明与西方文明两种特点截然不同的人类文明体系，西学讲

① 金耀基：《大学之理念》，生活·读书·新知三联书店 2001 年版，第 186 页。

② 一般观点认为，至晚在汉武帝时创办的太学，说明中国有了较为正式的大学。还有的教育史论著如熊明安的《中国高等教育史》、高奇的《中国高等教育思想史》、曲士培的《中国大学教育发展史》甚至强调中国有四千多年的大学教育史，认为早在殷商时期就有大学，理由是《礼记·王制》有言：“天子命之教，然后为学。小学在公宫南之左，大学在郊。天子曰辟雍，诸侯曰泮宫。”

③ 金耀基：《再思大学之道：大学与中国的现代文明》，生活·读书·新知三联书店 2020 年版，第 130 页。

④ （战国）曾参、子思：《大学·中庸》，黄山书社 2002 年版，第 5—7 页。

究对事物表面“形”的认识，中华文化讲究对事物“意”的领悟，“在某种意义上具有文化的不可通约性”[①]。

在中国，具有现代意义的大学是在19世纪末期随着传统教育的衰落和现代新型高等教育的兴起，才逐渐出现的。随着鸦片战争的爆发，进入近代社会的中国面对“三千年未有之变局”，开始对传统学校教育制度进行种种改造，以应对外来挑战达成富国强兵的目标。在洋务运动时期，洋务派创办了种种现代意义上的实科专门学校，培养各种实科专门人才。据《中国近代教育史资料汇编》统计，从1862年第一所新式学校同文馆的创立到戊戌变法前，各类新式学校大致有：以京师同文馆为代表的外国语学堂7个；以1880年开办的北洋水师学堂为代表的军事学堂10个；以1867年开办的福建船政学堂为代表的科学技术学堂13个。在戊戌维新时期，维新派提出“废科举”“办学堂”“兴西学”“开民智”，筹办京师大学堂。“壬寅・癸卯学制”的颁布，提出了普及教育的主张，已初具现代学校教育制度的雏形。特别是1905年科举制度的正式废除使学校成为国家建制所承认的教育机构，从而为现代教育的发展奠定了制度基础，也成为中国两千年“经学时代”[②]结束的象征。自此，“学校的文凭，特别是海外留学获得的洋文凭，替代了科举的功名，成为通向政治、文化和社会各种精英身份的规范途径”[③]。中国近代大学是在中国“现代转向”的大变革中出现的学术与教育上的新事物，中国的现代大学是“随西潮之东来，自欧洲移植于中土者”[④]，而非由帝国时代的太学、国子监“纵向继承”。对此，蔡元培在《大学教育》一文中指出：

> 吾国历史上本有一种大学，通称太学；最早谓之上庠、谓之辟雍，最后谓之国子监。其用意与今之大学相类；有学生，有教官，有学科，有积分之法，有入学资格，有学位，其组织亦颇似今之大学。然最近时期，所谓国子监者，早已有名无实，故吾国今日之大

---

① 王建华：《从中国式大学到大学的中国模式》，《现代大学教育》2008年第1期。

② 冯友兰：《中国哲学史》，商务印书馆1947年版，第485页。

③ 许纪霖：《重建社会重心：近代中国的“知识人社会”》，《学术月刊》2006年第11期。

④ 金耀基：《大学之理念》，生活・读书・新知三联书店2001年版，序第2页。

学，乃直取欧洲大学之制而模仿之，并不自古之太学演化而成也。①

与古代的太学（国子监）不同，太学是以经书为核心，而中国的近代大学则以科学为核心；与西方大学相比，近代中国的大学不是基于自身传统的逻辑延续，是“中学”与“西学”、旧学与新学、科举与学校矛盾和冲突的产物，中国大学的现代化过程具有典型的“后发外生型”特征。中国近代大学的发轫，大约可追溯到天津中西学堂（1895 年，北洋大学、天津大学的前身）、南洋公学（1896 年，上海交通大学的前身）、京师大学堂（1898 年，北京大学的前身）的开办。自此，在中国延续一千多年的传统高等教育机构逐渐被近代大学所取代。

中国大学前期的发展主要是通过不断借鉴和学习西方大学发展经验和模式，进行分科教育，按照分科教育的模式进行组织。京师大学堂开设时，设有仕学馆，附设中小学堂。1902 年恢复办学时设仕学馆和师范馆，1903 年增设医学实业馆、进士馆。1904 年，清政府颁布《癸卯学制》，仿照日本帝国大学的模式，设分科大学，分为经科、政科、文学、格致、医科、农科、工科、商科。1909 年，京师大学堂筹办分科大学，按照学科划分大学组织机构。1910 年，分科大学举行开学典礼，除医科暂缓开学外，共设七科（院）十三门（系），共 400 多学生入学上课。从清末民初开始，主要通过派遣留学生，邀请洋教员，学习日本和德国的大学运行模式。1911 年辛亥革命以后，民国政府于 1912 年和 1913 年陆续颁布了《大学令》和《大学规程》等文件，对于大学的分科和组织进行了明确的规定：“大学分为文、理、法、商、医、农、工七科。设立时以文、理二科为主；合于下列各款之一，才能称为大学：文理两科并设；文科兼法商二科者；理科兼医、农、工三科或二科一科者。”这就明确了大学的学科组织条件。但其按照学科设置大学组织机构的基本组织原则还是分科大学的原则。在管理上，则设评议会和教授会等，体现教授治校的思想。1917 年，蔡元培出任北京大学校长，他仿照德国教授治校的模式，对北京大学的组织结构进行了改革，具体落实了 1912 年由他主持起草的《大学令》的有关规定。他组织了评议会，作为学校最高权力机

① 涂又光:《中国高等教育史论》，湖北教育出版社 1997 年版，第 302 页。

关；各学科设教授会。成立教务处和总务处，协调全校教学和行政工作；他还设立行政会议，作为全校最高行政和执行机关，下设各种专门委员会，负责一些具体事项。在课程设置上，“大量的科学课程进入大学，而‘经学’作为中国古代的经典则如西方的‘神学’（西方古代的经典）一样，被从大学中排除了”①。1919 年，蔡元培在北大废门改系，撤去文、理、法科的界限，将各科所属的学门一律改为系，共设 14 个系，废止学长制，改设系主任。1929 年，南京国民政府颁布《大学组织法》，规定大学将清末所设的科改为学院，“大学分文、理、法、教育、农、工、商、医各学院”；“凡具备三学院以上者，始得称为大学”。“大学各学院或独立学院各科，得分若干学系”。教员则分为教授、副教授、讲师、助教。此外，还对大学校长、院长、系主任的任命、聘任与权限作了规定。从此，大学实行校院系三级管理。蔡元培提出“思想自由，兼容并包”“五育”并举，认为“大学者，研究高深学问者也”。大学“教授高深学问，养成硕学闳材”，拓展了中国近代大学制度，为中国大学发展定型奠定了基础。

1949 年，中华人民共和国成立以后，中央政府开始“以老解放区经验为基础，吸收旧教育的有用经验，借助苏联经验，建设新民主主义教育”。于是，采取了一系列措施对高等学校进行公有化改造，并建立相应的民主管理制度，主要表现为：接管全国国立和私立高校；收回教会大学并进行改造；革命大学向正规化过渡；创办了一批新大学等。1950 年，召开了新中国成立后的第一次全国高等教育工作会议，并于同年 7 月颁布了《高等学校暂行规程》，规定大学设立若干学系，如有必要也可设学院，并在学院内设系，并可设立研究部或研究所；大学教师分为教授、副教授、讲师和助教四级；科目性质相近的教师组成教学研究指导组；实行校长负责制，校长设校务委员会；系设系主任，为基层教学行政组织。1951 年和 1952 年在全国范围进行了院系调整，对大学的学科设置进行重新组合。马叙伦部长在《关于 1950 年全国教育工作总结和 1951 年全国教育工作的方针和任务的报告》中明确指出：“高等学校要配合国

---

① 金耀基：《再思大学之道：大学与中国的现代文明》，生活·读书·新知三联书店 2020 年版，第 4 页。

家建设的需要，适当地有步骤地充实和调整原有高校的院系，或增设新系……”[①] 当时的基本方针是“以苏联的单科性专门学院和文理科综合大学为样板，以培养工业建设人才为重点，发展专门学院和专科学校，整顿和加强综合大学。”[②] 《教育部关于全国高等学校1952年的调整设置方案》对全国六大区的高等学校的具体调整方案都作了详细的规定：（1）基本取消原有系科庞杂的旧制大学，改造成为培养目标明确的新制大学；（2）将国家建设所迫切需要的系科专业分别集中或独立，建立新的专门学院，充分发挥师资和设备的潜力，提高教育质量；（3）改变旧大学不合理的布局和结构，增加工科、师范的比重，整顿、撤销、归并一批高校；（4）取消旧制学院一级建制，改为校、系两级管理，普遍设立专业，按专业培养人才。[③] 按照中央教育部关于高等学校院系调整的方案，全国有3/4的院校进行了院系调整，新设院校31所，从原综合性大学调整出来独立设校的专门学院有23所，调整后停办的有49所，改为中专的有4所。[④] 1955年，为改变高等学校过分集中在沿海少数大城市的状况，在修订国民经济“一五计划”时，中央提出高等教育建设必须符合社会主义建设的要求，必须和国民经济的发展计划相匹配，学校的设置分布避免过分集中，学校的发展规模一般不宜过大，高等工业学校应逐步和工业基地相配合。在政策的指导下，通过某些高校全部和大部分系科专业内迁、由两所或两所以上学校同类专业内迁新建或扩建学校、由有关部门负责在内地建立新校等几种方式进行调整，其结果是内地高校由1951年的87所增至115所。[⑤] 至此，20世纪50年代的高校院系调整基本结束。经过院系调整，原有旧制高校院系学科设置庞杂零乱，师资、设备分散，结构布局不合理，工科落后等状况基本得到了改善，奠定了新中国高等教育的基础。

从20世纪80年代开始，中国高等教育开始又一次以政府强制性为主

---

① 何东昌：《中华人民共和国重要教育文献：1949—1975》，海南出版社1998年版，第92—93页。

② 余立：《中国高等教育史》，华东师范大学出版社1994年版，第36页。

③ 毋国光、翁史烈：《高等教育管理》，北京师范大学出版社1995年版，第25页。

④ 毛礼锐、沈灌群：《中国教育通史》（第6卷），山东教育出版社1989年版，第76页。

⑤ 刘一凡：《中国当代高等教育史》，华中理工大学出版社1991年版，第23页。

导的学校组织制度变迁。由于强调内涵扩大再生产，提高规模效益，政府部门通过体制改革将50年代遗留下来的一些校均规模过小、专业设置重复的单科性院校进行合并，走综合发展的道路，在中国产生为数不少的符合经济、科技发展和人才成长需要的多科性和综合性大学。截至2002年7月，全国已由708所高校合并组建为302所多学科和综合性的高校。[①] 随着20世纪90年代末的高等教育大扩张，中国高等教育开始向大众化迈进，高校在校生人数迅速增加，陆续出现了一批学科门类颇为齐全，在校生人数达三四万人以上规模的巨型大学，有效地缓解了中国高等教育资源稀缺的矛盾。世纪之交，由于世界的多极化、经济的全球化以及科学技术的突飞猛进，中国高等教育面临着巨大的外在压力，即中国要从一个高等教育大国发展成为高等教育强国，要把一批实力较强的大学建设成世界一流大学。为此目标，在高等教育领域进行了高水平强强合并，试图通过“大规模”而达到“高水平”的目的。如由北京大学和北京医科大学合并而成的新北大，由吉林大学、长春工业大学、白求恩医科大学、长春科技大学和长春邮电学院五所高校合并而成的新吉林大学，另外还有四川大学、浙江大学、山东大学等。从根本上讲，一方面，这种改革在一定程度上改变了“条块分割”的管理体制，优化了高等教育的结构和布局，对于解决中国高等教育发展大众化和普及化、规模化和综合化问题，对于促进高校的学科交叉、融合，实现资源共享和优势互补，提高办学层次和办学效益等都具有重要意义。另一方面，这一改革为提高中国高校的教育质量、科研水平和办学效益，促进高校更好地分级、分类办学，创建若干所世界一流大学和一批高水平大学奠定了体制基础。

由于中国大学制度的历史不长，但又发展迅猛，中国大学的现代化进程和发展走过了一条艰难而曲折的道路。有学者认为，中国现代大学非纵向继承，而是从西方横向移植而来的。近年来，国家启动985计划、211计划、珠峰计划、教育振兴计划、“双一流”建设等，着力优化现代大学办学格局，力图实现规模、结构、质量、效益的协调发展。中国的

---

① 陈至立：《十三届四中全会以来我国教育改革与发展的历史性成就》，《中国高教研究》2002年第11期。

大学在“世界通例”和“中国特色”相互关照影响下，已经跨上了高等教育大国的台阶，正向着高等教育强国的方向前行和迈进。中国大学的发展存在着先天历史积淀不足和后天独立精神欠缺两大症状，一方面从历史文化的积淀上相对西方要薄弱许多，另一方面，其发展借鉴外来模式较多，缺乏独立的本土发展模式。另外，由于中国大学一产生就与整个国家政治经济结合较紧，对市场和政府依赖较大，缺乏必要的自主权，在人才培养和科学研究上又具有相对独立的行政运行体系和结构。

第二节　大学德性的内涵概说

一　德性的界说

杨绛在《名人传》的序言中指出：“罗曼·罗兰所指的英雄，只不过是‘人类的忠仆’，只因为具有伟大的品格；他们之所以伟大，是因为能倾力为公众服务。”[①] 这种伟大，不是一种技艺，而是一种德性。无论在西方还是在东方的话语体系中，“德”或“德性”都是一个古老的术语，其含义都经历了许多变化。在西方，从词源来看，德性有两个来源：一是源自拉丁文的 Virtus。表示男子气或勇敢刚毅（vir 在拉丁语里的意思是“男人”），显示出某方面的能力品质。用西塞罗的话说就是，“德性这个术语是从那个表示男人的词来的，一个男人的主要特质是刚毅。”[②] 二是源自希腊文的 Aretě。[③] Aretě 与希腊的战神阿瑞斯相关，用来指任何种类的优点，德性是善和高尚的。在《利德尔—斯考特希腊文—英文词典》里，Aretě 的含义如下：“善，任何类型的优秀。尤其是男子气概的才能、刚毅、勇猛和英勇。”[④] 就其最广泛的意义而言，德性指一个事物在完善性方面的优秀。L. 施密特在《古希腊伦理》中谈到，“对于个人或事物，无论是实践的、道德的、精神的或肉体的属性来说，凡是具有头等重要

---

① ［法］罗曼·罗兰：《名人传》，傅敏译，译林出版社 2010 年版，序言第 3 页。

② 转引自江畅《德性论》，人民出版社 2011 年版，第 23 页。

③ 钱昌照：《德性与职业成功》，《赣南师范学院学报》2012 年第 4 期。

④ ［美］余纪元：《德性之镜：孔子与亚里士多德的伦理学》，林航译，中国人民大学出版社 2009 年版，第 47 页。

意义的”[①]，都是具有德性的东西。

希腊语中的德性（aretě），“是亚里士多德伦理学中的核心概念，它指事物的特性、品格、特长、功能，亦即一事物成为该事物的本性。……是指一种‘无与伦比的卓越境界’，一种从心底发出来的、宽阔的伟大。”[②] 苏格拉底提出“美德即知识”，认为人只要获得关于德性的知识，就能够拥有德性，能够做有道德的事情。柏拉图将德性分为智慧、勇敢、节制和正义，把其作为与人的天赋相适应的品位。亚里士多德认为，德性泛指事物成为完美事物的特性或规定：

> 可以这样说，每种德性都既使得它是其德性的那事物的状态好，又使得它们的活动完成好。比如，眼睛的德性既使得眼睛的状态好，又使得它们的活动完成得好（因为有一双好眼睛的意思就是看东西清楚）。同样，马的德性既使得一匹马状态好，又使它跑得快，令骑手坐得稳，并迎面冲向敌人。如果所有事物的德性都是这样，那么人的德性就是既使得一个人好又使得他出色地完成他的活动的品质。[③]

对人而言，德性是一种内在于人类活动本身的、用来使个性达至善福的性质，包括品质的德性和理智的德性。品质的德性来自习惯的锻炼运用；理智的德性通过教导而生成、培养，需要经验和时间。在《欧洲伦理生活史》中，莱基将德性分为：（1）严肃的德性，如庄敬、虔诚、贞操、刚正等，它们往往带有宗教意味，显示了人性中庄严肃穆的一面；（2）壮烈的德性，如勇敢、牺牲、忠烈、义侠、坚毅等，这类德性是对一个人面对艰难困苦和生存死亡时意志力的检验，往往有撼人心魄的感染力并被视为可歌可泣的英雄壮举；（3）温和的德性，如仁慈、谦虚、礼貌、宽和等，它们是使人和睦相处的德性；（4）实用的德性，如勤劳、

① 转引自王润稼、陈杰《论作为德性的正义》，《宜春学院学报》2012 年第 5 期。

② 张东：《论大学教学管理的伦理诉求》，博士学位论文，西南大学，2012 年，第 15 页。

③ ［古希腊］亚里士多德：《尼各马可伦理学》，廖申白译注，商务印书馆 2003 年版，第 45 页。

节俭、信用、坚韧、谦和等，它们是促使人们的事业获得成功的德性。①英语中的德性（moral character）是指道德存在的组成部分，是道德存在的表现形式，是道德存在转化为道德行为的最直接、最根本的动力。与德性紧密联系的一个词是德行（moral caliber），是指出于义务而遵守道德律，是道德支配下的行动。德性“包含着道德律与敬重两个要点，意味着把握理性中的法则并因敬重而使法则成为意志的唯一动因，德性更多地体现为一种精神品质（对道德法则的认识和敬重），并不一定能付诸行动。德性是至善的第一要素，是被道德法则所决定的意志，是幸福的配享之条件”。因而，“德性”是决定意志是否是善良意志的唯一因素，并决定一种行为是否可称之为“德行”②。无论对德性作何种划分，都存在一个显见的事实，即“自荷马英雄时代和柏拉图、亚里士多德以来，西方所说的德性尽管一直表现出历史的特性，但是，其论述也一直表现出一种共同的性质，即把德性确定为人的一种本性，确定为人的一种自由自觉的智慧实践”③，德性是一种体现道德主体卓越品质的崇高道德境界和善行习惯与趋势，一个人的德性就在于他完满地履行了作为一个人的职责。而要完满地履行职责，“就必须与那种被看作正义、正当和适当的流行的风俗相一致”④。德性是人之所以为人的关键所在，禽兽只受肉欲支配，人则能以其德性节制自己的欲望，并把天然的情感自觉地扩展到社会的领域。在社会共同体中，我们可推己及人——敬他人，讲廉耻，秉礼让，使我们把对同类的殷殷关切上升到自由自觉的境界。从这个意义上讲，德性是人类文明的基石，一个真正的富有人性的良善世界需要一些社会通则，而德性的具体性就体现在这些通则的运用与实践中，人类摆脱野蛮和愚昧而进入文明的过程正是人们学会用道德规范进行精神自律的过程。

在中国，“德性”这个词的字面意义是具有“德”的性质，在古代典

① 转引自王国银《德性伦理研究》，吉林人民出版社 2006 年版，第 4 页。

② 郁乐：《康德“德性”概念与伦理学的两个基本问题》，《经济社会发展》2008 年第 11 期。

③ 戴木才：《论德性养成教育》，《江西师范大学学报》（哲学社会科学版）2000 年第3 期。

④ ［美］阿拉斯代尔·麦金太尔：《伦理学简史》，龚群译，商务印书馆 2010 年版，第 14 页。

籍中其含义较为广泛。在甲骨文中，“德”字表示目不斜视，双脚不偏离道路，直达目标；在金文中，“德”含有按目光直视、依照通行大道的准则前行的意思，还要求必须这样思考；[①]《周易·系辞》曰：“地势坤，君子以厚德载物”，《周易·乾卦》曰：“君子进德修业”。这些都表明优良的“品行”和“操守”是“德”的本意，“德”就具有正直、公开以及去行、去想这四层含义。后来，“德”成为中国传统道德和中华民族传统文化的核心概念，被孔子儒家提升为“道之以德，齐之以礼，有耻且格”的王道原则，成为“明明德，亲民，止于至善”的道德纲领。[②]“德”字在商代卜辞中作“值”，与“直”通用。《尚书》开始把“德”作为接受天命的前提，并有“经德秉哲”“明德”“敬德”之说。[③] 东汉刘熙对“德”的解释是：“德者，得也，得事宜也。”“德”被赋予了兼及内外的意涵。[④]《说文解字》对“德”字作了更为详细的解释：“德，外得于人，内得于己也。”[⑤]“德”不但指涉身心之完满状态，而且意寓此种状态在与他人关系中的展开。也就是说，“德”就是在处理人与人的关系时，“一方面，以善德施于别人，使众人各得其益；另一方面，以善念存于心中，使身心各得其益”[⑥]。这样，“德”事实上就被理解为一个人内心的“品质”“自我觉性”。“性”字在汉语中虽然出现得很早，但一开始并没有将“物性”“人性”与“神性”严格区别开来。这种“天地之性和万物之性中有人性居于主体和核心的地位，就注定了人性的两栖，也为儒家对‘性’的解释留下了大片空场。”[⑦] 由于古人逐渐把目光由天命转向人事，“性”与人心的关联也逐渐变得密切，并且成了道德自觉的主题。一方面，《诗经》《书经》将具有人格、意志的神意称为天命，从而确定了天人合一的文化基础；另一方面，《中庸》又说“天命之谓性，率性之谓道”，从而将“性”的含义普遍化。由于人性与人心经常连

---

① 许春艳：《德性教育实现路径的一种思考》，《理论观察》2013 年第 8 期。

② 钱昌照：《德性与职业成功》，《赣南师范学院学报》2012 年第 4 期。

③ 王国银：《德性伦理研究》，博士学位论文，苏州大学，2006 年，第 9 页。

④ 陈继红：《从词源正义看儒家伦理形态论争——以德性、美德、德行三个概念为核心》，《南京大学学报》（哲学·人文科学·社会科学）2017 年第 3 期。

⑤ （清）段玉裁：《说文解字注》，上海古籍出版社 2000 年版，第 502 页。

⑥ 王荣：《论教师德性及其养成》，硕士学位论文，曲阜师范大学，2018 年，第 13 页。

⑦ 文雅：《传统儒家“德性”概念试解》，《宜宾学院学报》2012 年第 2 期。

用，“人性”逐渐获得了“方向”的意思。孔子在《论语》中讲到仁、义、礼、勇、恭、宽、信、刚、毅等均是人的德性。[①] 孔子强调仁和义，尤其是仁。义者宜也，即一个事物应有的样子，是一种绝对的道德律。一个人在社会上行事为人，有他应循的义务，那是他应该做的。但是这些义务的本质应当是“爱人”，即“仁”。一个人必须对别人存有仁爱之心，才能完成他的社会责任。正如冯友兰所指出的：“在《论语》里，孔子用‘仁’这个字时，有时不是仅指一种特定的品德，而是泛指人的所有德性，这便是‘仁人’一词的含义。”[②] 孔子认为，“忠恕之道”是把仁付诸实践的途径，“夫仁者，己欲立而立人，己欲达而达人”“己所不欲，勿施于人”。“忠”和“恕”的做人原则也就是“仁”的原则。因此，一个人按“忠”“恕”行事为人，也就是“仁”的实践。这种实践引导人去完成对社会的责任和义务，其中就包含了“义”这种为人的品质。孟子则将“恻隐之心”“羞恶之心”“辞让之心”“是非之心”作为人性的主要内容，是仁、义、礼、智的根源。在孟子看来，“恻隐之心，人皆有之；羞恶之心，人皆有之；辞让之心，人皆有之；是非之心，人皆有之”，那么人的本性自然也就是善的了。人的本性有上述“四端”，如果加以充分发展，它们便成长为孔子所强调的“四德”。孟子还从“性善论”出发，把人与生俱来的仁义之心看作人的“良知”“良能”。而这种“良知”“良能”也是“不虑而知”“不学而能”的，中国的传统伦理就是德性伦理。[③]

通过考察伦理学家对德性的阐释和德性的原初含义，人们不难发现，对德性的理解和阐释不尽相同，但也有一些共识：德性是不同于一般行为习惯的意向（心理定势）或品质特性；德性是公认为好的、优良的或值得赞扬的品质；德性不是与生俱来的，也不是自发形成的，而是在环境的作用下通过智慧选择形成的；德性不只是体现在行为方面，而且体现在认知、情感、意志等活动及态度方面。根据这些共识，我们可以大

① 张祖福：《关于加强和改进德育工作的几点哲学思考》，《哲学动态》1998年第12期。

② 冯友兰：《中国哲学简史》，赵复三译，生活·读书·新知三联书店2009年版，第46—47页。

③ 王国银：《德性伦理研究》，博士学位论文，苏州大学，2006年，第10页。

致上把握德性的一般含义："德性是人运用理智或智慧根据其谋求生存得更好的本性的根本要求，并以生存得更好为指向培育的，以心理定势对人的活动发生作用，并使人的活动及其主体成为善的品质，即道德的品质。"① 需要指出的是，道德的品质是指具有道德性质的品质。它不同于通常所说的道德品质，即品德。道德品质指的是从道德的角度来看的品质，因而是中性的。就是说，道德的品质或德性是好的或善的品质，而道德品质或品德可能是好的或善的，也可能是不好的、可恶的。德性是一种品质，是人的品质的道德特性或状态。亚里士多德在分析德性的归属时指出，在心灵中有三种东西，这就是性情、能力和品质，德性必属其中之一。在这三者之中，"德性既非性情也非能力，那么就只剩下品质了"②。亚里士多德意义上的德性，是广义的德性，意指品质的优秀，即价值论上的优秀或值得赞扬的性质，而我们所说的德性特指人的具有道德意义的优秀品质，这种品质在性质上是道德的，是善的。德性也可以说是品质的一种状态。亚里士多德明确说过："德性是一种属于选择的品质，它按照我们所考量过的中庸并为理性所规定来选择。"③ 如果从伦理学的角度将品质划分为善的状态和恶的状态，那么，也可以说德性是品质的善的状态。

一种品质之所以被看作德性，是因为它是有利于人更好生存的。这里所说的"有利于人更好生存"，不仅指有利于具有者更好生存，而且有利于他活动于其中的共同体及其成员更好生存，或者有利于其中一者更好生存而无碍于他者更好生存。有利于人更好生存的品质才是具有道德价值的，才是道德的。这是德性的实质，是所有德性所具有的共同本质。按照苏格拉底的观点，同一种品质和行为在不同的情境下对不同的人具有不同的道德含义。任何一种具体品质的德性都是相对的，是因人因情境而异的，只有当一种品质是有利于人更好生存的，它才是德性的。每一种具体的德性之所以能成为德性，是因为它具有了有利于人更好生存

---

① 江畅：《德性论》，人民出版社 2011 年版，第 30—31 页。

② ［古希腊］亚里士多德：《尼各马可伦理学 1106a12》，邓安庆译，人民出版社 2010 年版，第 86 页。

③ ［古希腊］亚里士多德：《尼各马可伦理学 1107a1》，邓安庆译，第 90 页。

这种德性的共同本质。德性的这种共同本质是具有普遍而绝对意义的，它不会因为具体德性的相对性、特殊性而丧失其普遍性和绝对性。因此，有利于人更好生存是德性的根本规定性，是否有利于人更好生存则是衡量和评价一种品质是不是德性的根本标准和终极标准。对于一种品质是不是德性，不同时代的不同道德和文化体系存在着差异，不同的思想家和普通人也有不同的看法。从当代伦理学角度来看，德性是同时有利于品质具有者本人、他活动于其中的共同体及其成员更好生存的品质，至少对其中之一更好生存有利而对其他人无妨碍和无伤害。一般从道德评价角度来说，这种有利的程度越大，品质的善性越大，德性的水平就越高。

德性之所以会成为有利于人更好生存的品质，是因为德性是理智或智慧根据人谋求生存得更好的本性的根本要求并以人生存得更好为指向而自觉培育的。真正意义上的德性不是自然而然形成的，而是德性主体在社会的教育和其他因素的影响下，并在生活实践中运用理智或智慧进行选择和确认以及将这种确认转变为意愿、谋求和行为的过程中逐渐形成的，而选择又是以反思、比较、甄别、判断为前提的，确认则需要经过寻找理由和试错过程。这个过程通常是德性的养成过程。在这个过程中，理智发挥着主导作用，在德性基本形成之后，还需要进一步使其拓展并提升。这是德性完善的过程，这个过程是一个德性修养过程。在德性养成和完善的过程中，智慧发挥着主导作用。只有理智转化成了智慧，人们才会自觉地进行德性修养。德性是人们在生活实践中运用道德智慧不断选择而逐渐积累下来的心理倾向（表现为态度）和活动方式。

根据以上对德性含义的阐释，可以看出德性具有以下共同特性:[①] 其一，指向性。詹姆斯·瓦拉斯指出："所有德性的本性和价值都能根据它们在我们的生活中的各种功能和作用来理解。"[②] 我们不能就德性本身来理解德性，而要根据它对于生活的意义来理解德性。任何一种德性不是目的本身，而是有所指向的。不过，这里所说的指向性不同于结果主义或功利主义所主张的其价值在于所产生的结果的看法，它是指德性最终

① 江畅:《德性论》，人民出版社 2011 年版，第 35—39 页。

② James D. Wallace, *Virtue and Vice*, Ithaca and London: Cornell University Press, 1978, p. Ⅱ.

要服从于和服务于其具有者、他活动于其中的共同体及其成员更好生存。其二，意向性。德性不是一般的心理现象，而是一种心理定势，对人的态度和活动具有规范作用和导向作用。亚里士多德认为，德性是为了自身的目的而选择那些优良或高尚行为、避免低劣行为的固定的意向。① 德性的这种规范和导向作用不同于社会的法律、制度、政策等的规范和导向作用，它不是通过一定的外在强制力和影响力起作用，而是作为一种个人的心理定势发挥作用的。就像孔子所说的“从心所欲不逾矩”，在很多情况下，德性的规范和导向作用通常是自发的，而不是有意识的理性控制的，也不需要意志的强制力。用康德的话说，是“出于倾向”的，而不是“出于责任（或义务）”的。德性的意向性的另一个重要体现是，德性是不能空言的，它总是实践性的，要通过人们的行动体现出来。我们判断他人的品质，也主要是根据他们的一系列行为做出的。按照亚里士多德的观点，“每一个德性的行为都是一次实践智慧的运用”②，德性就是在实践活动中显现出来的。涂尔干也指出，“从根本上说，真正的德性在于以一种适当的方式行事，能够将自己某种内在的方面加以外化，而根本不在于对高尚的图景和动人的品格闷头进行精神构建和个人沉思。”③ 其三，多维性。德性作为人的心理定势体现在人活动的各个方面。人的活动是复杂的，在人活动的所有方面都存在着德性问题，在认识方面有“好学”的德性，在情感方面有“关怀”的德性，在意志方面有“刚毅”的德性，在行为方面有“勇敢”的德性。德性不是一维的，而是多维的、多向度的。正如罗瑟林德·荷斯特豪斯所说的：“德性不仅具有做道德上值得或需要的事情的倾向，而且具有一种复杂的思想形式。这包括情感、选择、愿望、态度、兴趣和感受等。”④ 其四，统一性。所有德性都以道德智慧为基础，都是智慧特别是道德智慧的体现。德性之统一性还在于不同的德性之间存在着相互关联性、相互促进性。各种德性之间存在着

---

① Stephen Darwall, ed., *Virtue Ethics*, Oxford: Blackwell, 2003, p. 2.

② Karen Stohr, "Manners, Moral, and Practical Wisdom," in Timothy Chappell, ed., *Values and Virtues: Aristotelianism in Contemporary Ethics*, Oxford: Clarendon Press, 2006, p. 202.

③ ［法］爱弥尔·涂尔干：《教育思想的演进》，李康等译，上海人民出版社 2006 年版，第 223 页。

④ "Virtue," in *New World Encyclopedia*, http://www.newworldencyclopedia.org/entry/Virtue.

相互依存、相互联系、相互作用的关系。德性之间还可以相互强化，从而促使德性的稳定和德性水平的提高。德性的这种相互关系性和相互促进性既体现在不同类型的德性之间，也体现在同一类型的德性之间。德性的统一性使德性成为一个人是不是好人的规定性，有学者将德性看作“那种使人成为一个好人的品质”①。其五，稳定性。我们需要经过尊重义务和规范的行为来培养和磨炼我们的德性，一旦我们具有了某种德性，行为也就能持之以恒。德性是一种比较稳定和持久的履行道德原则和规范的品质。德性作为品质不容易形成，一旦形成也难以改变，它具有较强的稳定性，只有在一些特殊情况下才可能突然发生变化。荷斯特豪斯曾提醒我们：“关于人们的德性和恶性的一个重要事实是，一旦获得它们，它们就会强有力地盘踞下来，这是因为它们涉及的远不只是以某些方式行动的倾向。”② 其六，普适性。首先，从全人类来看，有不少德性是相同的或可得到不同道德和文化体系认可的，如古希腊的智慧、勇敢、节制、公正这些德性在其他民族和文化中得到认同。其次，伦理学确立德性的一般原则并根据这种原则审查人类已经存在过的德性，批判性地继承人类的德性遗产，并在此基础上构建适合当前人类生活的德性。这种构建的德性不再只适合于特定道德和文化体系的德性，而是适合于全人类的具有普适性的德性。

我们所说的德性特指人的具有道德意义的优秀品质，这种品质在性质上是善的，是道德的。亚里士多德明确说过：“德性是一种属于选择的品质，它按照我们所考量过的中庸并为理性所规定来选择。”③ 一种品质之所以被看作德性，是因为它是有利于人更好生存的，这是德性的实质，是所有德性所具有的共同本质。这种共同的本质是具有普遍而绝对意义的，它不会因为具体德性的相对性、特殊性而丧失其普遍性和绝对性。这种有利的程度越大，品质的善性就越大，德性的水平也就越高。

---

① ［美］余纪元：《德性之镜：孔子与亚里士多德的伦理学》，林航译，中国人民大学出版社 2009 年版，第 41 页。

② Rosalind Hursthouse, *On Virtue Ethics*, Oxford University Press, 1999, p. 12.

③ ［古希腊］亚里士多德：《尼各马可伦理学 1107a1》，邓安庆译，人民出版社 2010 年版，第 90 页。

二　大学德性的内涵

康德认为："（人的）德性乃是人的意志，在履行义务的过程中所体现的道德力量。"[①] 在一般情况下，德性更多指向的是个人的德性，德性好与不好所直接关涉的是个人幸福与否。但如果我们从广义上理解德性，"德性泛指使事物达至卓越与完美的特性"[②]，它不仅限于个人，个人之外的组织和人之外的事物也都有其德性。也就是说，不仅个人有德性问题，人类生活的共同体（学校、社会、国家等）都有德性问题。正如江畅教授所指出的："社会是个人的扩大，个人存在着德性问题，社会当然也存在着德性问题。"[③] 柏拉图就将智慧、勇敢、自律和公正看作任何完美国家都必须拥有的四个最重要的德性：

> 智慧有助于统治者的认知，可以让统治者为国家利益而作出英明的决策；勇敢是辅助者所体现出来的，对辅助者的训练使得他们在保卫国家的时候勇敢无畏；自律来自三个阶层之间的和谐，大部分人的难以驾驭的欲望会被统治者的决策所控制和抑制；最后，公正就是每个人处理自己的事务时要本着良心去做事。[④]

其实，德治本身即为中国古代的治国理论，是儒家学说倡导的一种道德规范，主要有两层含义：要求统治者集团以身作则，注意修身和勤政，充分发挥道德感化作用；重视对民众的道德教化，德主刑辅。周人提出"明德慎刑""为政以德"，后经两汉魏晋南北朝的法律儒家化运动，礼法合流。《唐律疏议》最终确定了"德礼为政教之本，刑罚为政教之用"的德治方略，对于维持封建社会的稳定起到了积极的作用。民主、自由、平等、公正等都被看作当代社会的德性，我们社会主义核心价值

---

① ［德］康德：《道德形而上学》，张荣等译，中国人民大学出版社 2007 年版，第 417 页。

② 韩益风：《平庸时代的大学》，博士学位论文，南京师范大学，2015 年，第 122 页。

③ 江畅、［美］迈克尔·斯洛特：《寻求中西德性问题的共识——关于德性伦理学的对话》，《湖北大学学报》（哲学社会科学版）2015 年第 6 期。

④ ［英］奈杰尔·沃伯顿：《从〈理想国〉到〈正义论〉》，林克译，新华出版社 2010 年版，第 7—8 页。

观意义上的德性更是社会稳定、和谐的保障，正所谓“德，国家之基也”（《左传·襄公二十四年》）。麦金太尔在《依赖性的理性动物：人类为什么需要德性》一书中充分论证了德性对人类生存的必要性。他指出，现代道德哲学特别强调个人的自主性，强调独立选择的能力，但也必须承认人的脆弱性和痛苦以及随之而来的依赖性在道德上的重要性。因为成为一个独立的实践推理者，只是人的生命的某些阶段，由于人类生命的脆弱以及在不同生命阶段的无能（还有那些终生因生理原因而残疾者），人在相当多的生命时间里是依赖性的存在者。因此非算计性给予和接受的关系是人类赖以生存的普遍性关系。在麦金太尔看来，人类的各种地方性共同体，家庭、邻里、工作场合、各种行业性的协会、地方教会等，都内在地具有这样一种基本的给予和接受的关系，因而在一定程度上是靠着依赖性的德性和独立性的德性共同起作用才能维持下去的。① 生命的脆弱性、生存的依赖性使得人类的共处只有在有德性的状态下才可得到兴旺与昌盛，德性是人们共同抵御生命的脆弱性和无能的精神纽带，是扶持人们共同支撑生命存在的社会力量源泉。因此，德性问题是人类社会的一个重要问题，是社会幸福美好的基础，是人类文明的基石，人类不能没有德性，一个缺少正义和宽容的社会将变成一个令人痛苦的地方。

作为一个从事知识发现与传播、人才培养、服务社会发展的学术性机构，“大学有自己的德性，大学的德性既在于自身的完满，也在于伦理上的善”②，既有伦理学上的意义，又有本体论的内涵。大学的德性“是指大学在把握自身存在意义或处理利益关系过程中体现出来的以理性为基础、以积极道德心理为动力、以自觉趋向益己利他行为为存在目的的道德品性。”③ 作为一个由师生个体组成的人合组织，与任何个体都必须在社会生活中努力彰显自己的德性一样，大学同样也需要向世人展现自身的独特德性形象。依据教育基本理论，教育组织至少由教育者的有目的活动、教育资料和教育对象三个要素组成。由于教育者有目的的活动

---

① 龚群：《德性思想的新维度：评麦金太尔的〈依赖性的理性动物：为什么人需要德性〉》，《哲学动态》2003 年第 7 期。

② 高德胜：《论大学德性的遗失》，《全球教育展望》2009 年第 12 期。

③ 匡促联：《论大学的德性》，《大学》（学术版）2011 年第 7 期。

产生于对社会需求的选择，教育资料源于文化，教育对象是有待培养的人，因此，“大学的德性体现在其组织自身、教育者和教育对象所具有的德性和所表现的德行”① 上，就是说，大学的德性既体现于大学制度之中，也体现在大学组织中的师生身上。

（一）大学本身是一个德性的组织

伦理追寻和心灵塑造是大学教育的本质要求，伦理道德是大学的生命立场，没有道德的大学教育是价值的误导，“如果只能培养有才无德的小人则可称为一种罪恶，且不说知识越多越反动，至少是无益于个人和社会的发展”②。大学的各种利益相关者尤其是学生和家长对学校有着较高的伦理期待和德性诉求，尤其需要建立一个相对纯洁与纯粹的活动环境。正是因为大学之中有大道、有大德、有大师、有大爱、有大精神，大学才受人尊重和爱戴，“大学不仅成为教育的高地，更是道德的高地，在一个国家中，大学往往具有民族和社会良心堡垒的崇高地位”③。大学是人类文明中最古老的组织，除了完成其明确提出的使命如创造、传播和保存知识外，还履行了一系列其他重要的职能，代表着社会良知、提供了人文关怀和可以坚守的精神家园。“大学通过提供博雅教育训练人的智力，造就社会的绅士，旨在提高社会的思想格调，提高公众的智力修养，纯洁国民的情趣，为大众的热情提供真正的原则，为大众的志向提供明确的目标，扩展时代的思想内容并使这种思想处于清醒的状态，推进政治权力的运用以及个人生活之间交往的文雅化。”④ 当然，这些使命和职能的完成除了理念的引领外还需要一个制度的保障，大学制度如果能促进大学实现本身的使命，并以符合道德的方式运作，本身就是对大学德性的实现。

（二）教师具有良好的师德修养

一个民族道德水平的高低主要体现在大学内的教育者身上，大学的

---

① 朱景坤：《大学德性迷失的现象解读与原因分析》，《江苏师范大学学报》（哲学社会科学版）2014 年第 5 期。

② 张东：《论大学教学管理的伦理诉求》，博士学位论文，西南大学，2012 年，第 37 页。

③ 徐显明：《文化传承创新：大学第四大功能的确立》，《中国高等教育》2011 年第 10 期。

④ 朱景坤：《德性大学重建：高等教育强国的一个现实命题》，载张宗荫、范笑仙《质量提升与建设高等教育强国——2011 年高等教育国际论坛论文集》，西南师范大学出版社 2012 年版，第 361 页。

人才培养构成了道德影响的核心场域，大学师生构成了道德的共同体。“教学，作为一种特殊的人类的努力，绝不是一个一无所有的地窖，等待纯粹来自外部资源的填充。”① 虽然大学的发展离不开一定的物质条件（如资金、科研设备等），但优秀的大学教师队伍才是大学发展的根本与关键。正如剑桥大学前校长理查德·阿里森所言：“大学是抽象的，而这里的人是具体的，正是具体的人界定着大学。”② 或者如梅贻琦所简明界定的：“所谓大学者，非谓有大楼之谓也，有大师之谓也。”大学是由不同的人组成的角色群体，其内部利益、权利的冲突和转化都是以大学组织中的人为核心的，正是具体的教师界定着大学。在大学身份的认同问题上，学术是其核心价值所在，作为主要的学术生产者——大学教师自然成为大学组织的核心部分，是大学身份的象征。教师要传道授业解惑，“自己就应该有高尚的道德情操，做道德的楷模”，教师只有以身作则，率先垂范，做学生的榜样，才能引领帮助学生“扣好人生的第一粒扣子”，把握好人生方向。抗战期间，西南联大的办学条件尚不如今天一所好的普通中学，然而，就是在这种十分艰苦的条件下，培养出了最优秀的人才，为中国的高等教育和世界学术以及后来的国家建设做出了卓越的贡献。这正如美国教育家博比所说的：“教育的品质是教师品质的反映；没有好的教师，不会有好的教育；……如果教师素质精湛，即使教育体制不够理想，教育经费不敷支出，课程编制失当，教材内容欠佳，教育设备不全等等的缺点，也能因教师的努力克服，而逐一获得补救。”③ 无论从历史的考察还是从现实的观照来看，大学都是教师的集合，如果没有致力于教育事业的教师，不可能开展任何有效的教学、科研、社会服务和文化传承与创新活动，大学也就不可能成功。哈罗德·J. 珀金明确地指出：“在一个日益为各种专家所支配的世界上，大学教师已经成为其他专业的教育者和选拔者了。”大学通过它的教师提供了艺术、科学和技术方面“新知识的生长点，理智文化的主流和革新的制度化”。作为一个特殊的职业劳动者，教师应该具备比其他职业劳动者更加美好的德性

① 刘东：《论大学教学管理的伦理诉求》，博士学位论文，西南大学，2012 年，第 45 页。

② 转引自周作宇《论大学组织冲突》，《教育研究》2012 年第 9 期。

③ 谷贤林：《比较视野中的中国一流大学建设》，《比较教育研究》2001 年第 5 期。

和行为表现；面对时刻注视着自己、把自己的言行作为表率的学生，教师必须以正面形象给他们以积极的导向。从某种意义上说，“大学所承担的学术责任几乎可以转换为教师所担负的责任，大学职能的履行在很大程度上等同于教师职能的发挥，也即大师的德性决定了大学的德性”①。事实上，大学生活的一切都要仰仗参与者的天性，如果可以体认大学理念的人不复集结在大学周围，那么即使最真切的理念都将是一场空。

（三）学生具有良好的社会道德

美国学者德怀特·艾伦指出：“教育有两个目的：一个是要使学生变得聪明；一个是要使学生做有道德的人。如果我们使学生变得聪明而未使他们具有道德，那么我们就为社会创造了危害。”② 早在 1912 年，马相伯在就任北京大学代理校长发表演说时，对大学生就强调了这样的大学理念：“诸君皆系大学生，然所谓大学者，非校舍之大之谓，非学生年龄之大之谓，亦非教员薪水之大之谓，系道德高尚，学问渊深之谓也。”③育人，化育学生成人，培养学生成才，是大学教育的题中之义。大学所培养的人才应该拥有的，不单是智慧、勇敢、节制这样的古典德性，而是“培养具有德性而非甘于卑俗的人，追求真知而非听命于意见摆布的人，践行伦理而非恣意而为的人，能够面对世间那些根本的冲突，担负自己的言论和行动后果的人，而不是寻觅教条的避难所来推卸和逃避责任的人”④，即培养修身齐家治国平天下德才皆具的圣人。促进社会发展、推动人类文明进步最关键的，是把青年人培养成为社会主义建设者、接班人和能造福世界的人——他们不仅需要创造富庶的物质世界，而且需要成为精神世界的领袖，需要通过大学教育让他们达到至真至善的德性境界。

---

① 朱景坤：《德性大学重建：高等教育强国的一个现实命题》，载张宗荫、范笑仙《质量提升与建设高等教育强国——2011 年高等教育国际论坛论文集》，西南师范大学出版社 2012 年版，第 361 页。

② ［美］德怀特·艾伦：《高等教育的新基石》，任中棠等译，《求是学刊》2005 年第 3 期。

③ 马相伯：《代理大学校长就任之演说》，《申报》1912 年 10 月 29 日。

④ 李猛：《大学的使命：培养具有德性而非甘于卑俗的自由人》，2018 年 10 月，搜狐网（https：//www. sohu. com/a/271687147_698376）。

第三节 大学德性的伦理范畴

现代大学制度的终极目的是实现大学的育人目标，而目标实现的方式、实现程度又是与大学德性密切相关的。对大学德性内涵的准确把握，关键在于对其核心范畴的理解。“人道、正义、理性既是大学所应追求的三种基本价值，同时也是对大学进行伦理评价的标准”[①]，探讨这三种基本价值就成为我们研究大学德性的范畴。在大学的发展过程中，这三个概念的体现并非协调一致，在特定的社会环境中，其中某一方面会成为主流，但是人道，即以人为本的精神理念是大学德性最核心的伦理概念。大学教育的理性与公正都是为了大学教育的人道，也可以说是大学德性的两翼，其中的任何一翼被忽视都会造成大学教育人道的偏斜。

一 大学的人道

人道是一个耳熟能详的伦理概念，它贯穿于人类的哲学、伦理学史中。人道曾是西方资产阶级反对封建统治的旗帜，也曾是中国五四运动倡导“德先生”[②] 的依据。在此之前，基督教也以教徒皆兄弟的平等人道理念赢得了广大贫苦民众的信仰，赢得了罗马帝国的认可。儒学以“仁爱”的人道信念维持了中国两千多年的封建统治。那么，人道究竟是什么？在大学中，人道又体现在哪些方面呢?

---

① 朱平:《制度伦理视角下的高等教育制度》，博士学位论文，厦门大学，2007 年，第 25 页。

② “德先生”即“Democracy”，意为“民主”，是指民主思想和民主政治。人道主义是民主的先声，民主是人道主义的升华；民主是高级的、定型的、制度化了的人道主义，人道主义是初级的、理论形式的民主；人道主义的实现和民主的实现具有同步性。人道主义和民主的存在与发展共同受制于经济条件、阶级条件和精神条件。社会主义人道主义的实现必须用社会主义民主来确认和保障；社会主义民主的发展必须体现社会主义人道主义的要求；社会主义人道主义和社会主义民主的发展必须以社会主义建设的全面发展为基础（见季忠《试论人道主义和民主的关系》，《东北师大学报》1994 年第 3 期）。

（一）人道的含义

1. 词义的追问

在汉语中，道是指寻求“本质”，探究“元首”的意思。那么人道也就是探求人的根本、人性，其中包含的是人对自身的生命、生活及生存状态的自觉关怀与责任。[①] 具体可从两个方面理解：对社会个体而言，人道是指做人的道理；对社会的伦理关系而言，人道是指尊重人类权利，爱护人的生命，关心人性的道德理念。人道即关爱，不人道则是残忍、残酷。在英语中，用“humane”表示“人道的”“仁慈的”，一般指人为之道或社会规范，是一个与中国古代哲学中的“天道”相对的概念；用“humanism”表示“人道主义”[②]。在希腊语中，“人道主义者”一词本身指“一种一视同仁的友善精神和善意”。《牛津英语辞典》对“humanism”的解释，第一条便是指“仁慈与善行”，是一种道德意义。[③] 从词源的角度来看，人道包含着对人的“关爱”“仁慈”，是人从人的本性出发对待自己及其他人的一种态度，一种友善精神和善意。

2. 文化的探究

中国传统文化是以儒家文化为主流的，综合了佛家与道家的思想。中国哲学的切入点即“关心生命”[④]。儒家对生命的关心体现为以“仁”为核心的伦理思想。孔子说“仁者爱人”，而“爱人”则是“仁爱”思想的核心。[⑤] 佛家的“人道”[⑥] 应该说有着更广博的含义，它讲究“慈悲为怀”，要求信徒“尽行善、不杀生”“扫地不伤蝼蚁命、爱惜飞蛾纱罩灯”，超越了儒家偏重于对“人”的关注，把仁爱之心扩充到所有生灵之上。道家的思想，一方面表现为对以“自然”所蕴含的“天道”和自然

---

① 丁媛媛：《“差生”教育的伦理反思——以徐向洋教育训练工作室为例》，硕士学位论文，南京师范大学，2006 年，第 19 页。

② 高永伟：《新英汉词典》，上海译文出版社 1991 年版，第 16 页。

③ ［美］大卫·戈伊科奇、约翰·卢克、蒂姆·马迪根：《人道主义问题》，杜丽燕等译，东方出版社 1997 年版，第 41 页。

④ 牟宗三：《中西哲学会通四讲》，上海古籍出版社 1997 年版，第 11—26 页。

⑤ 徐新：《论教育良心》，硕士学位论文，中南大学，2005 年，第 27 页。

⑥ 在佛学中，人道是六道轮回（人、鬼、畜、天、修罗、地狱）中的一道。众生因不善业而投生于三恶道，因善业而感召生于三善道之果报。在三善道中，生于天乘道（即印度诸天）福报最大，修罗道次之，人间则再次之，但人间却是最适宜修持佛法的地方。

秩序的尊重，另一方面表现为以这种对自然天性的尊重转而衍生出顺乎天性的观念。因而，如果说儒家和佛家是主张以“爱”而关心生命，以“作为”而达到关心之目的的话，道家的思想则是以“顺乎天性”为宗旨的“不作为”，并以对人的天性的完全认同、不加干涉而追求人的本真。[①]从表面上看，“无为”是对“关爱”生命的反动，实质上他们正是以对人性的完整尊重来关爱“人”，以不干涉的做法善待他人。西方文化更侧重于通过对“人性”的知性追问，实现其对“人”的关注。西方的人道主义源于古希腊，以后经过了中世纪的人道主义、文艺复兴时期的人道主义、启蒙运动时期的人道主义，直到存在主义的人道主义。[②] 每一时期的西方哲学都通过自己对人的本性的不同认识，如古希腊“人是万物的尺度”、基督教的“原罪”、启蒙时期的“平等与博爱”、存在主义的“荒诞与偶然的生命”等，都通过对人的本性的探究与追问，实现人对自我的一种责任与觉悟。

从中西文化分析中可见，“爱”是人道的核心[③]，这与词源分析是一致的。但是，在中西文化的不同发展阶段却存在着不同的表达方式和不同的内涵，导致在不同的历史时期中西方教育有了不同的特点，因而也反映出不同的伦理精神。教育活动本身就是人类对自己和后代爱的一种表达，总体而言，大致可以分成两大类：一类与中国式的直接关爱和仁慈很相近，偏向于把人道等同于普罗米修斯式的“善行”，其用语为 philanthropy，本身就有“慈善、善心”的意思；另一类把对人的关心等同于对人的“身心全面训练”，从智者学派开始，直到后来从罗马开始的各种教育制度，都把这种思想具体化，它以人性，特别是人的理性为人的本质假设，以对人理性的开发与净化（基督教人道主义）为自己的任务，实现对人的关爱，它的关爱思路是“让人成为人”[④]。

---

① 孙彩平：《教育的伦理精神》，山西教育出版社 2004 年版，第 142 页。

② ［美］大卫·戈伊科奇、约翰·卢克、蒂姆·马迪根：《人道主义问题》，杜丽燕等译，东方出版社 1997 年版，第 2 页。

③ 胡朝阳：《教师教学语言的教育性之研究》，博士学位论文，湖南师范大学，2019 年，第 14 页。

④ 高敏：《教育爱的践行者——陶行知》，《赤子》2015 年第 9 期。

（二）大学的人道

无论以怎样的形式进行何种内容的教育，“作为培养人的活动，一切教育行为都是围绕人而展开的，人是教育的核心和旨归”[①]。教育是人道思想投射在社会生活中最扎实的影子，本身即为人道的体现，而且是一种“作为性”的积极的人道实践，体现着人道的层次、人道的广泛性和人道的形式。

1. 人道的广泛性

人道是一个社会文化概念，体现对人的关爱，在一定程度上反映着一个社会的文明程度。其广泛性包括两个方面：一是指人道视野所及的对象范围，即对哪些人实行人道；二是指其所涉及的人的需要层次，即什么样的人道。[②] 人道的广泛性在人类的教育活动中主要体现在教育制度上对受教育对象的规定，即哪些人可以享有受教育以及受哪级教育的权利，教育制度决定了教育资源分布的广度。一般来说，对于一个国家而言，其教育资源的覆盖面越大，社会中受教育的对象越广泛，反映其教育人道的广泛性也就越大。

从人类教育诞生之日到今天，依据其所认可的教育对象的情况可以把教育制度分为三种类型：[③] 一是约定俗成的生存关系。这是教育原始形态中的情形，在这种情形中，教育尚未从生产活动中脱离出来，形式化、制度化的教育并没有出现。但是，对年轻一代进行生产技能及社会生活习俗等方面的教育是整个社会约定俗成的事情，也是每个成年人不可推卸的义务和责任。这时的教育是不需要缴费的，也是具有全民性质的，教育的存在体现为对年轻人生存的关爱，是一种原始的、本质意义上的人道关怀。二是限制受教育对象的教育制度。随着人类进入制度化社会，教育活动从生产活动中分离出来，成为一种专门而独立的社会活动，相应地出现了有关教育的规定，即教育制度。在教育制度化后的很长一段时间内，教育是社会的稀缺资源和奢侈品，教育制度对教育对象的划定，

---

① 胡君进：《教育是一种人道主义》，《浙江教育科学》2014 年第 8 期。

② 钱焕琦：《教育伦理学》，南京师范大学出版社 2009 年版，第 92 页。

③ 郑建茂：《论当代中国教育制度伦理建构之应然》，硕士学位论文，湖北大学，2008 年，第 16 页。

主要是为了限制除部分人外的其他民众享受教育资源的权利。三是保障受教育权利的教育制度。在工业化条件下剥夺某些人的受教育权利意味着对其生产与生存能力的剥夺，当然也会对整个社会生产发展造成一定的不利影响，因而在发展社会生产与保证个人生存权利的意义上，普及性的教育制度得以确立。在这种制度中，教育成为每个生命无条件的权利，“教育制度以法律（教育法）的强制力保障每一位公民享受这一公益事业所带来的生活质量的不断改善”[①]。一定程度上的教育是法定义务范围内的事，这里，义务一方面是每个人必须接受一定的教育的义务（同时也是他的一项权利），另一方面是一定的政府、群体、家庭向自己的公民（成员、子女）提供一定的教育服务的义务。在这种法定义务面前，对人受教育权利的任何阻力（包括政府、家长的不作为），都应受到法律的制裁，这是一种积极的教育制度，它以保证所有人权利的实现为目的。教育制度这种由限制到保障受教育对象权利的转变，是社会人道广泛性的扩展。

2. 人道的层次

教育人道依据教育目标指向人的工具性和目的性可分为低级与高级两个层次。另外，教育人道的层次还可以通过教育目标外延的多寡来划分，教育目标的外延愈广泛，意味着对人的关怀的层面越丰富，也标志着教育人道的层次越高；反之，则层次越低。[②] 随着私有制的出现和阶级社会的形成，人类社会有了明显的阶级分化。在这种社会中，“政治是所有人的生活和意志的真正的和唯一的内容，每个人的物质生活存在同时即他的政治存在”[③]。教育的目标，在于为统治阶级培养优秀的统治人才，也就是政治统治的工具，即所谓“政治动物”。到经济上升为社会的中心，土地和货币资本成为社会权力的象征，人以物的占有量来表达自己的价值时，学校成为“人力资本”的增值场所，教育的目标是培养经济

① 孙彩平：《教育伦理精神》，山西教育出版社 2004 年版，第 148 页。

② 邱燕：《伦理视域中的“教育产业化”》，硕士学位论文，南京师范大学，2007 年，第 10 页。

③ 黄克剑：《人韵》，东方出版社 1996 年版，第 212 页。

进一步发展所需要的劳动力，即所谓的“经济动物”[①]。在这样的教育目标中，人都是一种工具性的存在，都是由于其功能性而受到重视，教育的人道处于较低级的发展水平。与之相对应的教育人道的高层次是指把人本身当作目的的一种纯粹性教育，这种教育拒斥了各种外在的、强加的目的，除了发展人本身外没有别的目的。

3. 人道的形式

人道就是对人的关爱和仁慈，爱是人道的核心。爱的交往在个体发展中具有不可或缺的基础性地位，没有爱就没有教育，“爱是一种情感性的激励，是属人化教育场域的展开与个体发展内在动力的培育。爱发生在人与人的真实交往之间，具体表达形式是关注与期待，尊重与理解，支持与促进，由此形成人与人的紧密关联”[②]。教育中的爱是一种复杂的社会精神现象，它不同于父母子女之间的亲情之爱，也不同于朋友之间的友情之爱，更不同于男女之间的情爱。“教育爱中蕴藏着更多的社会内容，是在教育实践中，由教师的理智感、美感和道德感凝聚而成的一种高尚的教师情操。”[③] 在教育学和教育伦理学中，有一个专有名词“教育爱”，可以从广义上涵盖教师对学生教育权力实现的方式。教育爱概括来讲，就是教师在教育过程中所表现出来的一种高尚的道德境界、敬业精神和富有人道性的教育艺术。它是从教师热爱学生这一道德规范中引申出来的一个教育学和教育伦理学概念，其内涵不仅指教师关心爱护学生，还包括教师用爱的情感和言行来感化学生、陶冶学生、引导学生、教育学生，以及其他各种具有教育性的爱的方式，甚至可以认为教育爱是一种教育能力和一种教育手段。教育爱是一种人道与爱人的行为，其一是教育教学得以顺利开展的重要保证。教育教学过程本身即为一种精神活动，师生之间是敌视对立还是和谐一致，决定着教育教学过程的开展，影响着教育教学的效果达成。其二是建立良好师生关系的心理基础。在教育教学实施过程中，教师和学生之间经过接触、亲近、共鸣、信赖这

① 许烨：《当代高校教师职业伦理及其建构研究》，博士学位论文，湖南大学，2014 年，第 26 页。

② 刘铁芳：《爱与丰富：重新认识基础教育的两个基本维度》，《教育研究》2016 年第 7 期。

③ 张忠华：《论教育的道德性》，《现代大学教育》2006 年第 4 期。

种心理的交流和沟通，建立起尊师爱生、民主平等、教学相长的良好关系，即所谓“亲其师，信其道；尊其师，奉其教；敬其师，效其行”。其三是学生智力和情感发展的重要条件。“没有人的情感，就从来没有也不会有对真理的追求”①。教育爱是学生知识掌握和智力发展的动力机制和心理条件，人的认识能力发展与情感发展相伴始终，“皮格马利翁效应”充分证明了这一点。

二 大学的正义

正义是人类社会的永恒追求，被视作良好的、合法的教育的一个基本属性。中国更重视正义的地位和作用，公正是社会主义核心价值观的重要内容，是中国特色社会主义的本质属性。不过，人们对正义的理解却不尽相同，大学的正义也是歧义丛生，所以，对大学正义的讨论，也从正义的含义开始，以正本清源。

（一）正义的含义

1. 词义的追问

自古以来，正义②就一直是政治学、哲学和伦理学的基本范畴，是人类孜孜以求的一种社会价值。正义是一种道德评价即公正，通常指人们依据一定的社会道德标准所应当做的事。在汉语中的含义为“没有偏私，公平正直”“指依据一定的标准而言没有偏私，因而正义是一种价值判断，内含一定的价值标准，在常规情况下，这一标准便是当时的法律”③。Justice（正义）一词源于拉丁语 justitia，由拉丁语中“jus”演化而来。“Jus”有公正、公平、正直、法、权利等多种含义。德文中的“recht”、法文中的“droit”、意大利文中的“diritto”等，都兼有正义、法、权利的含义。

2. 文化的探究

正义观念萌生于原始人类朴素的平等观念，形成于私有财产出现后

---

① 《列宁全集》（第20卷），中共中央编译局译，人民出版社1958年版，第255页。

② 文中“正义”与“公正”是作为同义词使用的，因为凡是被人们认为公正的，其含义也必然是符合正义的，反之亦然。

③ 邱燕：《伦理视域中的“教育产业化”》，硕士学位论文，南京师范大学，2007年，第20页。

的社会，不同的社会或不同阶级（层）的人们对“正义”有着不同的解释。在中国“正义”一词最早见于《荀子·儒效》：“不学问，无正义，以富利为隆，是俗人者也。”柏拉图在其《理想国》中开篇即讨论正义问题，认为正义原则是建构城邦的根本原则，人们按自己的等级做应当做的事就是正义，并将正义列为“四主德”（正义、智慧、勇敢、节制）之首。[①] 乌尔比安认为：“正义就是给每个人以应有权利的稳定的永恒的意义。”凯尔森认为：“正义是一种主观的价值判断。”亚里士多德更是把公正看成美德的全部。[②] 基督教伦理学家则认为，肉体归顺于灵魂就是正义。[③] 中国学者的理解是，正义即公平、公正，“它在行为上的展开是对于法律的尊重和遵守，本质上体现为在交往中维护自己和他人的应得之物”[④]，正义是法源之一，更是法的追求与归宿。

（二）大学的正义

柏豪指出，教育的正义问题“大都被理解为教育的作为和教育资源的分配能够做到公平与公正，保障个体的发展与受教育权利不受侵害，保障作为单一个体受教育者的受教育机会的均等”[⑤]。正义是社会个体在社会政治、经济生活中与他人和谐相处的基本原则与要求，教育公正恰恰有利于创造健康良善的人际关系，是保证教育活动正常有序进行的基础和先决条件。在大学教育领域，不少教育学家亦将正义视为高等教育的首要价值。美国高等教育学家伯顿·克拉克认为，现代高等教育系统承担着一项任务，即实现社会正义，他将正义视为现代高等教育系统的三个基本价值观念之首（公正、能力、自由）。[⑥] 金生鈜指出：“高等教育正义是关于高等教育构建的一个道德观念，其主题是关于高等教育的各种制度与实践是否符合正义，高等教育价值与人员的品格、行为是否表达了正义的要求。”[⑦] 就大学而言，正义涉及的议题非常宏大，也很复

① ［古希腊］柏拉图：《理想国》，郭斌和等译，商务印书馆 1986 年版，第 6 页。

② 转引自张勤《论知识产权的道德基础》，《知识产权》2012 年第 1 期。

③ 转引自袁春湘《“感”观法治》，《人民法院报》2014 年 4 月 25 日第 6 版。

④ 乔乐林：《当代中国公民的正义德性及其塑造》，《道德与文明》2016 年第 2 期。

⑤ 柏豪：《中国教育公平之维：罗尔斯正义论的视角》，《山东社会科学》2018 年第 6 期。

⑥ ［美］伯顿·克拉克：《高等教育系统——学术组织的跨国研究》，王承绪等译，杭州大学出版社 1994 年版，第 272 页。

⑦ 金生鈜：《教育与正义》，福建教育出版社 2012 年版，第 9 页。

杂，本书将只涉及其中的一部分。大学正义有内外两部分：对内是大学本身的正义，即大学的合理性和合道德性，诸如教育机会均等、学生择校等大学教育过程中的公正。反映的是对高等教育资源的配置问题，是社会个体发展的手段，即通过合理的高等教育制度安排，合理地分配高等教育资源，使每个人获得与其相适宜的高等教育，满足个体学习与成长的需要，使学生得其应得，实现个性化的发展。对外则是大学维护社会正义方面的伦理，诸如学者的学术自由、忧患意识和家国情怀等。事实上，大学具有和研究功能同等重要的批判功能，大学知识分子所应具有的社会良心，维护社会公正、仗义执言的批判精神，以及“天下兴亡、匹夫有责”的责任意识，应是大学正义的外在表现，是大学正义观念物化后在知识分子身上的升华。

不可否认的是，随着当今社会节奏的加快和市场化的巨大压力，以及大学内分工的精细化，大学体制进一步制度化，再加上新公共管理主义管理方式的盛行，其中也夹杂着权威政治的压力原因，这一切因素的合力使中外学院派知识分子陷入一种疲于奔命的自我保命状态，基本上无暇他顾。① 当今社会上的不少知识分子在很大程度上已经被催眠，丧失了知识分子的批判精神，维护社会正义的呼声日渐微弱，甚至“迎合、取媚流行趣味，向商业卑躬屈膝”。对体制内的知识分子来说，就像弗朗西斯·福山所说的“历史已经终结”②。在当今社会，不少知识分子已经丧失了堂吉诃德那种与风车作战的英勇精神，变得越来越犬儒化。③ 这不能不说是大学的一种失败。如果受过高等教育的人不再具有社会正义之心，只是满足于酒足饭饱，见面互相问候“买房买车了没有”，对世间事不再有激情，而是采取一种冷眼看世界、作壁上观的人生态度，那么大学本身就沦为一个获得某项生存技能的工厂。大学公正的话题，在当今

---

① 朱平：《制度伦理视角下的高等教育制度》，博士学位论文，厦门大学，2007 年，第 38 页。

② 历史终结论最早源于弗朗西斯·福山 1988 年所作的一次题为“历史的终点”的讲座。随后，他在讲座的基础上写成论文——《历史的终结?》。1989 年，美国新保守主义期刊《国家利益》发表了这篇文章，标志着“历史终结论”作为一个完整的理论体系正式出笼。冷战结束以后，如何评价资本主义制度和社会主义制度及其命运，成为东西方理论界普遍关注的现实问题。

③ 在中国，犬儒主义（Cynicism）常被理解为讥诮嘲讽、愤世嫉俗、玩世不恭。

社会不但必要，而且十分紧迫，我们必须反思大学如何才能公正，如何使追求大学公正成为一种自觉，使大学公正真正成为追求普遍正义价值的实践，同时也要使大学公正本身得到自我建构。

三　大学的理性

大学的核心使命是高深知识的创新和传播以及人才的培养和科学研究，由此决定了大学是一个知识分子的智者社区，认识和守持知识创新和教书育人的本质、规律和价值是大学必需的理性。理性是大学的灵魂，正是理性使大学从根本上区别于社会其他组织，使大学甘于寂寞且不受外部侵扰。

（一）理性的含义

康德把人看作“理性存在物”，赋予人“没有什么等价物”的尊严，是任何东西都不能替代的。在探讨大学的理性之前，必须讨论其逻辑前提——理性。理性是一个十分丰富的话题，可以从语义学的角度追求其原始内涵，从对理性的种种不同理解中概括其内在本质。

1. 词义的追问

Rationality 或 reason（理性）源于古希腊概念“logos”（逻各斯）和“nous”（努斯），旨在从哲学的高度审视人类运用理智的能力与极限。[①]理性主要有两层含义：“一是指从理智上控制行为的能力；二是指判断、推理等活动”[②]。在《新英汉词典》中，理性由 reason 和 rational 两个词来表示。reason 最常用的含义为“原因”，与 understanding（知性）相对，表示理性。同时，这个词本身用作动词时意指推理。rational 强调有理性的，有推理能力、理解能力的。在《现代汉语词典》中理性有两种解释：“一是属于判断推理等活动的（跟感性相对）；二是从理智上控制行为的能力。”[③] 理智是指辨别是非、利害关系及控制自己行为的能力。当人的这一特性被当作指导的原则与解释行为的原因时，即如普罗泰戈拉所言，

---

① 李福春：《大学理性是中国大学改革与发展之基》，《北京大学教育评论》2015 年第 3 期。

② 瞿振元：《立德树人：大学理性的回归》，《光明日报》2014 年 8 月 19 日第 13 版。

③ 张忠华：《论教育的道德性》，《现代大学教育》2006 年第 4 期。

把人的理性作为“存在物存在的尺度”时，理性实际上变成了“合理性”，成为人所推崇的一种“价值判断”的标准，所有不合常规思维的行为和思想，都被斥为“非理性”的。[①] 亚里士多德指出：“唯有理性才是人类所独有的。”[②] 在理性被划分为价值理性与工具理性后，工具理性显然更多地秉承了共性原则，差异的相对性更多地留在了价值理性之中，于是，由于标准对共性的青睐，因此工具理性受到重视，继而代替价值理性成为“万物的尺度”[③]，而原本也是“尺度”一部分的价值理性，却成为被“工具理性”度量的对象。如果说普罗泰戈拉把人的理性作为万物的尺度，所反映的是理性的一种傲慢，那么，后来科技或者说工具理性成为人们崇尚的唯一对象，作为度量一切科学与合理性的标准，便是理性的一种狭隘。价值理性在作为尺度时被忽略，人的理性的完整性被分裂，必然导致整体性的人被放逐。[④]

2. 理性的表现

人是理性存在物，并不意味着每个个体都有相同的理性，也不意味着理性是因先天遗传而存在的。理性是对人的特性的一种抽象概括，是人在后天环境中产生和发展的特性。在现实中，理性的产生须有一定的条件，它有自己的具体表现。一是理性的自由。如果说理性是人抽象思维及意志特性的反映，那么，思维与意志存在的条件，便是理性存在的条件，而“意志在每一个行动中是其自身的规律”[⑤]。所以，如果说抽象思维遵循一定的逻辑，那么这便是意志自由；这一逻辑不是外在于思维，而是由思维本身反映出来的，因此可以说，思维活动的每一步骤都是其自身的逻辑，所以说思维是自由的，而且“思维与意志的自由特性决定了它们构成的理性本身也是自由的”[⑥]。自由是理性存在的特性和条件，它规定着理性存在的场所，失去自由，理性便不能表现出自己的本来面

① 闫建璋：《我国延长义务教育年限的合理性研究——基于制度伦理的视角》，博士学位论文，华中科技大学，2009年，第51页。

② ［美］阿拉斯代尔·麦金太尔：《伦理学简史》，龚群译，商务印书馆2010年版，第99页。

③ 张其志：《教育评价中的理性问题研究》，《教育评论》2006年第2期。

④ 宋晶：《现代职业教育伦理研究》，博士学位论文，天津大学，2013年，第56页。

⑤ 《康德文集》，刘克苏等译，改革出版社1997年版，第109页。

⑥ 肖鹏：《浅析我国教育目的的道德性》，《知识经济》2011年第7期。

目。二是理性的自觉。西方人借耶和华之口说："智慧是对自己行为的正义与邪恶的认识，反映了理性的自觉性，而与这种自觉相伴的是对自己行为的协调与控制，协调与控制的依据是理性本身，而非外在的规定。"[①]因此，自觉不仅是一种认识，而且是一种主动性和意志自身的行为。理性存在便是在这种自觉中不断地认识自己，又不断尝试更新对自己的认识，从而构成自己的本质。因此，理性的自觉一方面是觉悟到自己本身的规则，另一方面是抑制与本性相异的干扰。也就是说，一方面，理性本身便意味着对自己本真的追求，另一方面，理性也表现出与他物的差异。但是，理性的自觉是以自由为前提和保障的。

（二）大学中的理性

康德宣称大学作为"学者的共同体"，是以理性评判一切的场所，由此奠定了现代大学的基调。[②] 王占军强调指出，"理性是一种大智大觉"[③]，大学理性在很大程度上是一个约定俗成、不证自明的概念，即大体上就是"科学""规律""合理"的意思。其实，人类教育活动只是理性存在物的一种实践活动，它反映存在物的理性状况。同时，人类教育活动是诸多因素相互作用的一个复杂的过程，是这些因素相互作用的自组织性，其本身有自己的逻辑与规律——创造知识与发现真理为大学的发展之道，守护高深知识与永恒真理是大学的立身之本。大学理性"使大学远离片面性、极端化思维，使大学在改革与发展过程中能切实运行在全面发展的道路上"[④]。大学理性首先是一种历史与文化传统，它既是稳定的，也是进步的，表现为张扬理性精神，追求知识与真理，把理性看成是大学发展过程中的本质特征。其次，大学理性也是大学的哲学观和方法论，它关系到大学如何认识自身以及如何对待外部世界的问题。[⑤]大学尤其是现代大学，其本身就是理性的产物，是西方现代性在高等教

① 李华玲：《论大学的道德性》，《兴义民族师范学院学报》2010 年第 1 期。

② 罗勇：《理性与启蒙的困惑：知识分子、大学与现代性的悖论》，硕士学位论文，汕头大学，2011 年，第 25 页。

③ 王占军、眭依凡：《回归大学的理性》，《高等教育研究》2013 年第 9 期。

④ 李福春：《大学理性是中国大学改革与发展之基》，《北京大学教育评论》2015 年第 3 期。

⑤ 瞿振元：《立德树人：大学理性的回归》，《光明日报》2014 年 8 月 19 日第 13 版。

育机构和学术体系中的制度体现，大学中的理性主要表现在教育研究的理性、教育决策的理性、决策执行者的理性三个方面。

作为象牙塔，大学并不过多地关注社会的现实需求，而是按照自己的学术性特征和信仰所指引的方向不断前行，并以自己的理性保持对社会的批判。大学代表了一系列普遍的抱负，它不单纯是提供获利的计谋和就业的场所，现代大学最终要让学生通过接受高等教育，养成人类必须具备的最基本的科学与文明精神，从而具备理性的力量；并通过民族优秀文化的传承，最终寻求到全民共同的利益和价值，寻求全社会命运之根本。

第四节 大学德性的哲学思考

从大学发展的历史中可以发现，除了人才培养、科学研究、社会服务和文化传承与创新等具体可见的使命外，大学还具有一些以隐性形式存在的社会道德责任，是大学之于社会的“精神领袖”或“社会良心”定位。大学之所以具有之于社会的道德责任，是因为它本身即为德性组织。

一 大学德性是人之本性的投射

人是具有伦理属性的存在，道德性是人的行为动力之一，它在人的各种活动中表现出来，“作为人存在的精神形式，德性在意向、情感等方面展现为确然的定势，同时蕴含了理性辨析、认知的能力及道德认识的内容”①。康德把人的德性看作人（道德）意志的强弱，用人所克服的障碍、排除的干扰来衡量，是一个外显性的评价角度。我们还可以从道德性的内隐角度来审视，即把它看作对道德义务的认同，或者叫责任心，用以判定某一行为是否合道德，判断道德性存在与否。因为道德涉及人与自然、社会、他人及自我之间的关系，所以把人的道德性看作人对自然、社会（群体）、他人及自我的一种责任感，也就是爱。

人是一种“本性外投”的存在物，“当人的本质和力量对象化于外部

① 陈少徐:《从“创新强校”看大学德性的缺失与重构》，《高教探索》2014 年第 4 期。

存在之时，对象因而被人化，变成如马克思所说‘人的无机的身体’”①。人不仅将自己的本质对物投射，也投射于自己的实践活动本身之上，甘心让自我融化在其他存在里面，因而人的实践活动也被人化，反映着人的特性。教育是人的一种实践活动，教育的德性是人的德性在教育活动中的投射。就其存在的内部条件而言，无论是何种伦理层次上的，也无论是何种性质上的共同体，都有参与者一定的“德”在起作用，都为参与者一定的“德”所维系，否则与这种“德”相应的共同体所要求的行为就会缺乏，从而败坏这种共同体。“大学里的师生是道德的共同体，它与任何个体一样都必须在社会生活中努力彰显自己的德性。”② 大学这一学术共同体是一个人合组织，总体上都是人有意识活动的产物，从而结成诸种社会关系并在协调和解决这些社会关系的过程中获得自己的生存与发展。因此，知识人的伦理关系在大学组织中构成了基本关系，德性成为学校管理不可或缺的维度和标尺。道德共同体是人们的集合体，是因为人们共同承担的道德责任和道德义务而集合起来，共享共同的价值理念、思想情感和相关态度，共同体的结合有着一定的精神内核，道德共同体为发现和构成“意义”提供实质性的方式和内容，和“共同体”联结成精神纽带并为相应的教学建设、道德建设和文化建设提供体系框架。

高清海指出：

> 人便是这样奇特的存在：一方面，人是世间或许唯一的自我中心主义者，很少有事物像人这样，对待一切都是从自我出发，要把一切都变成像人这样，要把一切都变成为我的存在；而在另一方面，人又可以说是世间最为外向和开放的为他主义者，也少有哪种事物像人这样，肯把自身本质投向外部对象，甘心让自我融化在其他存在里面。③

① 高清海：《哲学的奥秘》，吉林人民出版社 1997 年版，第 30 页。

② 陈少徐：《从“创新强校”看大学德性的缺失与重构》，《高教探索》2014 年第 4 期。

③ 高清海：《哲学的奥秘》，第 30—31 页。

人所参与的社会实践活动就像一面镜子，反射着人的各种特性，也使得人类有了科学、艺术，使得自然有了灵性。大学是人类的一种有目的、有意识和有计划的制度化教育机构，从生产者的教师到既是产品又是消费者的学生都指向人、反映着人的本质属性，人的德性也就必然存在于大学之中，从而使大学具有属人性的道德品质，大学的德性成为人的德性在大学活动中的集中反映。当然，大学的德性是一个学术组织群体的整体德性，并不是所有与大学活动相关的人的德性的简单相加。这种德性“内在地要求学术人个人‘德’必须提升到学术共同体的‘善’的层面，体现出一种共同性的‘善’”①。大学是由教师和学生组成的知识分子社区，“知识分子的劳动，作为求知的无私实践，本身具有其公正性，因为它是自我完善的因素，是力量与智慧的源泉”②。大学天生具有道德责任，“即使社会的其他部分出现了道德滑坡、衰退，大学也应该独自坚守道德高地的角色定位”③，大学应坚守道德高地，给师生一个“仰望星空”的场域而不能随波逐流、见风使舵。大学不能商业化、产业化和工具化，不能成为靠资本运作的获利单位而在市场上被牵来牵去。大学有责任、有义务保持一种独立的伦理精神和理性思考，自觉与相关道德环境不良的组织和社会系统保持适当的距离，自觉从自身组织环境中剔除道德不良的、不被伦理规范所接纳、精神不佳的坏东西，自觉抵制不良道德在社会中的影响，自觉弘扬和导向积极的道德文化。

二　大学德性是教育道德性的延伸

教育伴随着人类社会的出现而产生，是人类特有的现象，它可以唤醒人的道德意识，培育对真、善、美的欣赏，对假、恶、丑的厌恶，并引导人向更高的精神境界努力，所以说教育是具有道德性的。自从教育现象诞生后，教育便一方面是个人获得谋生技能与生存资本的途径，另一方面是群体维护种族安全和秩序的手段。这种在一定伦理环境与氛围

---

① 罗志敏:《何谓学术伦理——一个解析框架》,《复旦教育论坛》2012 年第 4 期。

② ［法］雅克·韦尔热:《中世纪大学》，王晓辉译，上海人民出版社 2007 年版，第 60 页。

③ 高德胜:《论大学德性的遗失》,《全球教育展望》2009 年第 12 期。

中所存在的教育必然反映、体现或者符合一定的伦理标准。大多数人认为，动物界的“教育活动”因其出于无意识的本能，而不能与人的有目的、有意识的教育活动相提并论。孙彩平指出，不能把动物界中这种“传递经验的活动”称为教育的另一个原因，是动物界缺少人类特有的责任感和爱。[①] 根据何启贤的研究，“教”字的象形字来源于古代蓍占和龟卜的操作方法。《说文解字》释“教”为“上所施，下所效也”，其“施”，就是操作、演示，即传授蓍占和龟卜；其“效”，就是模仿、仿效，即学习蓍占和龟卜。释“育”为“养子使作善也”[②]。据此可以推测出早期的教育内容至少包括测算天命的占卜之术。《尔雅·释诂下》释“育”为“长也”，即“培养”“使成长”的意思。从上述对“教”与“育”的释义来看，教育的本质属性是教育的社会性，教育就是有目的地培养人的一种社会活动。教育把人类积累的对自然界的认识和改造自然的经验，以及社会生活经验转化为受教育者的智慧、才能与品德，使他们的身心得到发展，成为社会所需要的人。任何社会的教育都是为了培养对这个社会（部落、国家）有承担并且有贡献的人，其本身即为目的。

在中国古代典籍中，一般认为“教育”一词最早可追溯到《孟子·尽心上》所言：“君子有三乐……父母俱存，兄弟无故，一乐也；仰不愧于天，俯不怍于人，二乐也；得天下英才而教育之，三乐也。”[③] 事实上，“教育”并非一个独立的词，而是“教”与“育”两词的连用，其原意为“教之、育之”。“教”是指传授，把前人归纳、总结的文化知识传播出去，让更多的人理解和掌握，属于理性实在可见的世界；“育”是指培育，引导人们认识和合理利用自然的热情，启发人们向善的心智，追求人与人、人与社会、人类与自然的和谐，属于灵性变化的可知世界。[④] 近代在引进西方教育经验时，才借用中国古代一种现成的提法来翻译西文教育文献，以致中国在进入20世纪之后，才广泛使用“教育”一词。在

---

① 孙彩平：《教育的伦理精神》，山西教育出版社2004年版，第38页。

② 何启贤：《也说“教育”二字》，《教育研究》1995年第12期。

③ 唐振平：《当代中国大学自治管理体制研究》，博士学位论文，中南大学，2006年，第17页。

④ 李志民：《聚焦“双一流”中国离高等教育强国还有多远?》，清华大学出版社2018年版，第79页。

西方国家,“教育”这个词,是由拉丁语 Educare 而来的。拉丁文 E 为“出”,ducare 为“引”,合为“引出”之意。我们通常主要把早期的教育内容界定为生产与生活的技能。无论是按何启贤所研究的“占卜术”还是制作和使用工具及耕作的技巧,都不是人本能中所包含的,但的确是人生存所必需的本领。没有人传授,不能学到,则意味着人将无法生存。所以,“人的‘教育’活动中所包含的是一种‘为使学者生存下去’或‘生活得更好’(把握自己的命运)的责任和一种深深的爱,没有这种责任感和这种深深的爱作为动力,推论不出为什么要‘教’”①。正如教育家夏丏尊在翻译《爱的教育》时所指出的:“教育之不能没有感情,没有爱,如同池塘不能没有水一样。没有水,就不能成为池塘;没有情感,没有爱,就没有教育。”②可见,教育在其源起中有着深刻的道德意义,甚或说道德需要在教育的起源中起着决定性的作用。

“教育”是带有价值倾向性的规范词,这在中国典籍中可以得到验证,如《荀子·修身》中“以善先人者谓之教”,《礼记·中庸》中“修道之谓教”,《礼记·学记》中“教也者,长善而救其失者也”。可见,教育从来同“使做善”相关,或者说,它以“使人向善”为目的。在当代中国,教育的目的是德智体美劳五育并举,使全体学生的各个方面都得到发展。教育的本质是立德树人,它以人的道德本性作为基础,把培养道德人作为教育的理想。其首要的目的是个人的发展,“教育是一种促进更和谐、更可靠的人类发展的一种主要手段……引领着人类朝向和平、自由和社会正义迈进”③,其目的本身即“道德的”。作为一种培养人的社会活动,教育的起源不同于动物世界的无意识的“传递经验的活动”,也不仅仅起源于“人的生存和生活的需要”④。教育是人类社会为了自身得以延续发展、文明得以传承而进行的一种自我发展性活动,是社会生活中长辈为了下一代的幸福而献出的爱心,是责任和爱(对社会、对后代、对自我)的象征,教育本身即具有道德性。教育实践从本质上说是

---

① 徐新:《论教育良心》,硕士学位论文,中南大学,2005 年,第 56 页。

② 司马童:《“这种事很多”背后的教育冷漠》,《中国教育报》2015 年 12 月 18 日第 2 版。

③ 张东:《论大学教学管理的伦理诉求》,博士学位论文,西南大学,2012 年,第 15 页。

④ 李华玲:《论大学的道德性》,《兴义民族师范学院学报》2010 年第 1 期。

一种道德实践，学校是最能体现德性的组织，“教育是一项道德的事业，学校的全部工作是一种道德努力”①。关乎人及其生活的大学教育实践必然涉及伦理，因为牵涉着价值的善与恶，牵涉着对与错，牵涉着遵循还是背离美好生活的问题。在教师成为一种职业之前，教育行为的发生是超越功利的，更多的是源于一种责任与爱。教育的道德性奠定了以教育为己任的大学的道德性，“大学天然是由‘爱’维系的不可分割的组织……和大多数其他组织相比，大学的情感联系更为强烈”②。作为一个知识型的组织，大学是一个道德的场所，伦理共同体是学校发展的基本立场和本质归属。

三　大学德性是自身活动的统领

由于受“师道尊严，长幼有序”等伦理传统的影响，大学中师生之间既是一种情谊关系同时也是相互间的一种义务关系，从而最终形成一种伦理关系，成为一种履行特殊社会功能和文化使命的“伦理的学术共同体”。也就是说，在大学组织内部，教师和学生之间在前喻和后喻文化的影响中相互占有和享受文化生活，建立起一种“现实的和有机的生命”结合，共享文化财富，分享精神快乐。而要实现这种功能，“要求大学在完善自身和从事其他活动时不仅遵循道德命令、讲究道德，还要以促进道德价值进步为目的。大学不仅要遵循道德要求，不能超然于一般的道德要求之上，还要为社会其他部门做出表率，为道德价值的进步做出不同一般的贡献”③，大学是社会的精神与道德高地、社会的心智良心。

大学自中世纪产生时起就是一个旨在探索学问、追求真理，具有行会性质的学者共同体。“作为探索高深学问的机构，基于自己的学术、道德和时代精神，基于自己的自治、文明和进步理想，大学对社会进行一种独立姿态的洞察，一种道德良心上的批判，大学在社会批判中发挥自

---

① ［加拿大］迈克尔·富兰：《学校领导的道德使命》，邵迎生译，教育科学出版社 2005 年版，第 92 页。

② ［美］伯顿·克拉克：《高等教育系统——学术组织的跨国研究》，王承绪等译，杭州大学出版社 1994 年版，第 85 页。

③ 高德胜：《论大学德性的遗失》，《全球教育展望》2009 年第 12 期。

己独特的作用”[①]，使它成为真理——包括人类基本价值观的代言人。首先，大学不仅传递有利于社会进步的政治思想和规范，促进政治体制的健全和完善，而且阻抑和否定政治意识和政治生活中不合法、不合理的东西，以引导和促进社会政治生活向健康的方向发展。霍布斯在探讨英国革命的起因时指出，对于这个国家来说，大学就像特洛伊木马，所发生的种种针对政府和社会的造反事件，其核心是与那些制造舆论的大学有关，反叛的主要根源就在大学。[②] 其次，大学是各种思想观念兼容并包、自由发展的场所，因而大学不只是传播社会文化的工具，更是创新文化的中心，也就是说，大学负有批判性地选择、继承和创新文化的功能。其实，各种思想观念正是在批判与反抗批判的交锋中发展和演进的，正是由于批判，文化才得以创新，历久不衰；正是由于批判，校园文化和社会文化才得以纯洁，大学的文化功能才得以发挥。最后，大学教育者特别是人文社会科学教育者可以从哲学的高度对那些导致科学技术误用或滥用的个人和团体，价值观和社会运行机制进行实事求是的引导和批判。科学技术是一把双刃剑，它的飞速发展给人类带来的并不都是福祉，技术性对人性的淡化，使人失去了对他人的热情和敏感，变成了技术的牺牲品，科学知识的滥用会产生灾难性甚至毁灭性后果，我们必须借助于大学的德性来“预防和抵制来自技术文明的危险”。

大学是国家知识创新体系的重要组成部分，在围绕学术生产的一系列活动中，必然要与社会各界和各个方面发生直接而广泛的关系，这些关系是否符合道德规范、协调和谐，都将直接关系到社会的发展与进步，关系到大学自身的生存与发展。德性渗透在社会生活的所有领域，是调节主体与对象物之间相互关系的价值准则和行为规范，是人类生活的一个维度。现代大学是逐步走向社会生活中心的一个开放性社会组织，与社会各级机构、单位和部门之间存在着错综复杂的关系。大学的生存与发展，各项学术功能的正常运行都离不开以上各种关系的和谐，“大学功

---

① 朱景坤:《失落与重建：论大学批判精神》,《现代教育科学》（高教研究）2005 年第 6 期。

② 张国强:《西方大学教师共同体历史发展研究》，博士学位论文，山东师范大学，2018 年，第 75 页。

能的发挥不仅仅是一种能力的展现过程，也是一个善恶的选择过程”①。大学的德性和大学教育活动本身密不可分，就是在大学教育活动过程中生成的，德性问题是大学建设与发展中不可回避的重要内容，它贯穿在大学的各种行为和活动之中，德性已经根植于大学的天性——社会性之中。

① 李华玲：《论大学的道德性》，《兴义民族师范学院学报》2010年第1期。

第二章

大学德性迷失之现象解读

大学是一个充满道德优越感的德性组织，是公众心目中圣洁的象牙之塔。大学应与道德失却、学术腐败等社会丑恶现象保持遥远的距离。大学德性得以健存基于高等教育的认识论和社会学基础，集中体现为“知识客观”和“大学自治”。但随着哲学领域中诸如批判理论、相对主义和后结构主义在当代的发展，大学的认识论基础遭到逐步削弱；再就是，走向社会中心的现代大学也不再是一座中世纪的“象牙塔”，而是成为社会的“轴心机构”和“服务站”，极易受到社会上各种利益相关群体的影响。以“大学自治”为旗帜的大学社会独立性已经动摇，从而导致了高等教育社会学基础的削弱。① 在这两大根基所遭受的双重侵蚀下，大学的德性开始迷失，即价值观出现危机、组织开始异化、德行开始堕落。

第一节　大学价值观危机

大学的价值基础在于促成青年学子心灵的解放和人格的完善，在于塑造伦理道德、社会公道及价值观的公共标准，在于创造和传承高深知识，在于引领社会文化的走向。但当下的大学“正在错误的价值导向下泯然于功利和欲望世界，对商业利润、物化指标的狂热追求严重侵蚀着大学的精神及其赖以存在的价值基础”②。把市场机制照搬引入大学是不

---

① ［英］罗纳德·巴尼特：《高等教育理念》，蓝劲松译，北京大学出版社 2012 年版，第 17 页。

② 张继明：《解构与建构：我国高等教育的危机、归因及其突围》，《教育与考试》2014 年第 1 期。

明智的，大学不能办成一个跟着变化的市场转的商业性企业，更不能由成本会计师开办。在中国，高等教育市场化改革已经威胁到大学组织从内至外的生存状态和生存环境，大学出现明显的功利化、商业化和庸俗化倾向，传统价值观和办学理念受到严峻的挑战，“社会要什么，大学就给什么；政府要什么，大学就给什么；市场要什么，大学就给什么。大学不知不觉地社会化了，政治化了，市场化了”①。

一　学术活动商业化

作为时代的产物，高等教育既有上层建筑的属性，也有经济基础的性质。在人类历史上，教育与市场的关系从未像今天这样密切，教育与经济的联姻，既改变了教育也改变了经济，教育的内涵和品质都发生了变化。市场经济中起支配地位的资本运作规则、功利主义的价值取向和工具主义的思维方式也日益渗透到教育领域。教育尤其是高等教育早已带上浓厚的商业色彩，并发展为庞大的教育产业。世界贸易组织服务贸易总协定规定：“凡收取学费、带有商业性质的教学活动都属于教育贸易服务的范畴。”② 随着社会主义市场经济的逐步确立，商业竞争法则和市场经济规律开始影响社会经济生活的方方面面。把教育发展限制在经济学的视野，其潜在的命题是教育对所培养人的经济定位，教育本身便失去其“公益”的崇高与神圣，失去其“为人”的合目的性，陷入“商人”的泥潭之中。商业化日益演化为大学日常的基本行为和行动准则，弥漫和渗透到学术活动和人才培养之中，大学在出售自己的教育，参与的是一场唯利是图的商业游戏，“金钱日益成为影响大学角色的决定因素。大学口口声声说，一切为了学生的利益，可他们真正关注的还是学校里能够赢利的商业活动”③。许多高等学校都在忙于“创收”工作，打开任何一个大学的门户网站，扑面而来的都是教育培训广告，大学成为不折不扣的“技术培训中心”和“巨型商业中心”，也成为高等教育商业

---

① 金耀基：《大学之理念》，生活·读书·新知三联书店 2001 年版，第 23 页。

② 《WTO 及其服务贸易总协定（GATS）》，2011 年 4 月，百度文库（https：//wenku.baidu. com/view/66652c000740be1e650e9a63. html）。

③ ［美］哈瑞·刘易斯：《失去灵魂的卓越：哈佛是如何忘记教育宗旨的》，侯定凯译，华东师范大学出版社 2007 年版，第 167 页。

化和大学公司化的缩影。

大学越来越以市场的机制为基础，按照市场竞争规则和产业逻辑运行，为了追求卓越的学术成就和市场影响力，人才培养和科学研究变得不再是一个教育的、社会的和道德的过程，而是一个功利的、商业的过程，专门知识不再仅仅是被免费分享，研究人员变成了企业家，知识变成了商品，学生和家长成了顾客和消费者。索尔斯·凡勃伦对将大学变成学问公司的倾向提出了质问，这样会“使它按照商业模式来考虑安排自己的事务……商业原则进入大学会削弱和阻碍对学问的追求，从而会破坏大学一直追求的目标”[①]，从而导致大学的道德资本日益耗尽，道德不再是大学教育的主要目标，达成的仅仅是一种“失去灵魂的卓越”。在社会商业活动的强烈冲击下，任何学科或专业领域都难以保持其独立性和完整性。商业化氛围已经渗透到大学的各个角落并深入它的灵魂，大学变得越来越企业化，触角伸向各个领域，将研究知识转化为智力资本和智力财产，教学和科研活动本身转化为具有商业性、专有的产品，在市场上拥有所有权，大学的功利化倾向冲击着教育一向坚守的有教无类、学术自由等价值理念。当大学校园变得像个超级商场，在某种程度上成为一种利益交换场所时，学生在这个场域中会学到什么？会形成怎样的生活观念？会获得什么样的价值观？更不要指望能熏陶出优雅之士了？沿着市场原教旨主义的逻辑，噩梦和现实的边界已经相当模糊，比如此前爆出的“40 岁没有 4000 万身家别来见我”的北京师范大学地产教授董藩炫富、汉芯造假骗取 11 亿元研发经费的上海交通大学陈进教授，其荒唐程度绝对不亚于德里克·博克的噩梦。[②] 当然，这种境况并非中国所独有，在西方市场经济国家出现得更早。1998 年的一则报道显示，英国基尔大学将捐赠给该校的一些珍稀手稿和书籍——包括牛顿的《自然哲学的数学原理》和牛顿个人图书馆里的八本书，出售给一位美国私人收藏

① Thorstein Veblen, *The Higher Learning in America*, New York: Sagamore Press, 1957, p. 27.

② Derek Bok, *University in the Marketplace: The Commercialization of Higher Education*, Princeton: Princeton University Press, 2003: p. Ⅸ. 博克在书中写到自己做了一个噩梦，梦到一个金融家校友要他同意取消哈佛大学最后 100 名本科生的入学资格，进行拍卖来赚钱。

家，为了区区160万美元，这个财迷心窍的大学将传统弃之不顾。[①] 澳大利亚拉筹伯大学前校长麦克尔·奥斯本曾直言，他们国家的大学吸引留学生，不再是为了文化交流和国际理解的目的，而只考虑三样东西：美元，美元，美元![②] 哈佛大学“心机”教授皮耶罗·安韦萨学术造假丑闻、日本学术女神小保方晴子STAP细胞造假事件、韩国克隆之父黄禹锡造假风波、美国贝尔实验室科学家造假的“舍恩事件”，法国物理学家布朗洛的N射线闹剧等学术事件俯拾即是。[③] 在知识经济时代，世界各个国家和地区都将增加国家和个人经济收入，促进经济增长与社会发展作为发展的最重要目标，而大学教育理所当然地通过知识创新和科技进步为此目标服务。这就使曾经以宗教道德、阶级地位或自我学术兴趣为取向的大学现在越来越多地以市场，即马克思所谓的“现金交易关系”为取向——每一个系科都是一个“收入中心”，每一位教授都是一个“企业家”，每一个单元都是一个“资金保管者”，每一所学校都在追求利润，无论是以金钱资本的方式还是以智力资本的方式。我们并不反对将大学的科技成果进行商业转化，不反对通过科技进步带来经济增长，但是，如果大学和学者带着一种功利性和工具性观念从事科研，只以获取经济利益为目的，则不仅发现不了真正的科学问题，而且导致的仅仅是一种功利行为和短期利益。实际上，教育一味地迎合社会功利的需求所带来的问题是严重的，这种外在利益的驱动，会滋长一种急于求成、不安于基础研究的现象，不仅对科技产业化不利，而且不利于科学的持续发展。罗杰·盖格在《美国大学所面临的市场悖论》中写道：“从总体上讲，市场带给大学更多的资源、更好的学生、更强大的探索先进知识的能力，以及在美国经济中更有价值的地位。但同时，市场也削弱了大学的自治权及服务公众的使命，并且与商业越来越多地牵扯在一起，这些至少可

---

① Marginson, Simon & Considine, Mark, *The Entrepreneurial University: Power, Governance and Reinvention in Australia*, Cambridge, UK: Cambridge University Press, 2000, p. 40.

② 蒋凯：《大学认同危机的人文反思——评比尔·雷丁斯的〈废墟中的大学〉》，《北京大学教育评论》2009年第2期。

③ 《315特辑：盘点那些著名的学术造假事件》，2017年3月，科学网（https://news.sciencenet.cn/htmlnews/2017/3/370674.shtm）。

能毁损大学作为公正不阿的知识仲裁人的特权地位。”① 自高等教育市场化和产业化以来，大学人才培养、学术研究与商业行为密切结合，学术风气逐渐商业化和工具化，使得学术自由走向学术控制。与此同时，大学崇尚培养人的心灵的目标遭到改动，人文气息渐失，许多大学从最初的学术研究殿堂走到了市场的前沿。

二 价值取向功利化

翻开中国教育的历史，处在源头的先秦儒家确立了“明德、亲民和至善”的大学之道，以培养修身、齐家、治国、平天下之君子为目标的人文主义教育传统。但是中国传统教育很快运行到“学而优则仕”的功利轨道上，逐渐偏离了传统理念，导致了读书学习功利化、学校教育科举化，教育的目的就是培养统治阶级所需要的“政治动物”。近代以来，传统教育摆脱了科举制度的束缚，并最终实现向近代的转型，建立起现代教育体系。但是由于内忧外患，急迫的“强国”和“救亡”历史情景致使教育的外部功用进一步被强化，“教育救国”成了发展教育最重要的理由。② 教育成为“师夷长技以制夷”“中学为体、西学为用”等救亡图存的手段，一直受到功利主义的左右。大学制度在这样一种社会大背景下被引入中国，虽然蔡元培、梅贻琦等有识之士力倡学术自由和大学自治及教授治校的大学理念，但自由和自治终究没有完全扎根于中国的历史传统和文化土壤之中。

新中国成立70多年来，前30年强调“教育为无产阶级政治服务”，按政治需要发展教育；中间10年是调整时期；后30多年要“拉动内需”，为经济发展和国民收入扩展教育，也毫不例外地有着极强的功利诉求。特别是20世纪90年代以来，随着中国制度变迁与社会转型，市场经济原则活化于教育领域，高等教育成为“经济的侍从”，大学在办学过程中出现了功利化倾向，“大力提倡优先发展有重大经济价值、为社会带来巨大利益的学科专业，削减甚至砍掉无实际经济价值的学科专业，根据

---

① ［美］菲利普·阿特巴赫:《世界一流大学：亚洲和拉美国家的实践》，吴燕等译，上海交通大学出版社2008年版，第10页。

② 邬大光:《现代大学制度的根基》,《现代大学教育》2001年第6期。

社会和市场需求配置大学资源”[①]，从而使大学在经济闹市上被牵来牵去。发展学术引领社会发展的功能和科学研究的独立性不断被弱化，大学的办学目标越来越功利，日渐丧失学府味而充满市场味。呈现在我们面前的是只有技艺而没有价值，只有知识而没有文化，只有功利而没有理想的大学教育，教育培养出来的只能是知识和技术、政治和经济的“工具人”，而不是有文化、有理想和有德性的国家公民和自由人。

纽曼指出，大学“是一个传授普遍知识的地方”[②]，其价值取向本应是公益性的、无功利的，最终目的是要给社会发展和人类文明进步带来福祉。但是，由于功利的目的而对市场过分依赖和迎合，对科学知识过分崇拜和附就，导致追求利益最大化成为个人（教师和学生）和大学组织的基本出发点和终极目标，“政府重高等教育的规模而超过重高等教育的质量，大学重学校的声誉而超过重学校的绩效，教师重个人的名利而超过重自己的责任，学生重获得的技能而超过重习得的学问”[③]，使大学逐渐偏离了其自身应有的价值取向。这种“对物的依赖”使人们把追求物质上的满足作为人生目标，而不是本着谋求完美健全人格的养成和个性的和谐发展。学术资本成为一种特殊的商品，名义上是一种公共产品在为公共部门服务，但在实际行动上则成为一种私有产品，主要是满足私人生存和发展的需要。这种功利化倾向的全面渗透，忽视了为大学注入价值观与它们的特色和身份的发展，“使得大学师德师风、人才培养、校园文化、学校管理、办学行为、学术风气发生了深刻而又令人焦虑的变化”[④]。其一，人文学科的没落。大学教育直接为经济服务，将显在的可以带来直观效果的自然科学学科奉为圭臬，培养学生获得赚钱的实用知识和技能，文学、历史、哲学、艺术等因不那么实用，也不那么赚钱而趋于冷门的人文学科，在大学教育中要么被视为“副科”，遭到“主

① 潘懋元、肖海涛：《现代高等教育思想演变的历程——从20世纪到21世纪初》，《高等教育研究》2007年第8期。

② ［英］约翰·亨利·纽曼：《大学的理想》（节本），徐辉等译，浙江教育出版社2001年版，第1页。

③ 朱景坤：《大学德性迷失的现象解读与原因分析》，《江苏师范大学学报》（哲学社会科学版）2015年第5期。

④ 廖志坤：《当前我国高等教育发展过程中的非教育性倾向探析》，《高等教育研究》2010年第10期。

科”的排挤；要么因形式化、格式化、过场化而形同虚设，甚至被大量裁减，失去了在学校课程中的位置，也失去了在家长和学生头脑和心中的位置，结果是科学主义、工具主义、功利主义雄居大学殿堂，人文精神蜕变为人类中心主义，承载着道德教化作用的传统人文学科备受冷落，在大学生活中不再具有主导地位。高等学校人文和纯理论学科明显失势，金融工程、工商管理等实用学科专业成了主体，从某种意义上大学成了“技术培训中心”，大学教育成了“职业教育”和“快餐式教育”，大学培养出来的人，身揣各种“硬通货”（证书），就是缺少人文“软件”①，成为单向度的人和精致的利己主义者。大学人文学科的式微和实用取向，带来的必然是教育品质的败坏。其二，大学生道德冷漠。学生、家长和社会越来越把受教育看作为获得更好的职位而进行的人力资本投资，“富足一生已取代人生哲学而成为高等教育的主要目的”②。“自我中心的一代”的大学生们主要关心的事情是能够为赚钱且找到令人满意的工作做好前提准备，为了迎合学生这一消费需求，在许多国家的各级学校中，人文课程都为自然科学、社会科学课程及各种形式的技术培训让路，其严重后果是，“培养的学生成为冰冷的高级机器，缺乏想象力和同情心”③，人文式微、道德冷漠。清华大学学生刘海洋硫酸泼熊事件、马加爵杀人事件、“李刚门”“药家鑫”、复旦投毒、北大学子弑母等事件都体现出大学生的道德缺失问题。其三，教师职业道德的滑坡。随着全世界范围内出现的“学术资本主义”④现象，“教师们急切地回应新的市场。只要有可能，他们就倾向于获取联邦研究费和工业咨询费”⑤。一些教授通过市场体现了自身的经济价值，却忘记了自己的社会角色，忘记了知识分子应有的育人职责和社会担当。市场扭曲了人的价值观念，只追求

---

① 丁三青：《激情·理智·大学精神》，《江苏高教》2005年第4期。

② ［美］克拉克·克尔：《大学之用》，高铦等译，北京大学出版社2008年版，第166页。

③ 杨豹：《教育为经济服务还是为民主服务——读努斯鲍姆的〈告别功利〉》，《中国农业大学学报》（社会科学版）2011年第2期。

④ 从狭义上说，“学术资本主义”是指大学本身和大学中的集体、个人参与市场或类似市场活动的具体行为，如美国学者Slaughter及其同事所指出的，大学本身作为市场行为者在公司投资、开发并持有专利，或大学中的集体、个人参与科研成果转化、开公司、提供咨询、办培训班等行为。

⑤ ［美］克拉克·克尔：《大学之用》，高铦等译，第153页。

经济利益、眼前利益。与这些“功利主义”不得已地亲密“结交”，对科学家和学者必然有着腐化影响，导致他们在工作中追求功利性结果，从而和商人一样俗不可耐。所以他们不再专心致志地追求高深学问，而是或多或少地把心思放在功利主义的获利最大的机会方面。目前这种重量轻质的科研学术评价，使得有限的学术资源日益遭遇激烈的竞争和瓜分，学术价值的利益取向日益明显，高等教育评价场域中的权力冲突时有发生，学术泡沫现象屡见不鲜；知识生产者甚至学术精英们的学术失范“惯习”难以得到有效遏制；学术权力化、学术商品化、学术市场化、学术资本化的特征日趋明显。

三　大学精神庸俗化

随着功利化的浸淫、商业价值的侵蚀，大学德性开始有所迷失，思想文化高地、时代精神风标、社会大众良心和民族正气旗帜等理想追求开始让位于“犬儒主义”、官僚主义和市侩作风等，大学所崇尚的人文主义的理想和精神式微，降格为一庸俗的教育场所，“大学的问题并不仅在缺少钱物、人才之类，而关键在于人心之丧，在于大学精英的精神沦陷”①。

首先表现为犬儒现象。“‘犬儒’原指古希腊犬儒学派的哲学家。他们提出绝对的个人精神自由，轻视一切社会虚套、习俗和文化规范，过着禁欲的简陋生活，被当时人讥为穷犬，故称”②，后来泛指玩世不恭的人。大学本是讲究神圣尊严和庄重自律的育人之地——教师和学生在共同体内潜心治学、勤奋向学，心无旁骛地实现各自的学术理想和人生价值。曾几何时，裙带、媚俗、权学交易、权钱交易等社会庸俗之风开始侵入大学的校园，侵蚀着大学原有的儒雅和高尚，对大学的行为主体从管理者到学者、从学生到普通员工都产生着蚀化作用。“学术部落代替了学术共同体，以探究为使命的学术圈子变成了压抑人才、门派林立的社

① 叶隽：《人格单元的“拟塑”与观念侨易的“仿交”之道》，《清华大学教育研究》2020 年第 2 期。

② 徐贲：《颓废与沉默：透视犬儒文化》，知乎（https：//www. zhihu. com/topic/20702734/questions）。

会机构”[①]，诸如裙带风、小团体、吃喝风、送礼风甚至权钱交易等庸俗关系比比皆是，大学不再真实地倡导大学精神、学术自由；不再坚守学者良心，与政府保持距离，敢于批评政府，担当社会责任，而是想着如何讨好政府、送礼攻关，争项目、要课题，大学渐已成为社会世俗现象的大观园。近年来，造假、剽窃、抄袭等学术失范违规案例数不胜数，大量毫无创见和价值的学术泡沫后浪推前浪，俨然已经成为高校的“常态”，浪费了大量宝贵的学术资源。专家学者“为真理献身和为后世继绝学”的胸怀抱负，知识分子“以天下为己任”“先天下之忧而忧、后天下之乐而乐”的社会良心，教育者“教书育人”的天职等大学教师的思想灵魂被抛到九霄云外，已与文人雅士、师道尊严相去甚远，大学对公共领域的影响减弱。

其次表现为官本位倾向。大学是探索未知真理，创造、传播和保存高深知识的学术机构，“尊重大学内部天成的学术权力并充分发挥其作用，是尊重知识、尊重人才、尊重大学办学规律的必要体现”[②]。大学本应与官本位无涉，但中国语境中的大学官本位现象却愈演愈烈。一方面，大学过于追求其内部的行政等级。就连教学、科研、后勤和产业单位也按行政等级设置，导致大学内部行政部门越设越多，官僚化大行其道，极大地弱化了学术权力，教授治学、民主管理难以有效落实。另一方面，大学过于趋炎附势唯官是奉。这种现象突出表现为“权学交易”，干部利用手中持有的公共权力和资源制造出大量“真的假文凭”；高校把诸如特聘教授、兼职教授、XX学者、研究生导师等学术职衔作为厚礼赠予官员。[③] 在一次高等教育国际会议上，有人称，“中国最大的博士群体并不在高校，而是在官场”，官员成为最大的博士群体本身就是一种权力的异化。在职官员当博士，自然不是为了学问，而是为了仕途。而博士、学者中的职官也将学术异化为行政的附庸，利用行政权力谋取学术资源。这不仅造成官场学历虚假化，也使知识本身的权威贬值。

---

① 陈少徐:《从“创新强校”看大学德性的缺失与重构》,《高教探索》2014年第4期。

② 眭依凡:《大学庸俗化批判》,《北京大学教育评论》2003年第3期。

③ 柯文进:《社会转型与中国大学理念》，博士学位论文，北京师范大学，2001年，第57页。

最后表现为市侩作风。[①] 当前大学最典型的市侩作风是庸俗工具主义和功利主义盛行，忽视和削弱自己以人才培养为目的的学术组织特征，而是“学商不分”，对急功近利的以利润为最大化目的的商业行为特别热衷和吹捧，并乐此不疲。正如沃特森所指出的：“通过分析那些被广泛吹捧的‘大学使命陈述’，我们可以发现这些都是陈词滥调，都是急功近利、利己主义和泛泛而谈，几乎所有的‘大学使命陈述’都可视为‘市场营销陈述书’。”[②] 2000 年 3 月的《大西洋月刊》的封面故事“受管制的大学”呈现了一幅令人不安的画面：数百万美元的交易使高等教育成为大商家的奴隶。作者认为，目前已经很难坚持“无私调查”，因为“大学本身越来越像唯利是图的公司”。许多大学教师不甘于或受不了“板凳甘坐十年冷”的学术定力和“语不惊人死不休”的学术坚守，而是频频在各种媒体上露面，争当社会学术明星为商业站台和政策注脚，而非有责任和有担当的知识分子为民请命；学者专家乐于参与一些与自己专业关系不大、与本职工作大不相干，却能带来社会名誉和经济实惠的项目，成为“儒商”和“学商”，甚至沦为“砖家”和“叫兽”。

对张铁林当暨南大学艺术学院院长[③]，周星驰被中国人民大学聘为教授[④]，邓亚萍被中国政法大学聘为兼职教授[⑤]，伏明霞、刘翔等社会知名人士免试就读名牌大学[⑥]等现象，社会和公众都给予极大的质疑，质疑大学精神的堕落媚俗和不应有的市侩习气。大学利用自己的智力资源进行钱学交易和权学交易，有钱者或有权者比如有些官员、企业老总，本身并没有多少学术成果，却“可以轻而易举地从大学获得文凭学位，授赠

---

① 市侩本指买卖的中间人，后指唯利是图的奸商，也泛指贪图私利的人。市侩作风指唯利是图的商业意识、态度和行为方式，为一种拜金主义现象。

② 转引自张征《新自由主义背景下大学制度变革研究》，博士学位论文，华中科技大学，2011 年，第 15 页。

③ 刘玮、雷丹：《张铁林任高校院长引名人进军教育界争论》，2005 年 1 月，新浪网（http：//ent. sina. com. cn/2005－01－20/1432635993. html）。

④ 曾进：《周星驰历经“周星驰同学”到“人大兼职教授”》，2005 年 1 月，新浪网（http：//ent. sina. com. cn/s/h/2005－01－04/1915619023. html）。

⑤ 李建国：《为什么大家越来越烦邓亚萍?》，2015 年 12 月，博客中国（https：//post. blogchina. com/p/2862690）。

⑥ 张嫣：《特殊人才特殊对待？透视刘翔“硕博连读”事件》，2004 年 11 月，搜狐网（https：//sports. sohu. com/20041106/n222868989. shtml）。

教授、研究生导师等学术头衔，也可以让大学及其学者为自己的公司及其产品作言过其实甚至虚假的鉴定和宣传”①。再就是钟情于办公司及各种以营利为目的的培训班，导致昔日庄重的学府呈现出浮躁的“学店”之相——“大学成为一个熙熙攘攘的知识集市，而不再是一个相濡以沫的知识社群，充斥在这里的只是知识摊位之间的尖利叫卖声，而不再是研究过程中无功利的共享快乐”②。大学从满足于闲逸的好奇而自由探求真知到满足社会需求，从生活的准备到成为生存的手段，社会需求释放了大学的工具价值，提升了大学的功利趋向和功用空间，而与之相伴的则是大学德性的迷失和大学理念的茫然。也正是由于大学的实用主义倾向，大学教育变成一种没有精神交往的工具性训练，于是大学从一个永无止境的精神追求之地变成了一个单纯的工具人的训练场所。正如钱理群所指出的，“我们的一些大学，包括北京大学正在培养一些‘精致的利己主义者’，他们高智商，世俗，老到，善于表演，懂得配合，更善于利用体制达到自己的目的”③，概括来说就是一切活动都以利己主义为核心。在大学举办的活动中，只要有上级行政管理部门的官员出席，必然奉之为上宾；校园里悬挂的满眼都是自我陶醉的大话和官员们来访的照片，却难见到学术大师的身影。庸俗化使大学难以坚守学术自由和大学自治所必需的独立性和客观性，难以肩负起应有的社会道德责任和历史担当，严重损害了大学思想文化高地、社会大众良心、人类道德楷模、时代精神风标的形象，大学已不再是令人羡慕的“象牙塔”，大学的价值观出现危机。

第二节　大学组织的异化

现代大学自中世纪诞生伊始，就作为一个学术共同体而存在，学术性是其本质属性。今天的大学教育产生的一系列问题，例如质量问题、

---

① 眭依凡:《大学庸俗化批判》,《北京大学教育评论》2003 年第 3 期。

② 刘东:《保护大学生态》,《书城》2003 年第 8 期。

③ 钱理群:《大学正在培养利己主义》，2012 年 5 月，新浪网（http://news.sina.com.cn/c/2012-05-04/063224366227.shtml）。

公平问题、大学行政化问题等，尤其是价值追求的偏向严重侵蚀着大学存在的基础。究其根源，正在于大学的运行背离了其应然之道，学术特性的背离导致大学在很大程度上发生组织异化，出现了违背其自身本真意义的办学行为和现象。中国大学的近现代化是在国家意志的控制和主导下实现的，政治权力和市场经济的因素渗透进知识的生产、流通和消费过程之中，因而产生了严重的异化——规范化异化为形式化，制度化蜕变为行政化，从而使大学这一学术组织异化为商业组织和官僚机构，进而将学术共同体肢解为学术部落。

一　商业组织化

随着人力资本理论、成本分担理论、产权理论、学术资本主义理论等成为深入人心的教育基本理论，经济学逐渐成为高等教育场域里的强势话语，大学经营明显表现出商人的智慧——以公司为模式，不再留恋“象牙塔”和“常青藤”——“企业大学”（马金森和康西丁，2000）、“知识工厂”（阿罗诺维兹，2000）、“企业型大学”（克拉克，1998）、“创业型大学”（克拉克，2003）成为当代大学的标签。20 世纪 90 年代中期之后，主张把教育作为一个产业来发展和经营的“教育产业化”“教育市场化”理论在我国更是大行其道。教育产业化政策被视为一种“经济主义路线”的教育发展模式，热衷于通过市场机制扩大教育资源，弥补教育经费的不足，延缓就业压力，而这种“驱使大学模拟厂商成为知识产权发动者的动力，已经发展成为一场不亚于解体大学的运动”①。大学的教学功能和研究功能被割裂开来，甚至出现了较为广泛的“重科研轻教学”现象，出现了专职从事科研的教师和产业教授，由此出现了准私有的“科学公园”，大学已经从一个文化机构蜕变成一个公司机构。

（一）大学使命的转移

贝克尔指出：“人力资本理论允许‘文化利益’与高等教育紧密相连，注重可统计、可测量的社会和私人的经济利益，依附于活劳动之上

---

① ［美］史蒂夫·富勒：《智识生活社会学》，焦小婷译，北京大学出版社 2011 年版，第 3 页。

的人力资本便成为人们研究经济增长的重点。"[①] 通过人才培养提高人力资本直接成为国民经济的一个产业部门，大学被纳入生产函数之中。这就使得民族国家在文化和科学知识之间建立起一种"互为隐喻"的关系，人们期望大学实现相互矛盾的目标：一方面通过"文化"培养，造就一批民主化管理所需的精英，另一方面通过培训大量的科学家，满足国家在全球经济竞争中产业发展的需要，高等教育的经济功能得以彰显，在很大程度上影响或决定着当今世界高等教育的改革与发展。

无疑，这种"金钱利益"取向引起高等教育使命的转移，高等教育通过生产和传播知识来帮助社会，丰富自己的学术使命已退居次要地位，而且由于大学的公司化而迅速退出历史舞台，"高校教学工作的核心地位被不断弱化，立德树人的根本使命被片面强调为直接的经济利益服务"[②]。大学从一个国家的意识形态机构变成了一个相对独立的经营机构，自身面临市场竞争机制中的各种挑战，为就业市场提供具有竞争能力的人力资源的任务指标成为其核心使命，而不再是一个以为民族国家培养合格公民为核心使命的象牙之塔。国家和政府对大学的关注主要围绕经济增长和核心竞争力的提升，个人上大学的目的则是谋一份好前程，挣更多的钱，大学教育的目的更加突出经济诉求和工具价值。1902 年，时任印度总督的坎逊在议会演说中指出："不是追求学问而是追求收入的小伙子们充满了印度的各个大学。"[③] 20 世纪 90 年代以来，美国职业教育的比重不断攀升，两年制学院大量增加，四年制本科教育的目的也主要是为就业做准备，"职业主义"已成为美国教育的普遍现象。[④] 中国教育产业化始于 1992 年《关于加快发展第三产业的决定》的颁布，该决定提出对第三产业以产业化为方向，坚持谁投资、谁所有、谁受益的原则，建立充满活力的自我发展机制。[⑤] 特别是第三次全国教育工作会议颁布《关于深

---

① 邸俊鹏、孙百才：《高等教育对经济增长的影响——基于分专业视角的实证分析》，《教育研究》2014 年第 9 期。

② 瞿振元：《立德树人：大学理性的回归》，《光明日报》2014 年 8 月 19 日第 13 版。

③ 转引自惠圣《试论高等教育经济化思想及其影响》，《阅江学刊》2009 年第 4 期。

④ 惠圣：《试论高等教育经济化思想及其影响》，《阅江学刊》2009 年第 4 期。

⑤ 中共中央、国务院：《关于加快发展第三产业的决定》，2007 年 6 月，中国经济网（http：//www. ce. cn/xwzx/gnsz/szyw/200706/17/t20070617_11787867. shtml）。

化教育改革全面推进素质教育的决定》对教育的产业属性做出了说明，并强调中国必须发展教育产业。产业化的思潮和政策取向为资本进入教育领域提供了合法性，一方面，很多高校通过“合并重组”和“自身拓展”来扩大办学规模以提升其对市场资源的竞争能力，巨型大学纷纷出现，但也导致一些原本在行业领域有影响的名校从此“销声匿迹”；另一方面，公有民办二级学院（独立学院）、形形色色的“分校”和私立高校及中外联合办学项目得以产生。国家和政府对高等教育功能的诉求，“已经不仅局限于培养具有良好素质的公民方面，而是越来越多地把高等教育作为增强国家竞争能力、促进社会经济发展的强大工具；企业单位也不再只诉求大学培养其高素质的毕业生，而是寻求产学研合作、提供员工培训、信息咨询等”①。伴随着知识经济的不断发展和信息社会的不断推进，专业分化的不断加深和专业技能的日益精湛，高等教育在满足这些需求方面的作用越来越被社会所重视，它在社会上扮演的角色日趋多元和泛化。

（二）高等教育的私有化

对那些为了实现民主和社会正义而奋斗的经济体、个人和社会而言，高等教育因其传授知识经济所必需的知识和技能而变得越来越重要。在高等教育民主化思潮和人力资本理论的推动下，从高等教育机构获得学历与学位日益被视为经济繁荣和社会发展的一个必要条件，在现代社会中举足轻重，从而导致全世界范围内的高等教育系统的扩展和高等教育规模的扩张。最早从这种变化中正式提出高等教育大众化概念的是美国著名教育社会学家马丁·特罗，他明确阐述了高等教育由精英型向大众型、普及型发展的理念，并概括出高等教育将出现量和质的变化。② 时至今日，大多数国家都拥有培养数量不断增长的大规模高等院校系统，大众化乃至普及化高等教育已成为一种国际普遍现象。随之而来的是，由于政府财政压力和私立院校的灵活性，私立高等教育得到迅速发展。个人、团体和私营部门开始投资办学，出现了一些新的高等教育提供者，

---

① 杨聚鹏、苏君阳：《复杂时代的高校功能改革研究》，《江苏高教》2013 年第 3 期。

② 潘懋元、肖海涛：《现代高等教育思想演变的历程——从 20 世纪到 21 世纪初》，《高等教育研究》2007 年第 8 期。

高等教育经费中私有成分不断加大。这些新的高等教育提供机构包括媒体公司，比如英国的培生集团和加拿大的汤姆森集团；跨国公司，比如美国的阿波罗集团与卡普兰教育集团、新加坡的英华美公司和印度的阿博泰克公司；企业大学，比如由摩托罗拉公司、丰田公司、吉利集团以及职业协会和组织的联合体运营的企业大学。这些新型教育提供者往往是企业化的，基本上按私人企业的方式运作。如美国的菲尼克斯大学（另译凤凰大学、凤凰城大学）作为美国最大的私立大学，其股票已在证券交易所上市。随着民办教育促进法的出台，中国诞生了许多民办高校，如北京城市学院、西安欧亚学院、浙江树人大学、北京吉利大学、江苏三江学院、徐州九州职业技术学院等，开始成为高等教育体系中一支重要的不容忽视的力量。总体而言，这些新的商业性教育机构主要从事教学、培训或提供服务，它们并不关注研究，它们能够与传统的集教学、科研和社会服务三种职能于一体的公立和私立教育机构进行互补、合作乃至竞争。

随着私立高等教育的兴起，与此相关的一个趋势是公共高等教育的私有化，公立高等学校按照私营模式来管理和运作。高等教育是一项“烧钱”的事业，耗资巨大，任何一个国家都难以独立支撑起大众化高等教育体系。再加上“新自由主义思想”① 的导向和公共管理运动的兴起，高等教育被越来越多地看作“私人产品”或“准公共产品”，个人和家庭受益远远高于社会。世界范围内教育从公共性到私人性、从非生产性向生产性、从事业性向产业性、从国家化向市场化的转变已是不争的事实，伴随着这种转变而来的是许多国家和地区开始采取市场化、私有化政策，逐步让市场机制引导高等院校回应多样化的社会需求，这就给高等教育系统带来了巨大的财政压力。在大多数国家，国家对公立大学的资助和补贴已经明显减少，在很多地区，政府资助只占大学经费的一半甚至更少。“如果把公共资助公立院校的程度看作从100%到0的范围，那么就

---

① 新自由主义思想极力主张限制政府在社会各个层面的参与，而让位于市场和私人提供者（provider）。这种思想影响了高等教育、医疗保险以及其他服务的模式。新自由主义思想的推动力量一方面来自教育大众化后激进的高等教育支出，另一方面则与资金压力无关，来自快速增长的私人部门（private sector）。

全美而言，公立院校得到的公共资助比例已经从 20 世纪 70 年代的 50% 下降到 21 世纪初的大约 30%，一些主要的公立大学，得到的州拨款不到其收入的 15%。”① 这迫使高校通过其他渠道获取资源来弥补政府越来越大的资金缺口，包括获得竞争性科研合同、大学成立或委托基金公司运作学校经费，以教师和院校创业的方式开展与经济、产业界全方位的合作，比如出售课程和学识、人才培训、咨询与研究服务，出租学校的设施或者将自己的研究成果和相关产品推向市场，以及校企联合带来的收入等；它也可能运用规范的市场激励与约束机制获得校友或者其他捐款人的捐赠；通过教育与人才的国际交流获得大量的补充性资金；或者，它最合适的和潜在的最有利的形式可能是由受教育者分摊教育成本。自从学生被认为是高等教育的主要受益者后，高等教育的私有物品论越来越被认同，并为高昂的学费找到了正当的理由。美国公立大学自 1990 年起将学费提高了 125%，大学总经费中来自政府的科研拨款和合同收入、私营科研机构的合同收入共占 15%。在德国，大学的咨询和教育科研服务收入在 1970 年至 1985 年增加了 50%。在 20 世纪 80 年代，其他服务和销售收入占荷兰大学收入的 8%，在葡萄牙占 6%—8%。② 这些经费来源引起了大学与其传统角色的冲突，对这些院校的性质产生了重大影响，并且促进了大学机构的商业化。正如大卫·科伯在《高等教育市场化的底线》中所指出的，“私有化的努力使弗吉尼亚大学不再是一所强调知识培养的大学，而是更加接近于一家控股公司”，并不无担忧地强调指出：“托马斯·杰斐逊在设计他的‘草坪’时，希望学术兴趣不同的教师和学生们能够来到这里追求和创造知识，而如果学习成了一种消费品，那么大学还能维持杰斐逊理想中的学术世界吗?”③

（三）学生消费主义崛起

随着高等教育迈入大众化时代，学习成为取得成功必不可少的投资，“学术价值”原则逐渐向“学生消费主义”转变，即认为学生作为客户是

---

① 刘冬青：《美国公立高等教育的私有化趋势探析：概念、路径和影响》，《中国人民大学教育学刊》2014 年第 3 期。

② 陈国良：《教育财政国际比较》，高等教育出版社 1999 年版，第 170 页。

③ ［美］大卫·科伯：《高等教育市场化的底线》，晓征译，北京大学出版社 2008 年版，第 154 页。

在四处寻购其货币投资的最大价值，这正如国际高校排名体系的重要性及其争议所证明的那样。大学之间为了扩大学费收入，竞相为吸引生源而激烈竞争，为学生消费主义的兴盛创造了条件，学生成为接受来自“学术超市”的学术服务的消费者。由于学生被视为教育的消费者，“一方面他们被赋予了权力——他们的要求可以随时随地得到满足，另一方面他们的权力被剥夺了——因为他们的长远需要可能被忽视，他们很难参与到符号性、精神性和充满魅力的教育过程中”①。大学从育人的机构变成了教育服务的生产场所，大学和学生的关系从教育者和受教育者、管教者和受管教者变为服务者和被服务者、教育服务的提供者和消费者，成为一种围绕教育服务发生的供求双方的交换关系。

极度的学生市场对高等教育产生了极大的影响，学术理想成为商业利益的祭品，商业理想开始凌驾于学术价值之上。随着学生职业意识的增强，强烈的学生消费主义倾向导致课程取向更加以市场和职业为导向。特罗指出，为了“激发学生积极性”，大学越来越注重课程灵活性和相关性，较少依赖书本和阅读，更多地重视田野活动和当下的经验。② 人们开始用“社会和市场需要”来衡量高等教育的社会价值和实用性，“课程、专业的设置是否必要及其适当的规模取决于市场的需要，‘满足市场需要’‘满足社会需要’成为判断教育行为的最终标准”③。当前中国不少大学越来越像商业机构，片面强调大学为经济服务而一味满足市场需求，学术成了谋利的手段而导致学术资本主义盛行，大学似乎成了贩卖学术文凭的超市而变得越来越爱钱了。著名大学开设实用型专业、时髦专业是为了好招生和好就业，实用主义遮蔽了大学精神的光芒。④ 同时，大学开始规模性地介入职业培训市场并开发大量职业性课程，举办各种课程班、自考助学班、函授和夜大班等，甚至降低身份与诸如技术培训中心、

---

① ［英］安东尼·史密斯、弗兰克·韦伯斯特:《后现代大学来临?》，侯定凯、赵叶珠译，北京大学出版社 2010 年版，第 9 页。

② 转引自 Machi Sato《大学转型：国际化视角与马来西亚个案研究》，李莹译，《国际高等教育研究》2013 年第 1 期。

③ 黄利:《大学的危机对中国高等教育问题的一点思考》，《博览群书》2004 年第 7 期。

④ 陈波、王祖林:《论大学文化育人的困境与自我诊治》，《高校教育管理》2014 年第 1 期。

语言学校、职业技能培训机构进行竞争。总的来说，正如罗杰·盖格所指出的："当大学寻求以正式方式来支持学生的消费主义时，学生的消费主义毁损了学生的学习。"[①]

如果大学已经成了特殊的产业机构，向大学生这一特殊的顾客提供高等教育这种特殊的商品，那么，为了获得大学生的眷顾，大学就必须采用商学院而非文理学院的主导模式，以保持和扩大自身的竞争优势。根据《纽约时报》的报道，"部分是为了使大学对高年级的高中生更具吸引力，并使它看起来不那么像个苦读之地，芝加哥大学减少了它的核心课程并扩大了其娱乐和服务场地"[②]。为了让"芝加哥大学是一个令人向往的地方"这一概念深入人心，发给预期申请者的普通画册《梦想与选择》也被换成了《心中的生活》……里面的内容也改变了。学生埋头读书的照片减少了，更多的是大学生在参加"有趣"的活动，如跳舞、玩耍和踢足球。变化的形象简直就像一种计谋，而其中的叙述对海德公园里的很多人来说就像从黑板上划过的手指甲一样令人厌烦。一位学生在校园报纸上讽刺性地评论说，"我自豪地报告，在芝加哥大学的画册中看到的酒精和联谊会比布朗大学的手册中要多"，布朗大学是一所以轻松懒散而著称的学校。毕业生抱怨说，这种新的宣传可能会引来不恰当的申请者，会破坏学校严谨治学的名声。[③] 从观念上看，传统的价值观念在市场主导的社会中愈来愈软弱，"市场至上"正在成为人们的最高价值准则，影响人们和组织的思想和行为；从制度安排来看，高等教育成为服务产品（世贸组织关贸总协定），私有化正对高等教育体系产生着强劲的冲击，"私有化并不仅仅是财政上的，它也意味着现在的收入与大学的功能紧密相关，限制了大学领导者的自由裁量权"[④]；从行为来看，组织和个人把追求利益最大化作为行为的基本出发点和最终的归宿。高等教育

---

① ［美］罗杰·盖格：《大学与市场的悖论》，郭建如等译，北京大学出版社 2013 年版，第 256 页。

② 转引自［美］斯坦利·阿罗诺维兹《知识工厂：废除企业型大学并创建真正的高等教育》，周敬敬等译，高等教育出版社 2012 年版，第 121 页。

③ ［美］大卫·科伯：《高等教育市场化的底线》，晓征译，北京大学出版社 2008 年版，第 10—11 页。

④ ［美］罗杰·盖格：《大学与市场的悖论》，郭建如等译，第 269 页。

的目的在于满足社会发展的需要和人自身发展的需要，引导人类社会走向理性、文明、智慧的研究和创造中心，是现代社会进步的思想与理论策源地。而在现实中，高等教育为在经济全球化及经济繁荣中取得一席之地而殚精竭虑、急功近利地培养所谓“人才”之弊端日益凸显。高等教育只教会人“何以为生”的知识和技能，而放弃了“为何而生”的内在目的，放弃了对人的精神境界的提升。[①] 大学只是使人获得了冷冰冰的科学知识，而不是灵魂的唤醒，大学实际上成了“制器”而非“育人”的工厂，大学教育所培养的人日益成为“单向度的人”，而非开物成务之博雅君子。

二 官僚机构化

产业革命后，随着社会分工的精细化和知识技能的日益专业化，以及社会组织的规模化，传统的管理模式在知识社会内部很难维持，产生官僚管理体制成为必然。正如马克斯·韦伯所认为的：“官僚结构比那些听凭一些个别掌权人物任意摆布的组织更公正、更没有偏见和更加合理。”[②] 大学组织亦难逃官僚化的侵蚀，学术体制官僚化日渐明朗，当然，这也导致直接的教师管理乃至有意义的教师参与被削弱了。

（一）科层制的历史必然

学术界一般认为，大学是以学科专业为基础的学术组织，高深知识就成为大学的逻辑起点。而在作为规模巨大、结构复杂、职能众多、目标多元的正式组织的现代大学中，科层制当然有其存在的合理性和必要性，“官僚制表明了这样一个简单道理：当组织发展变得更复杂时，更加正规的管理体制代替了通常在规模较小、机构较简单的组织中能有效协调的非正规的管理方式”[③]。其结果是大学中行政与学术的分离以及专职管理层的出现，进而按照现代组织理论建立起具有明显科层结构特征的

---

① 许丽英、袁桂林：《我国高等教育效率的社会学考察》，《现代教育科学》（高教研究）2007 年第 1 期。

② 转引自惠圣、孙传钊《学术自由与大学官僚制的“同居”——试析韦伯的学术自由理念》，《高教探索》2006 年第 3 期。

③ ［英］托尼·布什：《当代西方教育管理模式》，强海燕译，南京师范大学出版社 1998 年版，第 51 页。

管理体系。行政管理的出现有它的合理性和必要性，而且它并非对学者团体一无是处，正是在现代大学规模扩张的过程中，人们希望通过学术和科研的有序发展，体现知识的理性化管理的需要，复杂的大学科层化模式应运而生。欧洲中世纪大学是一个行会组织，是教授和学生自治的团体。随着大学组织规模的扩大，大学管理工作的负担越来越繁重，而学术人员则更倾向于将自己的主要精力用于教学和科研，最初作为辅助人员的管理者逐渐成长起来，成为大学组织中一个独立的组成部分。

> 一个主要围绕知识体系而形成的，与大学自治、学术自由、教授治校等基本原则联系紧密的学术组织，和一个围绕着庞杂的规划、人事财务、设施设备的添置和维护以及外事外联等事务建立起来的，讲究下级服从上级、重视效益和效率的科层组织并存，学术权力和行政权力同在，成为现代大学区别于非学术机构的本质特征。①

不过，学术组织目标的宽泛性、价值的多元性、活动过程和效果的不确定性等特点，恰恰与科层组织目标的明晰性相矛盾、与科层管理统一意志的要求相违背、与科层管理的精确性要求相冲突。可见，学术权力和行政权力虽然具有共同的“宿主”，但各有其明确的边界和适用范围。针对现代大学组织的特点，西方大学往往采用科层组织与学者行会组织适当分离，行政权力与学术权力各司其职的“双重组织结构”，较好地保持着行政权力和学术权力之间必要的张力，保障大学按照自身的逻辑、遵循教育规律发展。

中国近代大学在产生伊始，就被置于国家强有力的控制之下，被置于科层制的官僚体制之中。在高度集中计划经济体制下，“大学主要由政府主办，政府集大学的举办者、办学者、管理者于一身，大学是政府的附属机构。因而在这种管理模式下的政府与大学之间的关系就成为控制与被控制、统治与被统治的关系”②。政府对大学实行高度集权的管理模

---

① 朱景坤：《大学“被行政化”的制度分析与“去行政化”的路径选择》，《江苏师范大学学报》（哲学社会科学版）2013 年第 3 期。

② 苏艳丽：《中国大学与政府关系的历史演变》，《教书育人》2010 年第 5 期。

式，严重背离了管理者与办学者正当的责、权、利关系，大学制度被异化了。我们今天有教育长官，有大学校长，却没有教育家，严重的行政控制和官僚作风对教师在学术管理中传统的参与活动以及学术氛围有百害而无一利。在公共问责以及官僚化的今天，一度占支配地位并曾用来抵制变化的教授权力已今非昔比，在高等教育领域权威的钟摆已经从教师转到管理人员和官僚体系上，这无疑对大学造成了重大影响。

（二）大学行政化的内涵与表现

大学承担着知识的生产、传播和应用职能，自中世纪肇始就是学生或教师的“行会”组织，是学生和教师共同探索高深知识的学者社团，有着“大学自治”“学术自由”和“教授治校”的学术传统。同样不可否认的是，由于大学在促进经济社会发展和文明进步中的作用日益凸显，“在今天世界上的大部分地区，高等教育已成为国家政府中的一个重要组成部分，受到了立法、行政和司法三个部门性质的制约，并且受到了各国政府实施其政治权力的影响”①。大学发展在得到国家保护和支持的同时不可避免地受到政府某种程度的行政干预、政治介入和经济调节，办学权被日益收紧，对大学的控制日益加强，使院校自主与政府控制处于一种张力之中。“当大学行政组织超出其应有的从属性、服务性，越过了自己应有的边界，也就产生了大学行政化。”② 中国大学“行政化”不仅代表真切的利益与特权，还是一种思维习惯，广泛存在于大学之中，使大学充斥着行政思维、模式与方法。③ 从大学内部来看，主要是指学术组织中学术权力的行政化倾向；从大学外部来看，主要是指政府运用行政权力对大学进行干预。从现实情况来看，这两种行政化问题在中国高等学府中都有着清晰的体现。

追溯大学发展的历史，行政管理是20世纪初现代大学发展到一定数量和规模时才出现的，行政管理是为了更好地服务于教师和学者的教学与科研工作，更好地实现大学的学术功能和使命。但行政化的出现却严

① ［加］约翰·范德格拉夫：《学术权力——七国高等教育管理体制比较》，王承绪等译，浙江教育出版社2001年版，第196页。

② 彭道林：《大学行政化的外在表现及其危害》，《高等教育研究》2010年第10期。

③ 叶逢福：《我国大学学术组织内部“泛行政化”的识别、成因与治理逻辑》，《江苏高教》2017年第8期。

重影响了大学固有的生态，因为“以利益判断为基准的行政权力大大盖过了以学术判断为基准的学术权力，所损害的绝对是弱势的学术事业”①，造成学术空间和学术权力被行政权力挤压和凌驾，大大伤害作为大学命脉的学术自由和大学自治。在行政化观念下，权力被看作大学中无处不在的消极制约形式，大学成为戴着镣铐的舞者。行政化模糊了大学与政府之间的界限，混淆了两类不同性质组织的社会角色，以政府行为代替大学行为，使大学完全置于政府的统辖之下，消解大学的学术共同体使大学组织丧失了自身的主体地位，异化为以官僚模式运转的机构，权力、权欲以及对权力的追逐导致大学核心价值的偏移和组织本性的背离。行政化管理往往忽视教育和大学本身的规律，过于追求学术以外的目的，使得大学内部被功利浮躁的气息所充斥，教师难以遵循教育自身的规律进行教书与育人、科研和服务，导致“计划学术”和“量化学术”现象盛行，学术泡沫和学术垃圾激增，严重影响了大学教育质量和内涵的提升。

（三）大学组织制度的固化

中国高等教育发展的历史与西方大学产生与发展的历史进程存在非常大的差异，中国大学的行政化问题有着更深层次的历史和政治背景。中国近现代意义上的大学是救亡图存背景下“西学东渐”的舶来品，但特定的文化土壤和制度化选择使其发生了巨大的变异，并最终形成目前这种官学一体的制度安排，行政权力在大学里长期充当着主导力量。② 新中国成立后，特别是经过社会主义三大改造后，在全国范围内确立了全面而系统的行政体制。国家和政府通过行政手段对高校实行国家化和行政化改造，并通过计划体系对高等教育实施调控，逐渐形成了一个政府举办、集中统一的高等教育体制。不同层次的院校被赋予厅级、副厅级等不同的行政级别，不同级别院校的书记和校长也相应地享受着不同的行政待遇，与地方官员一样由政府主管部门实施任免、考核、奖惩、培训和晋级等。进入 21 世纪，大学行政化趋势越来越强，典型的表现是

---

①　张家：《大学去行政化的困难何在》，《大学教育科学》2009 年第 2 期。

②　朱景坤：《大学“被行政化”的制度分析与“去行政化”的路径选择》，《江苏师范大学学报》（哲学社会科学版）2012 年第 3 期。

“985 高校”党政一把手被确定为“副部级”，进一步强化了高校的官本位意识。由于大学校长的选拔任用和考核评价都集中在政府手中，高校的领导体制和行政级别既为政府官员入主大学提供了制度通道，也满足了他们对行政级别的追求，致使在实际操作中许多大学的领导是在现有的教育行政系统或其他系统中选拔出来的，被任命前从来没有在大学工作过。通过对北京大学、清华大学、浙江大学、复旦大学、上海交大等 11 所“985 高校”党政一把手被任命为现职前所担任的职务进行调查，发现在党政一把手中，曾在政府部门任职的占半数左右①，这种官员而非教育家治校很容易把他之前的工作理念移植到大学，这无疑进一步强化了学校工作的行政化趋向。

与此相应，在大学内部则与政府主管部门一样对口设置庞大的管理机构，并依大学的级别赋予处级、科级。目前，中国“985 高校”的党政领导班子一般有领导 13—15 名，内设党政机构 30 个左右，机关工作人员四五百名，其中处级干部 100 多名，俨然一级政府机构。不仅行政管理机构科层化了，图书馆、学报编辑部等教辅单位也是处级单位，一些学术研究机构的负责人甚至有着一定资历的思想政治辅导员也按行政级别享受待遇，后勤系统乃至高校产业公司的领导均有行政级别。《中华人民共和国高等教育法》第 48 条和第 49 条明文规定“高等学校实行教师聘任制”“高等学校的管理人员，实行教育职员制度”②，这表明大学中无论哪一类人员都与政府官员和官级制无关。但事实上，近年来高校的职员制改革依然延续了原有的制度安排，“高等学校现行的部级副职、厅级正职、厅级副职、处级正职、处级副职、科级正职、科级副职、科员、办事员依次分别对应管理岗位二至十级职员”③，只是换了个马甲，并没有发生实质性的改变。如果说大学内设的专业学院多少还有一些行政性事务的话，那么诸如学位委员会、职称聘任委员会、教学工作委员会之类的学术组织所开展的活动应当完全是学术性事务。然而，这类学术组织

---

① 林善栋:《去行政化与现代大学制度的建立》,《教育评论》2008 年第 6 期。

② 《中华人民共和国高等教育法》，2019 年 1 月，中国人大网（http://www.npc.gov.cn/npc/c30834/201901/9df07167324c4a34bf6c44700fafa753.shtml）。

③ 《关于高等学校岗位设置管理的指导意见》，2021 年 8 月，百度文库（https://wenku.baidu.com/view/525a310406a1b0717fd5360cba1aa81145318fe0.html）。

的成员几乎都是由具有行政职务的人员担任的。顾海兵提出的“官味度”[①] 给出了直观的评价，为数不多的“布衣教授”成为点缀，从而基本上也由行政主导了。

中国大学的行政化还体现在政府主管部门对高校办学的全面干预上。长期以来，“大学被视为上层建筑并作为庞大的教育行政系统之下的附属机构进行管理，政府始终不肯放弃对大学全面的、直接的和强力的控制，高度集权的管理方式使大学的运行几乎完全按照行政的逻辑”[②]。在改革开放四十余年之后的今天，大学在形式上成了法人，《中华人民共和国高等教育法》也明确规定了学校拥有诸如招生、学科专业设置、教学、学术研究等七项自主权。但现实中高校的行政附属机构的性质并没有发生实质性改变，法律所规定的办学自主权并没有得到完全落实。政府部门实际上还在直接参与大学办学，进行招生计划和专业设置的审批、招生方式和学费标准的确定、通过国库集中支付逐项落实高校经费使用、直接或间接地组织学校各式各样的评估、工程基地等，大学自主办学空间依然十分狭窄。在中国的大学管理中，行政权力超越其自身边界和适用范围，行政机构、行政人员成为支配学校运行的核心和主角，学校的教学和科研管理大都按行政权力的意志来安排，这种行政管理“机关化”、行政权力“中心化”、学术管理“行政化”、学术权力“边缘化”的倾向使行政权力凌驾于学术权力之上，学术权力长期以来得不到应有的尊重，学术民主管理基础薄弱。

从历史比较来看，中华人民共和国成立前中国近代大学也曾经是无官的，而且大学评议会、学院教授会在学术管理中是发挥决定性作用的。1912 年，在教育总长任上的蔡元培首订《大学令》，规定了大学评议会和学科教授会的职权及组成；掌北大校长印后，主持完善了《北京大学评议会规则》，进一步明确评议会为全校最高权力机构，并为其他高校所效法。[③] 1922 年 3 月，蔡元培发表《教育独立议》，提出“大学的事务，都

---

① 转引自沈亮《“官味度”揭开教育科研官本位面纱》，《南方周末》2009 年 1 月 8 日第 B10 版。

② 朱景坤：《大学“被行政化”的制度分析与“去行政化”的路径选择》，《江苏师范大学学报》（哲学社会科学版）2012 年第 3 期。

③ 周川：《1917 年中国的大学：变革及其意义》，《高等教育研究》2017 年第 5 期。

由大学教授所组织的教育委员会主持。大学校长，也由委员会举出”①，形成了有名的教授治校的思想。中华人民共和国成立后的大学被赋予了官级，而且是逐步升高，学术委员会等学术组织则只是参与了部分学术事务的审议和咨询。从国别比较来看，别的国家的大学一般是没有官级的，大学校长与政府官员完全不是一回事。无论是从前文提到的法律角度来看，还是从其自身的组织属性上而言，中国大学所特有的官级制是外赋的而不是大学内生的，是在官学一体的制度选择中被行政化的。正如韩水法所言：“中国所有正规大学都被整合在一个官僚层级的体系之中，从最高教育行政机关到大学基本教学与学术单位，一元化的行政权力通天贯地，天下英雄，靡不在其彀中。”② 可见，与中国人念兹在兹的大学制度不同，中国现在的大学并不是一个自治的教学与学术共同体，而是在政府严格控制下的行政化了的大学，其追求自由、自治与独立的合理性很难从根本上得到认可，背离大学发展的规律必然会偏离大学发展的固有逻辑。

三 学术部落化

学术共同体这一概念源于20世纪英国哲学家布朗的著述，“他把全社会从事社会科学研究的科学家作为一个具有共同信念、共同价值、共同规范的社会群体，以区别于一般的社会群体与社会组织”③，这样一个仅是从事科研工作的同行者群体被称为“学术共同体”。肇始于中世纪的大学，其本身就是一个以学术为业的大学教师和学者基于共同的学术准则和规范，相互联系、互相尊重并相互影响，以发展学术为根本追求的学术共同体。但随着教师的职业化和官僚化以及师生关系的疏离，大学逐渐被解构成松散的学术部落。

（一）教师的职业化

为了达至最好的效果，大学教师必须真正从事教学和研究工作。也就是说，大部分教师必须具有全职的学术任命，并且致力于学术责任以

---

① 《蔡元培全集》（第4卷），浙江教育出版社1997年版，第586页。

② 韩水法：《世上已无蔡元培》，《读书》2005年第4期。

③ 张盼：《试论我国档案学术共同体的沿革》，《档案学通讯》2013年第5期。

及为聘用他们的高等教育机构鞠躬尽瘁。但事实上，今天的高等教育总的来说已是一个教育大众化的产物，学术职业也在日渐分化和分层。那些在研究型大学教学的学者通常拥有博士学位，是全职教师，而且有职业晋升的机会。而那些在其他类型的大学和其他高等教育机构教学的学者通常不具备最高的学术文凭，他们的收入也没有那些在顶级大学工作的同行高，而且他们所教课程更多，工作条件也有很多不完善的地方。世界各地的全职教授数量在逐渐降低，即便在工业化国家也是如此。在拉丁美洲，除了巴西和其他的一些小型大学外，几乎所有国家超过 80% 的教授都是兼职教授。① 在美国，只有一半新聘的教授是全职的“终身轨”教师，其余的则是兼职的“临时”教师，他们不是学校的正式职工，也没有获得终身职位的机会，他们按照所教的课程获得低廉的薪水，而且只拥有很少的福利。最近几年来，已经发展出了一种被称为全职合同教师的新类型，这种类型使大学用弹性的方式安置职工。“这批教师承担了学校大量的教学工作，但与之相比，他们的收入是不相称的”②，临时教师的工作没有保障（有时课程在开学时就被取消了），没有办公室，没有福利，没有健康保险，在大学事务中也没有发言权。很多兼职教师为了生计，在几个学院之间奔波授课——他们中的许多人被称为“吉普赛人”或“高速公路上的飞行者”。虽然大部分西欧国家的教授都是全职的，但兼职和临时的教职员工人数正在上升。全职教授的声望和资产取决于他们的著作，而不是如何教学，特别抢手的高级教授通常要求较少的教学工作量。教学任务特别是大型的介绍性课程，主要落在研究生助手和兼职教师身上。纽约大学把大量的教学任务交给了兼职教师，兼职教师与专职教师的数量相同，但却承担了 70% 的本科生课程。哈佛大学教授理查德·切特指出：“全职终身教授是高等教育的代表，就像奥齐和哈里特是美国社会的代表一样”③，全职教授人数的减少或者说兼职教师问题正在降低高等教育的质量。因为非全职教师来自学校的收入很微薄，

① ［美］菲利普·阿特巴赫、利斯·瑞比伯格、劳拉·拉莫利：《全球高等教育趋势：追踪学术革命轨迹》，姜有国等译，上海交通大学出版社 2010 年版，第 79 页。

② ［美］大卫·科伯：《高等教育市场化的底线》，晓征译，北京大学出版社 2008 年版，第 90 页。

③ ［美］大卫·科伯：《高等教育市场化的底线》，晓征译，第 91 页。

他们对大学和学生只有很少的献身精神。显而易见，如果教授不能全身心地投入教学和研究、课外与学生在一起、参与大学的内部治理，那么学术水准无疑将会下降。

中国虽然拥有世界上最大的教育体系，也已经成为名副其实的高等教育大国，但工资待遇尚不足以鼓励和吸引那些“最好和最聪明”的学术精英加入教师行列。最近的一份研究表明，在某些情况下，北美和西欧教授的平均工资比中国和印度高出八倍。[①] 经济因素是造成这种现状的主要原因，即使在全球经济危机发生之前，教师的工资也无法与外界训练有素的专业人士的报酬相比。现在，随着高等教育普遍面临巨大的财政压力，这种状况无疑将会进一步恶化。不足的薪酬导致受过高等教育的人经常转换到那些支付更高薪水的职业上，或者离开自己的祖国前往欧洲和北美的学术或者其他领域寻找工作。在中国的一些大学，作为学术职责的一部分，教师被期待走出大学去提供咨询或做其他兼职工作。在另外一些情况下，大学建立一些可以授予学位的公有民办二级学院（独立学院）、设立中外联合办学项目（机构），并要求教师教授这些学院或项目（机构）中额外的课程，从而增加大学的收入和教授的报酬。同样，大部分国家国立大学的教授需要通过“夜间兼职”帮助支持欣欣向荣的私立高等教育。在世界上许多地方，全职高校教师的工资不能支持一个中产阶级家庭的开销，因而许多高校教师必须从事一种以上的工作，通过各种校外活动来弥补自己收入的不足。兼职教师的增加和报酬的不足，造成教师队伍的分化和对外部的依赖，导致教师对大学忠诚度的降低和对教学工作以及人才培养工作的忽视。大学不再是学者和科学家的共同体，而成为像克尔所描述的松散的学术企业家的集合体——科学家和学者总是为了潜在的资助人而不断提升自己及其研究水平，教授不再只忠诚于他们自己的学校。在这个意志自由的新时代，抢手教授与普通教师之间的收入差距比上一代更大了，教授越来越成为媒体中的名人。

（二）师生关系的疏离

根据《牛津英语辞典》的解释，“大学”一词——正如900余年前的

---

① ［美］菲利普·阿特巴赫、利斯·瑞比伯格、劳拉·拉莫利：《全球高等教育趋势：追踪学术革命轨迹》，姜有国等译，上海交通大学出版社2010年版，第79页。

情形一样——是教师和学生聚集在一起探讨高深学问的地方。雅斯贝尔斯曾指出："所谓教育，不过是人对人的主体间灵肉交流活动（尤其是老一代对年轻一代），包括知识内容的传授、生命内涵的领悟、意志行为的规范，并通过文化传递功能，将文化遗产教给年轻一代，使他们自由地生成，并启迪其自由天性。"① 对话是自我认知与探索真理的途径，可以发现所思之物的逻辑及存在的意义。师因生而设，生从师而学，两者密不可分、互为依存，师生关系是大学的最基本关系。丹尼尔·贝尔曾用社会学述评描述了当时美国大学正大规模地从"共同体"世界（教师和学生有着强烈的整体意识），向由不同的陌生人组成的"联合体"世界（人们之间的精神联系极少）转变；"学术社区"正向"学术协会"转变。② 显然，我们的大学也发生着这种解构——在这样的大学里，人文学科与自然科学格格不入，唯一的共通之处是：所有学科的学生都从相同的学校获得了作为他们成绩证明的文凭，大学已经成了一个专门从事学历文凭资格认证的机构，而不再是有机的师生学术共同体。

20世纪90年代以来，伴随着科学技术的进步，信息技术、通信技术与网络技术的日新月异，人类的媒介接触行为和使用方式发生了革命性的变化，人类社会由此进入"数字化社会"③。在数字化生存时代，知识生产、存储和传播的方式发生了巨大的变化，知识生产方式的多样化和学习方式的交互泛在性，造成身份等级逐渐淡化和大学师生关系的日益疏离。在纸质媒体时代，"大学的指导者与权力联姻，他们垄断性地决定着专业技巧和知识的标准以及传授方式、速率"④，大学成为知识的集散

---

① ［德］雅斯贝尔斯：《什么是教育》，邹进译，生活·读书·新知三联书店1991年版，第3页。

② ［英］安东尼·史密斯、弗兰克·韦伯斯特：《后现代大学来临?》，侯定凯、赵叶珠译，北京大学出版社2010年版，第16页。

③ 对此问题的阐释，从麦克卢汉、尼葛洛庞帝等提出"地球村""数字化生存"等概念开始，已经有丰富的理念和探究。日本学者水越伸的《数字媒介社会》，则基于对信息技术发展的回顾，深入分析了媒介技术的变迁与社会文化之间的内在关系（具体可参阅［美］尼古拉·尼葛洛庞帝《数字化生存》，胡游、范海燕译，海南出版社1997年版；［加拿大］马歇尔·麦克卢汉《理解媒介：论人的延伸》，何道宽译，商务印书馆2000年版；［日］水越伸《数字媒介社会》，冉华、于小川译，武汉大学出版社2009年版）。

④ 黄利：《大学的危机——对中国高等教育问题的一点思考》，《博览群书》2004年第7期。

地，教师的权威更多地依赖于对知识资源的集体占有。进入数字化社会，信息技术的广泛使用让越来越多的社会组织和社会个体参与到知识的生产和传播活动中，“‘人人自媒体’使得网络话语的生态环境变得更加纷繁复杂，开放多样的话语环境和表达渠道让每一位网络接触者都能够表达自我和自由发声”①。教师不再是知识的权威拥有者，也不再是知识的唯一传播者，学生比以往任何时候都能更加自主、迅速、便捷地，不受时间、空间和国别限制地获取知识，大学教师曾经独享的特权开始旁落，学术权威受到极大削弱。人们将今天的学生称为 N-gen（网络的一代）或 D-gen（数字的一代），美国教育专家马克·普伦斯基提出“数字移民和数字土著”的概念。他认为：

> “数字土著”是指从出生开始就生活在数字世界的人，他们都是说电脑、视频游戏和因特网等数字化语言的“土著人”；而“数字移民”则是指那些没有出生在数字世界，但在随后生活的某个时刻，已经沉迷和采用大多数新技术，且经常被拿来和数字土著做比较的人，即成年后才开始接触互联网的一代人。②

在互联网+的全媒体时代，学习者的背景、经验需求等已经与以往大不相同，学生和教师看待和使用网络技术的经验出现很大的差距。学生以前所未有的数量进入社会技术如 FaceBook（脸书）、You Tube（油管）、QQ、Webchat（微信）、TikTok（抖音国际版）以及更多相似的平台，而教师要么不知道这些网络工具比如 Google（谷歌）、百度，要么在将这些技术融入教育的过程中艰难跋涉——作为数字移民的教育者，说着过时的语言，吃力地教育着拥有一种全新语言的人群。

在信息化时代，青年人尤其是在校大学生是新媒体的主要使用群体，这对知识传授中的师生关系产生了很大影响。一方面，大学课堂上教师

---

① 黄艳、李佳玲、黄金岩:《互联网接触对大学生思想政治教育传播效果的影响研究——基于全国 35 所高校调查数据的实证分析》,《高校教育管理》2021 年第 6 期。

② ［美］Marc Prensky:《数字土著 数字移民》，胡智标等编译，《远程教育杂志》2009 年第 2 期。

讲授的内容可以在网上找到并下载，结合教材和参考书的内容，学生似乎可以脱离教师成为独立的学习者。特别是2020年在新冠疫情下大面积、广覆盖的网络线上授课，更是强化了知识在线获取的强劲态势。另一方面，学生可以通过多种媒介得到比老师更多更丰富的信息，了解更多甚至更权威的知识，教师的信息和知识占有优势逐渐消失，学生眼里的老师不再是知识和学术的权威。过去，教师和学生按约定的时间到专门的地点进行“面对面”的知识传授，教师是课堂的主宰，始终居于主导和中心地位。而在互联网+的信息化时代，随着各种基于网络的在线教育模式如 E – Learning（网络化学习）、E – university（网络电子大学）、Mooc（慕课）、Flipped Classroom（翻转课堂）、Khan academy（可汗学院）、云端学校等的不断出现，学习和教学的实时交互和大数据驱动的实现，使得传统的以课堂和教师为中心的“面对面”同步教育教学模式受到了严峻的挑战，“由学生需求推动的交互式的、合作式的学习和以计算机网络为基础的异步学习逐渐取代传统的单向传授和课堂学习以及以教师为基础的同步学习，并成为主要学习方式”[①]。由于这种平等的双向交往是“人—机”系统的交往，因此会造成学生认知和情感的缺失以及师生之间情感交流的减少——当教师无法组织小班化讨论甚至无法进行面对面授课时，师生间的有效对话也销声匿迹了，取而代之的是“在线教育”“自主学习”“大班教学”，教师与学生的亲密关系已荡然无存。

社会需求带来大学职能的拓展和规模的扩张，科尔以“Multiversity”名之的巨型大学纷纷出现。20世纪90年代以来，中国高等教育管理体制的改革随着社会主义市场经济体制的逐步确立而进入了一个全新的阶段，为了解决“条块分割”的体制弊端，提出共建、划转、合并、合作以及协作五种联合办学形式，使得许多高校通过合并重组、自身拓展等方式形成具有大学基本属性和社会组织共性，在校生规模达三四万人的巨型大学。高校合并和自身拓展虽然在一定程度上改变了“条块分割”的弊端，优化了高等教育的结构和布局，但也形成了较为普遍的多校区办学问题，特别是一些新校区远离主校区和城区，人为地拉大了教师与学生

① ［美］詹姆斯·杜德斯达：《21世纪的大学》，刘彤译，北京大学出版社2005年版，第271页。

的距离，师生之间的接触变得越来越困难。而大学功能的拓展无疑也扩大了教师的学术责任，除了人才培养外，还要参与科学研究和社会服务以及文化传承与创新。特别是自德国洪堡大学确立并强调高校的科研职能以来，“研究型大学逐渐成为大学的发展模式，重科研轻教学成了研究型大学的一个重要特征”①。研究工作可以获得科研经费资助，可以赢得崇高的社会声望，可以作为教师聘任和职务晋升的依据，大学教师开始把研究当作自己的头等大事，尤其忽视本科生的课堂教学，造成了校园从内部教学指导转向外部社会服务活动——这是一个重大而深刻的转向。随着巨型大学的多校区化和职能泛化，教师与学生之间的物理距离和心理距离都加大了，教师较少有时间与学生进行沟通与交流。日益陌生的师生关系必然导致无法贯彻因材施教这一教学中的基本原则，大学的教学质量就难以得到保证和提高，学生就会对学校和老师产生不满。显然，“师生关系的疏离造成教育最核心的部分发生断裂——教书与育人的断裂，既有无教育价值的学习，也有无教学根基的育人”②。夸美纽斯在《大教学论》一书的扉页上写道：“懂得科学、纯于德行、习于虔敬。”习知识、修德行、致信仰，这是教育的内在秩序，这一秩序和谐的前提是师生良好关系的存在，亲其师并信其道，才能做到大鱼前导、小鱼尾随，从游既久，其濡染观摩之效，自不求而至，不为而成。

（三）学者关系的分化

从 19 世纪开始，教师学术职业的专业化和学科的分化严重削弱了学者之间的对话、合作与交流，严重影响了大学学术共同体的建立。随着科学和学术研究日益专业化，以及研究工作受到越来越大的重视，个别教师变得更加关心那些本专业的校外同行正在开展的工作，而不是邻近专业或者其他专业的校内同行正在进行的科学或学术探索。此外，院系规模的不断扩大和多校区办学格局的形成又进一步减少了教师与自己院系之外的其他校内同事进行交流的可能性。而通过校外资助者来为研究项目提供资助的新模式也容易促进大学教师更加密切地关注他们所在的大学之外的世界。正如迈克尔·舒茨所指出的：“复杂的职业等级制度将

① 刘宝存:《大学的真谛》,《天津市教科院学报》2004 年第 5 期。

② 刘云杉:《自由的限度：再认识教育的正当性》,《北京大学教育评论》2016 年第 2 期。

教师分为各个层次，各有不同的头衔和薪水，这种制度正越来越大地造成教师之间的相互怨恨，同时也在保护部分人的特权。”① 随着大学职能的扩展，大学教师也变成教学与科研相结合的多面手，但事实上却造成研究工作者和教学工作者之间的分化。在智库、大公司的研发活动不断增加的情况下，甚至出现了大学的部分科研活动与大学本身的活动相互脱离的迹象——尽管目前这些机构仍然与大学保持着紧密的联系，甚至依附于大学。这无疑将导致学术团体理念的销蚀，学术同行之间、师生之间的私人关系日益淡薄。大学除了发挥其传统学术功能外，还被吸引承担许多校外的责任、问责和评估工作。评估工作以及其他公共问责的标准要求教师花费大量的时间和精力来完成。随着大学的日益扩展并要对校外的权威负责，大学越来越官僚化了。严重的行政控制和官僚作风对教师在学术管理中传统的参与活动以及学术氛围有百害而无一利。在公共问责制以及官僚化的今天，一度占支配地位并曾用来抑制变化的教授权利已今非昔比。高等教育领域权威的钟摆已经从教师转到管理人员和官僚体系上，这对大学造成了重大的影响。正如大家所见到的，现在越来越多的大学教师开始在意“位子”和“票子”，甚至“出现了大学教授争当处长的咄咄怪事”②。

中国高校已较为普遍地实行教师岗位设置与聘任。根据《事业单位岗位设置管理试行办法》（国人部发［2006］87号）、《关于高等学校岗位设置管理的指导意见》（国人部发［2007］59号）等文件的规定，高校教师的岗位分为十三个等级：初级岗位分三个等级，即十一至十三级；中级岗位分三个等级，即八至十级；副教授岗位分三个等级，即五至七级；正教授岗位分四个等级，即一至四级。这样分级是出于要推进高校人事制度改革，“解决以往教授的各类职称基本上都是终身制，以及‘同样职称的教授在教学和科研方面贡献不一样，也没有办法在收入等方面体现差距’等问题”③，以增强高校教师队伍活力的良好初衷。但在现实

---

① 转引自［美］大卫·科伯《高等教育市场化的底线》，晓征译，北京大学出版社2008年版，第90页。

② 樊立宏、张文霞：《教授争当处长的无奈》，《光明日报》2011年8月3日第15版。

③ 程天君：《教育改革三问》，《教育研究与实验》2011年第5期。

操作中，岗位设置却变成了另外的模式。各高校的岗位分级操作存在以下三方面问题：一是“成就”与“贡献”的标准未得以贯彻，年限成为“贡献”的基本要求，头衔成为“成就”的基本表征，两者居其一方可在分级中有戏，如此分级，无疑是另一种形式的“论资排辈”。更令人不解的是，人文社会学科由于没有院士头衔，也就没有一个一级教授。二是对应于“头衔年限奖项”的分级标准，担任行政官员的、乐于申报政府奖励的，在分级中占据优势，但学术头衔往往不是凭其学术能力争取而来，而多是通过行政职务得到的。三是高校失去了评价真正学术成就、贡献的环境与土壤，由于长期以来的学术管理缺失，除了用以上标准来分级尚有一定说服力之外，高校找不到其他可行的办法。很显然，不注重学术成就与学术贡献的分级，不但起不到激励教师的正面作用，还会挫伤教师的积极性，产生严重的内卷。没有办学自主权，就只能按上级文件的要求机械地操作，不符合具体校情、不适应学校发展要求情形的出现，也就在所难免了；没有教授治校，学术管理、学术评价就不可能推行，也就难以突出学术成就与贡献。在大学日益庞大的行政机构和行政人员对大学实施管理的过程中，“大学教师已经演变为由组织、权力和职责界定出来的被客体化了的主体，常规化和官僚化减少了他们的学术特权和学术自主性”①。行政管理者所运用的典型选择标准，延伸并影响着在大学占支配地位的学术选择标准，大学教师在管理者眼中变成一堆可以描述、算度并能互相比较的数据，创造性的学术工作在这种环境中受到抑制。在严格的科层控制下，大学教师与管理者的对峙使大学失去了作为一个相对同质的、由志趣相投的学者组成的学术社区的特征。

目前高校教师考核评价机制还不够健全和完善，尚未探索出一套行之有效又便于操作的教师评价体系，特别是商业化的考核思维与模式被引入高等教育领域，导致对教师管理实行记“工分”式的“量化评估”。将教师的教学、科研、社会服务等工作量折算为“工分”，作为奖惩、职称评聘、评优评先等的主要的甚至唯一的依据，教师成为知识流水线上的工人。为了在竞争中获胜，“教师在教学、科研工作中缺乏坦诚深入的

---

① 彭拥军：《大学教师发展——高等教育质量的新视角》，《内蒙古师范大学学报》（教育科学版）2007 年第 7 期。

交流与合作，不愿把自己的真知灼见公之于众，以免在与同事的竞争中处于不利地位。这种教师评价机制，不仅减少了教师合作的可能性，还大大增加了彼此之间的戒备心理，甚至给教师带来‘同行是冤家’的不良心态，教师对合作的认同因竞争性考核制度的影响而弱化甚至消失”[①]。就大学外部而言，随着大学财政压力的不断加大，大学之间为获得政府拨款或者私人资助而互相竞争；高质量考核等问责的压力、大学领导层对建立“一流”大学的渴望都引发学校各院系或学部之间为了争夺有限的资源和学者而竞争。尽管竞争一直是学术界的一股动力，竞争能够以多种方式帮助大学追求卓越，但是“它也会逐渐破坏学术共同体的氛围、使命和传统的价值观”[②]。“国家在给大学提供支持时行使外部权力的方式、与企业更密切合作的迫切需要和报酬、对额外收入的需要以补充政府和私人资助者所提供的经费、通过校外的公共和政治活动所带来的在获得权势和报酬上的更多机会等，对大学作为一个学术共同体都有瓦解作用。”[③] 对发现过程比其他因素更不可缺少的专门化，也在同一趋势上产生了作用，它使专门化的个人与同一大学相近学科的同事不那么抱团，而与其他大学研究同一学科的同事更抱团。随着国家在科学研究方面投入的加大，大学的科研机构兴盛起来，这带来的一个结果是大学的科学家变得不那么以他们的大学为中心了。外部资助者给予个人的基金也有同样的作用，个人与所属大学的联系被进一步削弱。大学成了为他们的研究项目提供场地、管理他们自己获得的研究经费，并提供某些便利条件的方便设施。已经被专业分化和各个系规模的扩大所削弱的作为一个共同体的大学失去了凝聚力。组织的异化导致大学自我身份的迷失，陷于对各种实际问题的服务之中而不能自拔，大学出现了“本体危机”。

---

① 张意忠：《高校教师合作：理论基础与实施策略》，《高等教育研究》2011 年第 11 期。

② ［美］菲利普·阿特巴赫、利斯·瑞比伯格、劳拉·拉莫利：《全球高等教育趋势：追踪学术革命轨迹》，姜有国等译，上海交通大学出版社 2010 年版，第 14 页。

③ ［美］爱德华·希尔斯：《学术的秩序：当代大学论文集》，李家永译，商务印书馆 2007 年版，第 83—84 页。

第三节 大学德行的堕落

大学自产生以来，就以知识传播和教书育人等学术贡献服务社会，创造性地适应人类文明进步和社会发展需求而存活久远，备受赞誉，“大学最值得珍重的社会角色，就是它在区别善恶、建立信念、认识真理、守护人类终极理想上的积极贡献”①。如今受经济全球化和市场化的影响，大学逐渐失去了理性，追名逐利，刻意追求各种奖项和荣誉，教育质量下滑、学术腐败频现、官僚习气充斥校园，引发了人们对大学问题激烈的批评，大学真的堕落了！

一 精英意识式微

在过去的精英教育阶段，“大学曾经被认为是杰出青年才能够进入的地方，上大学曾经被认为是一件值得隆重庆祝的事情，是保证个人在学术和社会地位上得到升迁的标志”②，多数大学生因此十分珍惜这来之不易的机会，勤奋向学，努力成才。而现在，随着高等教育的大众化乃至普及化，上大学已成为大众的基本权利，更多地意味着一纸大学文凭及其所表征的一种社会准入资格，与社会个体的地位、身份以及待遇之间的关系越来越淡化。政治家、教育政策评论家和学校管理者有一致的坚定看法，认为必须在社会正义和经济效率的基础上扩大教育机会，必须为先前没有需求或受到这种教育的各个社会阶层或种族，提供通过教育资格提高社会地位来实现个人抱负的机会。这极大地增加了学生的规模，扩大了大学里的学生在智能上的差异性和多样性的范围，而且极有可能使相对来说没有智力兴趣的学生比例增加，也使得大学从传统的使命上分散精力，从而引发了大学文凭的贬值。上大学不再要求特殊的学术资质，大学经历并不等于工作成功和舒适的生活，学历本身也并不预示着将来一定能取得世俗意义上的成功，它仅仅意味着人生的一个阶段，也

---

① 纪宗安、马秋枫：《先进文化与大学文化创新》，《中国高等教育》2006年第11期。

② ［英］安东尼·史密斯、弗兰克·韦伯斯特：《后现代大学来临?》，侯定凯、赵叶珠译，北京大学出版社2010年版，第2页。

不过是掌握了一种技能，普通的大学生不再对在未来获得高薪和高社会地位抱有信心，“他们被动地学习学校规定的课程，参加学校规定的考试，而这些课程对他们来说可能不是他们真正需要的，于是学生们被赶着学习，‘翘课’现象屡见不鲜，考试作弊行为屡禁不止”①。事实上，无论有的学者如何论证中国高等教育质量下滑是一个假命题，但“大跃进”式的扩招是在大学思想准备尚不充分，教育资源短缺、经费投入不足、办学条件准备不够，注重学生人文素质熏陶和生存技能训练力不从心等情况下进行的确是不争的事实。当时的规划是到 2010 年达到 15% 这个高等教育大众化的下限，但实际上是在 2002 年就超过 15%，我们的年增长率不是 10%、15%，而是 30%、40%，这样的速度显然是很不理性的。由于没有遵循教育发展的外部关系规律，高等教育未能实现量的扩张与质的同步提高既是一个不证自明的逻辑，也是一个不言而喻的现实。② 这种规模扩张和硬件导向的扩张型高等教育发展方式对教育质量、办学内涵、资源配置效率、体制机制变革关注不够，其弊病逐步凸显。大学校园因不同性质学生的加入而人满为患，人均享有的教育资源不断减少，学习满意度和目标感不断下降。大学扩招并没有带来人力资本的迅速提升，“为什么我们的学校总是培养不出杰出人才”——振聋发聩的“钱学森之问”成为中国高等教育质量问题的有力却沉重的现实论据。中国高等教育质量不高主要表现在以下几个方面。

（一）创新型人才不足

科学技术是第一生产力，创新成为引领经济和社会发展的第一动力。中外科技发展和创新给世界带来了广泛而深远的影响，共同推动着世界文明的进程，科技创新能力的高低成为衡量一个国家综合国力的重要标准之一。“创新”一词起源于拉丁语，原有三层含义：一是更新；二是创造新的东西；三是改变。美国经济学家熊彼特在 1912 年出版的《经济发展理论》一书中给“创新”下的定义是“生产要素的重新组合”或“建

① 朱晓刚：《高等教育质量：理论困惑与实践困境》，《高教发展与评估》2012 年第 5 期。

② 朱景坤：《德性大学重建：高等教育强国的一个现实命题》，载张宗荫、范笑仙《质量提升与建设高等教育强国——2011 年高等教育国际论坛论文集》，西南师范大学出版社 2012 年版，第 364 页。

立一种新的生产函数”，在世界上具有广泛的影响力。目前人们认为创新具有四个方面的内涵：提出新思想新观念；发现新规律，建立新理论；找到和使用新方法；得出新结果，创造新东西。创新是对客观世界有价值的认识、实践和改造，其主体是具有创造性的人，主要依靠人们的创造性思维，是最能体现人类主体性的高度自觉行为。

从国家发展战略来看，学术界将科技创新作为经济发展的基本战略、加大研发经费投入、大力提高科技创新能力、建立知识密集型产业、形成强大竞争优势的国家称为创新型国家。作为一个创新型国家，其科技进步贡献率在70%以上，对外技术依存度在30%以下，研发经费占GDP的2%以上。“中国科技的对外依存度在50%以上，远高于日本、美国的5%以下”[①]，中兴和华为事件充分暴露了中国教育的这一软肋，成为制约科技发展的瓶颈。归根到底，创新能力的竞争最终体现为创新型人才的竞争。中国国际竞争力不强在很大程度上是创新型人才培养不足的结果。由于创新型人才不足，大学产生原创性成果及自主科技创新的能力还十分有限，中国高等教育的国际竞争力还比较弱。在中国出口产品中，中低科技含量产品占比较大，中国仍处于全球产业价值链的中低端环节。世界经济论坛《2018年全球竞争力报告》数据显示，在140个经济体中，中国的劳动力技能水平排第63位，八项教育指标（除“教学中的批判性思维”）均排在第35位之后。[②]“教育和技能”成为影响中国全球竞争力排名的“短板。

（二）人才培养中心地位难以落实

在转型期，社会财富的分配出现不均衡、社会价值趋向多元，学生更多地把大学教育视作自己在社会中向上移动的阶梯，将学习成绩和学生工作，以及评优评先甚至入团入党等作为功利目标来追求。而目前国家的高校财政投入机制与高校教师的激励机制与教学质量关联度不大，大学管理者没有将主要的时间和精力放在教学质量的制度设计和执行上，

① 赵福军、张迪：《坚持实施“完善市场、完善政策”双轮驱动破解我国产业转型升级中的艰难困局》，《产业经济评论》2014年第6期。

② 邓莉、施芳婷、彭正梅：《全球竞争力教育指标国际比较及政策建议——基于世界经济论坛〈2018年全球竞争力报告〉数据》，《开放教育研究》2019年第1期。

大学的教师也没有将主要的时间和精力放在教学和人才培养上。而大学规模的急遽扩张更是雪上加霜，大班上课非常普遍，教师和学生之间的互动缩小到极限，严重影响着教育质量。在当前高等教育从“规模扩张”到“内涵提升”的强国战略，再到高校争创“双一流”发展战略的现实需求下，大学教师的科研任务被提到新的高度，教学与科研的天平发生严重倾斜，这在很大程度上影响了教师的教学热情，他们不愿意投入更多的时间和精力用于课堂教学和人才培养。由于大学管理者把主要精力用在提升如国家科研基金立项数量、SCI 刊文数量、被引率等可见的科研指标上。项目申报、论文发表和成果获奖就成为大学发展的第一大要务，重奖科研立项发表和成果、“不发表就出局”“非升即走”等各种奖励和晋升政策诱发了一些教师挖空心思写论文而轻视教学和育人，甚至导致学术不端行为频发。教师重科研轻教学，只教书而不育人，教师沦为单脚的“教书匠”，大学成为制器的“知识工厂”和职业“训练场”。

（三）学术腐败滋生

学术腐败是一个具有社会负面影响的问题，“它破坏了专业领域正当竞争的活力，使经济和道德水平下滑，并加剧了社会不公平”①。20 世纪 90 年代以来，在高等教育领域内，履历造假、研究数据操纵和学术剽窃等各色各样的学术不端行为日渐猖狂。曾经是思想和文化解放坚实后盾的“学术”，现在反而被另外一套严重注水的“学术”取代了：“一方面学术活动日趋行政化、市场化，学术行为极其漠视学术本身的规则和权威，形成了逼良为娼争相炮制学术泡沫的局面；另一方面学术秩序混乱，学术批评异化，平庸之作泛滥，学术创新极其缺乏。”② 学术不端、学术失范与学术腐败弥漫于整个学术界和大学校园，严重削弱了高校教师及学术共同体应有的公信力和话语权，严重影响了学术的良性发展与繁荣。

学术腐败必然导致学术失范与学风不正，而学术失范与学风不正给学术腐败以可乘之机。知名学术批评网站《新语丝》2014 年 1 月至 5 月

---

① 李军：《中国大学 3.0 模式——传统、现代与前瞻》，《清华大学教育研究》2016 年第 4 期。

② 王晓明、蔡翔：《美和诗意如何产生——有关一个栏目的设想和对话》，《当代作家评论》2003 年第 4 期。

1日有关中国学术腐败文章的统计显示，在短短四个月时间里，共有相关报道文章57篇，涉及学术腐败的高校和科研机构共31所。2017年4月21日，斯普林格出版集团发布一则撤稿声明，宣布撤回旗下医疗期刊《肿瘤生物学》于2012年至2015年发表的来自中国作者的107篇造假学术论文，涉及国内多家知名医院，涉及524名医生；2017年11月，撤稿观察网曝出，开放期刊《科学报告》的19位编委辞职，以抗议《科学报告》未能将该刊物2016年来自中国学者的一篇涉嫌剽窃的论文撤稿。[①]无论是论文撤稿还是编委辞职，都说明中国论文剽窃和造假问题十分严重，学术不端问题不容忽视。中国社会科学院2018年版《反腐倡廉蓝皮书》梳理了近20多年来国内媒体公开报道的64起学术不端典型案例。该蓝皮书公开点名的既有普通的高校教师，也有知名院校的系主任、院长、副校长乃至校长。对此，有媒体评论说“学术不端已渗透至学术界各层级”。一些杂志社和高校教师似乎心照不宣地进行明码标价式的交易，论文代写作和代发表公司已经作为第三方中介的主营业务，逐渐发展成为一种“新型产业”，形成了一条完整的产业链，甚至一些高校的海报栏里居然出现杂志组稿的业务。[②] 安徽财经大学陈忠卫教授在安徽省政协十一届二次会议联组会议上呼吁：“我们必须设法遏制愈演愈烈的科研上浮躁的社会倾向，比如花钱就能够发表论文，作科研就是一场文学堆泥游戏和烧钱行为，现如今这种行为已经见怪不怪了。”[③] 创新是学术的生命，离开了个人的独到创新，学术就丧失了它的魅力、它的灵魂、它存在的价值。剽窃、抄袭等学术不端行为，伤害的不仅是学术的名誉，而且是学术的根本。学术乃天下公器，学术不端挑战的是科学的根本精神和学界的道德规范。而学界集中的是社会的精英群体，担负着传承文化、开启民智的职责，承载的是社会良知和道德寄托，是社会道德的风向标，是不能退守的道德底线。

---

① 李志民：《聚焦“双一流”：中国离高等教育强国还有多远?》，清华大学出版社2018年版，第117—118页。

② 陈少徐：《从“创新强校”看大学德性的缺失与重构》，《高教探索》2014年第4期。

③ 常国水：《大学教授批高校学术腐败：花钱上论文见怪不怪》，2014年2月，人民网（http：//ah. people. com. cn/n/2014/0208/c358266 - 20527333. html）。

二　教育公平失却

人的属性并非先验的东西，恰是人在漫长的历史与现实环境中生成，并经由教育活动汇聚传承的，教育是人的最基本的权利。雅克·德洛尔曾指出：“当人类面临未来种种挑战和冲击时，教育将成为人类追求自由和平与维持社会正义最珍贵的工具。”① 在现代知识经济社会中，教育成为现代人生存与发展的重要保障，社会个体生存空间的获取与其所接受的教育特别是高等教育程度密切相关，教育成为现代人生存与发展的重要保障。实际上，教育公平一直是人类不断追求的教育理念和社会理想，是社会公正价值观念在教育系统中的延伸和发展。《世界人权宣言》规定：“教育的目的在于充分发展人的个性并加强对人权和基本自由的尊重。”“高等教育应根据成绩而对一切人平等开放。”②《中华人民共和国高等教育法》规定：“公民依法享有接受高等教育的权利。”③ 教育是实现社会个体向上流动，获得社会身份的重要手段和主要途径，而这种流动得以实现的前提是教育的公平，即教育机会的平等，教育资源的配置均衡。“教育公平不仅取决于资源绝对值的拥有情况，更取决于时代背景下资源拥有的相对值情况以及在此基础上形成的主体公平感”④，教育公平是促进每一个社会个体依其天赋接受良好的、适合的教育，达成人生的目标与生命的意义，以提高全体社会成员的整体素质，而不是追求平均的、无差别的教育。

近年来，国家和政府通过大众化扩大高等教育供给，通过“211”“985”“双一流”高校建设提升高等教育办学质量，教育资源短缺的问题基本解决。但在不断满足人民日益增长的美好生活需求的时代大背景下，优质教育资源短缺的问题依然突出，人民群众对优质教育资源的渴望比

---

① 国际21世纪教育委员会：《教育——财富蕴藏其中》，教育科学出版社1996年版，第58页。

② 《世界人权宣言》，百度百科（https：//baike. baidu. com/item/世界人权宣言/438255？fr = aladdin）。

③ 《中华人民共和国高等教育法》，2019年1月，中国人大网（http：//www. npc. gov. cn/npc/c30834/201901/9df07167324c4a34bf6c44700fafa753. shtml）。

④ 金久仁、龚怡祖：《促进教育公平的政府规约性责任研究》，《江海学刊》2015年第3期。

以往任何时候更加迫切，中国高等教育总体公平状况依然不容乐观，“中国高等教育在快速发展过程中，区域差异化日益明显，非正义现象日益突现”①。社会公众对教育不公平的批评仍然比较强烈，甚至有学者认为“现在教育不均衡、不公平已经到了历史最严重的时候”②。目前人们所普遍关注的高等教育不公平现象，主要涉及高等教育产业化、大学收费和成本分担与补偿、大学招生制度等问题。受高等教育的机会存在着巨大的地域差异，不仅在城乡，即使生活在不同城市的学生间，也存在不平等的竞争。法学家张千帆公开质疑高校招生制度，认为现行高校招生制度违反宪法平等，因为宪法规定“公民在法律面前一律平等”，国家的任何公权力机构不得对公民给予没有正当理由的区别对待。接受高等教育的机会是影响人一生的重要权利，而高校招生方案本身就是对考生权利产生直接和明显影响的公权力行为，显然有义务符合宪法平等原则。③ 中国现行的统一高考制度，具备了形式上的考试公平，但采取的是“分省定额、划线录取”的办法，各地录取定额并非按考生数量相对均衡分配。由于历史的原因以及政治和经济的影响，区域间高等教育资源的差异极大，这也造成各地的高考录取率差异极大。在全国 39 所“985 工程”大学和 112 所“211 工程”大学中，西部地区分别有 7 所和 24 所，占比为 17.9% 和 21.4%；中部地区分别有 6 所和 17 所，占比为 15.4% 和 15.2%；东部地区分别有 26 所和 71 所，占比高达 66.7% 和 63.4%。④ 呈现出东部地区密集，中西部地区稀疏的差异格局。北京、上海、武汉、南京等大学分布密集的大城市，其高等教育录取率达 70% 以上，而在一些中西部人口大省仅为 50%—60%。在那些教育相对落后的偏远省份，又出现大量高考移民挤占当地的教育资源和大学录取名额。有权势者可以从高考“移民”中获利，这更加凸显了权力与金钱所造成的不公正，

---

① 李晶、何声升:《省域尺度下中国高等教育的区域差异研究》,《长春大学学报》2018 年第 1 期。

② 金久仁、龚怡祖:《促进教育公平的政府规约性责任研究》,《江海学刊》2015 年第 3 期。

③ 张千帆:《我们需要什么样的大学招生制度》,《教育与考试》2009 年第 5 期。

④ 申怡、夏建国:《论我国高等教育的“不平衡不充分”及其破解路径》,《中国高等教育》2018 年第 1 期。

而且加剧了地区和城乡之间原本已经存在的教育不平等，中国高等教育成为“倾斜的天平”。

不少论者指出，城乡高等教育入学机会正不断增加，北京大学、清华大学录取农村学生数量却不断下降，这证明城乡获得优质教育机会的差距在扩大。[①] 名牌大学越来越多地接纳来自城市中产阶级家庭的学生，这些家庭拥有必要的文化资本，可以帮助其子女在激烈的入学竞争中获得成功。其实，悖论就出现在这里。一方面，从不断跃升的高等教育毛入学率上我们不难看到不断增加的高等教育入学机会，但与此同时，获取优质高等教育的竞争却更加激烈。高等教育发展的不平衡弱化了教育在削减社会贫富差距、促进社会阶层合理流动方面的作用。据一项实证研究对1980—2008年城乡学生高等教育机会演变轨迹的考察，总体上，城市学生接受高等教育的机会是农村学生的2.56倍，1999年扩招之前为2.28倍，扩招之后这一差距扩大到2.77倍。[②] 伴随着中国快速城镇化进程，大量农村劳动力进城务工，相伴而生地出现了农村“留守儿童”和城市“流动儿童”这两个总数达1亿人口的教育弱势群体和边缘化群体，其教育权利和教育机会仍缺乏充分的制度性保障，成为教育公平失却的另一个事实。[③] 根据成本分担理论，家庭在力所能及的范围内分担一定的学费是合理的，也是世界上除少数福利国家之外的通行做法。但是，一个时期以来高校收费水平及其上涨速度不仅使居民普遍感到了经济上的压力，而且在相当程度上超越了社会普遍的心理承受能力，高等教育公平问题越来越突出。“接受高等教育原本是弱势群体实现身份转换和阶层递进的基本途径，但高涨的学费渐至社会承受力的阈值，在很大程度上导致部分家庭因教致贫或返贫。”[④] 再加上大学奖、助、贷学金制度尚不完善，从而使得一部分偏远落后地区和经济状况处于劣势家庭的子女的

---

① 王洪才、张继明：《高等教育强国与现代大学制度建设》，《厦门大学学报》（哲学社会科学版）2011年第6期。

② 杨东平：《教育的重建》，上海社会科学院出版社2016年版，第11—12页。

③ 杨东平：《“中国式教育”靠什么战胜了英国》，2015年9月，腾讯网（https：//cul.qq.com/a/20150901/041136.htm）。

④ 张继明：《解构与建构：我国高等教育危机、归因及其突围》，《教育与考试》2014年第1期。

升学问题成为全社会关注的焦点。

三 人文关怀缺失

《易经》云:“观乎天文,以察时变;观乎人文,以化成天下。”“解天之文,则时变可知也;解人之文,则化成可为也。”对“人文”的关注和反思,无论中外和古今,都是人类文明史上“永恒”的话题。作为文化机构的高等学校,无论在怎样的年代和什么样的国度里,人们都视之为留守人文精神的神圣殿堂,对其始终怀有一种特殊的人文情结。然而,自20世纪以来,人类因掌握了引领时代发展的科学技术而沾沾自喜,在物质生活日趋丰富的同时,哲学和人文主义的发展却阴云笼罩,人类精神活动空间日趋偏狭。反映在学科教育上,即教育趋向职业化、工具化和功利化,劳工市场日益成为高等教育的主宰,其后果包括对最佳本科生课程表的不同意见或者完全不关心所谓的“自由教育”[1],无法传递人文关怀、人性之美。让人们真切感觉到现今中国学校教育的状况不那么乐观——缺失的恰恰就是应该具备的人文气质和人文精神。

在西方人类社会发展的历史上,科学技术的进步与市场经济的发展是相伴而生、相辅相成的,正是科学技术与市场经济的联手,使资本主义在短短100年时间内创造了比过去时代的总和还要多的物质财富。科学技术呈献出天生就具有实现人类各种无穷无尽目的的“有用性”,也使科学技术代替了人们心中闪着灵光的神祇,坐上人们崇拜的宝座。随着自然科学发展的大科学[2]化和团队化,科学研究被提升到了一个前所未有的高度,甚至出现了哈耶克和哈贝马斯等学者所批评的“科学主义”。正如杰罗姆·凯根在《三种文化:21世纪的自然科学、社会科学和人文学科》前言里所指出的,这些大科学机器创造了两个附加的问题:“其高成本意味着研究人员需要从联邦政府与/或从各慈善机构得到大量基金;只有少

---

① [美]克拉克·克尔:《大学之用》,高铦等译,北京大学出版社2008年版,第166页。

② 大科学(big science)是指近年来国际科技界提出的新概念,指那些投资大、多学科交叉、实验设备昂贵、研究目标宏大的研究项目。美国科学学家普赖斯于1962年6月发表了著名的以“小科学、大科学”为题的演讲。他认为二战前的科学都属于小科学,从二战时期起,进入大科学时代。

数在配置此类机器的地方工作的幸运的研究人员才有可能作出重要发现”①。这就使得一个僧侣在一个与世隔绝的修道院里用豌豆这种植物做实验，从而在遗传学方面做出一项重要发现，这种怪事在今天已经远比孟德尔时代要少得多。而当政府和各种社会机构成为科研资金的主要来源和各种学术活动的东道主时，许多科学家的主要忠诚对象已从他们自己所在的大学转向了这些慷慨的组织。由于从事自然科学研究的物理学家、化学家和生物学家可以为自己的研究招来大笔的资金，因而得到大学各学院的院长和职能部门的赞赏，并给予其善意的报答和额外的敬意——许多自然科学家将此视为正当所得，少数人则开始在其声明中显示出某种傲慢。自然科学家可以得到慷慨的给予，提供给社会科学家和人文学者的资金却相对少得可怜，这种不对称制造了身份上的差别，侵蚀着分权的原则，这就使“知识作为工具的优先性将人文学者和评论家置于一模糊不清的位置。除了他们之中公认的最突出的知识分子，其余这些人的写作和教学除非能与企业大学的功能相适应，否则会被资助人和管理者看作多余的”②。在自然科学的强势冲击下，人文知识遭受轻视，人文学科的空间越来越受到挤压，越是与获利有关的学科越是扩张发展，无直接便利可图的人文诸学科则自行凋敝。③ 社会科学家分裂成两个群体：一个群体加入自然科学的队伍，研究大脑活动与心理现象的关系；另一个群体选择了研究扰乱公共安宁的那些杂乱而棘手的问题，但由于缺乏一种适合于这项工作的强有力的方法，他们的努力受到了阻碍。而选择哲学、文学或历史学的人文学者受到的冲击更严重，因为他们与那些向他们的学校慷慨地赠予几百万美元的人没有利害关系。人文学科除了用微弱的声音谈论“闲暇”和“有文化的个体”之外，再也说不出什么引人注意的话来。此外，在媒体的帮助下，公众已经被说服，相信只有自然科学家才能提供解决各种严重社会问题的答案。“当诸如德里达和

---

① ［美］杰罗姆·凯根：《三种文化：21 世纪的自然科学、社会科学和人文学科》，王加丰等译，格致出版社、上海人民出版社 2011 年版，前言第 2 页。

② ［美］斯坦利·阿罗诺维兹：《知识工厂：废除企业型大学并创建真正的高等教育》，周敬敬等译，高等教育出版社 2012 年版，第 56 页。

③ 欧小军：《高等教育发展的选择：从发展主义到新发展主义》，《高教探索》2013 年第 4 期。

福柯那样的后现代主义者攻击由他们自己的知识分子家族提出的种种主张时，人文学者信心的丧失是灾难性的”①。

中国高等教育长期存在文理分家和重理轻文的现象。中国现代大学自20世纪初创设以来，科学即成为大学学科的重心。最早的大学是文理并立的，之后科学的范畴越来越大，除理论科学之外，还扩展到应用科学、社会科学，以及多类专业学科上，从此人文在大学整个知识谱系中的位置则相对地变小了，“对于什么是好的人生与什么是好的社会的伦理学的反思，已不再是教育之中心了”②。尽管20世纪90年代以来兴起的大学综合化运动和学院（学部）制改革已经部分地弥合了20世纪50年代“院系调整”对学科的人为割裂，但由于科技至上、工具理性和实用主义甚嚣尘上，大学出现了科学与人文的分裂。承载着道德教化作用的人文学科备受冷落，使得自然科学失去了先进文化的指导，忽视了对人类生存与发展的终极关怀，人文精神式微。正如丁三青所强调指出的，“大学都在高喊人文素质教育，但大家又都在忽视人文素质教育，结果是科学主义、工具主义、功利主义雄居大学殿堂，人文精神蜕变为人类中心主义。大学成了‘服务站’，大学教育成了‘快餐式教育’，大学培养出来的人，身揣各种‘硬通货’（证书），就是缺少人文‘软件’③”，这种现象已成为一个不争的现实。科学技术成为大学里的强势学科而人文学科和艺术学科则式微了，科学和社会学等实用性学科占有了大学的主要办学资源。这就使学生的培养基本上处于文理割裂的状态，人的培养变成一个“制器”的过程。大学的功能已从培养健全之国民，偏向过分充实学生“何以为生”的专业知识和技能，而放弃了“为何而生”的内在目的，在一定程度上忽略了学生人格之养成和精神境界的提升，道德逐渐成为大学教育目标中可有可无的装饰。正如牟宗三所指出的：“中国从古即说大学之道，在‘明明德’。试问今日之大学教育，有哪一门是

---

① ［美］杰罗姆·凯根：《三种文化：21世纪的自然科学、社会科学和人文学科》，王加丰等译，格致出版社、上海人民出版社2011年版，前言第3—4页。

② Robert N. Ballah et al. , *The Good Society: An Introduction to Comparative Pocitics*, New York: Alfred A. Knopt, 1991, p. 163.

③ 丁三青：《激情·理智·大学精神》，《江苏高教》2005年第4期。

‘明明德’？今日之学校教育是以知识为中心的，却并无‘明明德’之学问。”①

学生被模塑成充满竞争意识和实用技能的单向度的人，而作为人之为人的那种心灵的自由与内在的禀赋被褫夺了，成为嵌入市场竞争格局中的一种失去了本质的存在，而非胸怀天下开物成务之博雅君子，除了经济理性与技术理性的盘算外，并不去筹划自己在世的意义，更不用说对民族共同体的责任有所担当了。

① 牟宗三：《生命的学问》，三民书局 1970 年版，第 37 页。

第三章

大学德性迷失之原因分析

对大学德性的追问，正是出于大学德性的迷失及德性之于当代中国高等教育之必要，因为它可以回答究竟是什么原因导致中国高等教育陷入如此困境？目前中国高等教育发展所面临的一系列问题的症结究竟何在？考察大学德性迷失的原因离不开教育运行的现实环境，从现实环境如何影响大学德性而言，存在着许多新的变化和挑战，这个变化着的环境的十分广泛且极具影响力的特征可能包括全球化、现代性及制度化等因素。

第一节　全球化的负面效应

当下无论是在贸易领域还是在高等教育领域的人们，都身处史无前例的全球化时代，高等教育一直是作为全球化的推动者或全球化的回应者的角色而成为不断争论和研究的重要领域。德国著名社会学家乌尔利希·贝克指出："全球化指的是在经济、信息、生态、技术、跨国文化冲突与市民社会的各种不同范畴内可以感觉到的人们的日常行动，日益失去了国界的限制。金钱、技术、商品、信息、毒品都超越了国界，带来的是空间距离的死亡。"① 全球化突出地表现为观念和意识形态、资本和技术等在世界范围内的加速流动、远距离操纵、即时互动和时空压缩，从电报到电话，再经过电子计算机到国际互联网，现代通信技术和现代

① ［德］乌尔利希·贝克：《什么是全球化?》，常和芳译，华东师范大学出版社2008年版，第27页。

交通技术的发展逐渐消除了人们的时间和空间局限，把人类居住的整个世界变成现实的空间和地球村，国家和地区之间的联系越来越紧密，相互依存度越来越高。全球化使世界成为一个高速的"流变世界"，人类社会处于转型的不确定性之中，生活的方方面面都面临着严峻的挑战——它既可以产生积极影响，也可以产生消极作用，或者兼而有之。教育是受全球化影响的一个重要领域，大学天生就有着国际化的传统，可以说，大学在一定程度上是在一个更大的国际学术机构、学者和研究的共同体里运作的，因而一直以来都极容易受到国际趋势的影响。斯科特认为，全球化是当代大学所面临的主要挑战："全球化的威胁比文艺复兴时期和科技革命期间大学所受的威胁更严峻；也比工业化、城市化和世俗化的挑战更紧迫；同时还比20世纪集权主义的挑战更具威胁"①，对高等教育来说全球化是一个关键的带有正面和负面双重效应的环境因素。

一　民族文化的同化

全球化是一个表达某种发展趋势和过程的概念，其本质"是把人类作为一个整体加以考虑、审视、分析，从而处理人类共同面临的问题；承认人类社会生活的共性和人类的共同价值及利益"②。作为一种价值取向，它是在一定的价值主体推动下形成的社会历史过程，它在带来各要素在全球范围内自由流动和相互联系的同时，也凸显了霸权主义及其意识形态的全球扩张。西方发达国家居于强势主导地位，它们是全球化意义与文化的主要生产者，因而也成为全球化的主要推动者，主张"世界已经成为一体，在这个一体化的世界存在着同质的秩序、同质的文化和同质的价值追求，全球化也就是整个世界化合为一"③，它们所描绘的世界图景实际上是"同质一体"的全球化。其实，全球化是一个多维度的社会变革过程，在经济领域之外，社会、政治、文化等领域都在发生和发展着，只是范围不同、程度各异而已。用全球化研究领域的两位著名

---

① ［美］简·柯里、理查德·德安吉里斯、哈里·德·波尔：《全球化与大学的回应》，王雷译，北京大学出版社2010年版，第5页。

② 吴淑芳：《全球化进程中大学组织内外变化探微》，《中国高教研究》2012年第8期。

③ 鲁洁：《当代德育基本理论探讨》，江苏教育出版社2003年版，第182页。

学者安东尼·吉登斯和戴维·赫尔德的经典之语来说，全球化是世界范围内社会关系的日益强化。[①] 在当代或许没有哪一个国家、地区、政府、大学和其他组织能够回避全球化的影响，也没有哪一个处于社会生活中的个人能够怡然处身于全球化进程之外。

正是这种吞并和侵占的特点，决定了“全球化过程带来的决不仅仅是愉快欢乐，而是会带来许多的烦恼痛苦，因为它不但会带来融合与和谐，还会带来摩擦与冲突，在许多情况下，甚至是血与火的斗争，是生与死的抉择”[②]。20 世纪 90 年代以来的全球化发展态势表明，跨国互动与影响变得极为复杂和迅速，难以预测和控制，这个世界并没有因为全球化而变得真正“扁平”。在以西化为主导的全球化过程中，随着市场经济的发展，跨国公司的建立，国际资本的流通，“美国化”的流行，吞噬着民族国家的理念、侵蚀着民族文化的认同，没有通过文化整合创造出新型文化，反而使得民族文化被同质化了（在大多数情况下意味着被西化），“它的整体性受到挑战”，公民权和与之相伴的民族文化随着民族国家的相对衰弱而被剥夺了社会化的功能，已经逐渐衰落。诚如雅克·阿塔利在《人类的轨迹》中所说：“国家已经失去了在事件进程中的影响力，并将引导世界发展、筑起防御工事抵挡各种恐惧的全部手段让与全球化力量。”[③] 对于中华民族而言，“过去四百年是西方文明一步一步压倒其他文明的局面，华族文明（sinic civilization）自 19 世纪以降与其他非西方文明一样，都被‘边缘化’了”[④]。在国际上，在普遍交往的推动下，人类逐渐摆脱“地域性的个人”。在全世界范围内，人们的交往不分种族和民族，而是以利润为准绳，民族界限越来越模糊，民族国家的文化边界正在被消解，国家文化主权受到严重的威胁和挑战。国际合作中的非贸易倡议也具有复杂的负面影响，它将导致其他较小的或更贫穷的

---

① ［英］安东尼·吉登斯：《现代性的后果》，田禾译，译林出版社 2000 年版，第 56—57 页；［英］戴维·赫尔德：《全球大变革：全球化时代的政治、经济和文化》，杨雪冬译，社会科学文献出版社 2000 年版，第 22 页。

② 王逸舟：《当代国际政治析论》，上海人民出版社 1995 年版，第 37 页。

③ ［英］齐格蒙特·鲍曼：《流动的时代》，谷蕾等译，江苏人民出版社 2012 年版，第 118 页。

④ 金耀基：《大学之理念》，生活·读书·新知三联书店 2001 年版，第 156 页。

国家在这些计划中潜在地变得更加脆弱，一个“新的不受疆土限制的跨国政策参与者阶层”的诞生已经被视为对长久以来高等教育为国家利益服务的模式的威胁。

民族文化是一个民族的自我意识，是保持民族个性的本质要素，也因此成为一个民族国家生存与发展的核心依据。它“不仅沉淀着一个民族国家过去的全部文明成果和文化创造，而且蕴涵着它走向未来的一切可持续发展的文化基因，是民族存在和发展的全部价值与合理性所在”①，具有一定的不可通约性。伴随着全球化而来的是“文化多样化”和“政治多极化”，民族文化的“不可通约性”已成为越来越多学者的共识和当今国际格局的基本态势。现代人处于两难境地，正如联合国教科文组织21世纪教育委员会主席雅克·德洛尔所指出的：“现代人有一种头晕目眩的感觉：一方面是世界化，他们看到而且有时承受着这种世界化的多种表现；另一方面是他们在寻根、寻找参照点和归属感。他们在这两者之间左右为难。”② 大学的育人使命一向是以研究和传播文化之名造就优秀之国民，强烈的文化观念伴随着民族国家而生。伴随着经济全球化的进程而到来的是民族国家的相对衰微，它已不再是世界范围内资本再生产的首要场所，不再具有社会黏合剂的功能。在全球化经济中，文化已经完全被内化为全球资本流动的因素，它已经不是民主资本积累声称要效忠的理念。大学原本是作为民族国家的民族文化机构而存在的，民族国家的衰落及作为民族意识形态文化的衰落，转变了大学的传统作用，对大学产生了深刻的影响：大学越来越发现自己已经不再仅仅局限于一个国家或者是区域之内，而是置身于一个全球化的平台之上，成为“跨国公司资本交易中另一类型的公司”，它愈来愈从利己主义出发，服务于自身而不是社会和公众。为了有意义的和持续的发展，全球化要求获得人力和财力等相关资源以及对它们进行有效的支配和管理。目前世界上少数精英大学引领着院校管理模式和风格以及教学进程③，掌控着国际学术

---

① 黄平：《挑战与危机：高校德育的文化境遇——以建设中华民族共有精神家园为背景》，《文化发展论丛》2014 年中国卷。

② 李耀臻：《论教育国际化背景下的高校德育创新》，《思想教育研究》2004 年第 2 期。

③ 杨启光：《高等教育国际化发展的全球化视阈与战略选择》，《北京工业大学学报》（社会科学版）2019 年第 3 期。

标准，新的跨国合作项目通常都是以项目提供者来源国的体制为蓝本，也不知道它是否与东道国的教育体系、文化模式以及市场需求达成一致。高等教育国际化面临着众多挑战，最主要的是越来越严重的商业化趋势、越来越明显的同质化倾向对多样性所造成的伤害、大学和学术跨国之间的过度竞争、发展中国家的人才流失以及高等教育被殖民和民族特色静悄悄地消失。

二　失去灵魂的卓越

作为学术共同体，大学聚集着高智商有雄辩才能和学识丰富的群体，也因此聚合了被国家、社会和大众所认同的理论资源和公共信息而成为科学理念滋生的第一场所。大学本应以探究未知世界和研究人类社会运行中共同的、普遍的、回应当前的问题为目的，所做的研究和实验是与时俱进的、独特崭新的、前沿前瞻的；其认知过程直指事物的本质，充满着理性和批判。但全球化以来的新社会秩序把大学纳入全球经济运行体系当中，更加强调和突显高等教育的实际应用价值，在全球市场范围内为国家和民族利益服务。结果，学生开始把它们当作实现其经济目标的工具，以一种更现实的眼光来看待大学。像公司般经营大学改变了大学的本质，特别是商业资助项目的出现使与经济利益无关的研究项目变得无人问津，“探究未知世界的活动和大学的专业批判精神这种应然的逻辑成为极少数人的坚守，整个大学似乎已经偏离了原来的航道”①。卓越目标引导着大学的所有行为，包括它们如何为公司提供知识和合格的劳动力，以及管理者如何为了实现大学运转而完成招生和资金目标，大学的卓越失去了灵魂。

在中国高等教育场域中，现代化转型使中国的大学与西方的大学基本接轨，但似乎又走向另一个极端：经学的退出，科学的膨胀，中国在思想学术文化上发生了翻天覆地的变化，科学的地位越来越高，人文逐渐被边缘化，人文学科被忽视、贬低乃至其规模被迫缩减，大学不折不扣地降低其公共以及批判功能，“变成了只寻求知识和真理，而不是追求

① 吴淑芳：《全球化进程中大学组织内外变化探微》，《中国高教研究》2012 年第 8 期。

美、善的境界和做人的道理”①。全球化让大学成为一个处于变化不定的经济社会与文化网络中的移动点，无法准确地定位自己，被社会的无序、混乱所困扰，自身的发展诉求被解体。大学成为风标，为了取得外部的资金援助和社会资源配置的份额，被迫过分地受制于各种行政的、经济的和社会的压力，被改变和被适应的情况越来越多。全球化让一些民族国家转变为全球市场上新的竞争者，创造了前所未有的大规模的全球市场，并鼓励公立大学依市场法则行事。因此，教育日益成为经济政策的一部分，大学的发展因对经济的过分依赖而缺乏活力和自主，大学在社会实践中的主体身份模糊，陷入“要而不重”的困境。

大学的文化力量是一种不可或缺的软实力，构成大学核心竞争力，使大学在多样态下竞争。全球化是一种新的精神状态和思维方式，对传统的大学文化产生了很大的冲击，“直接影响大学内部价值观的形态、制度文化的和谐，甚至是身处其中的每个个体的文化情怀”②。全球化带来经济一体化和教育国际化发展，引起跨地区（域）和跨民族的众多文化的聚集、交流和碰撞，给本土文化带来很大影响，自然也给传递优秀本土文化的大学带来深刻的影响。正如菲利普·阿特巴赫等人所指出的：“或许全球化的高等教育最令人困惑的一点是它高度的不公平。世界最富裕国家的少数精英大学牢牢控制着国际学术标准、院校的管理模式和风格以及教学进程的发展，这些大学拥有优越的条件、预算、资源和人才去支撑一个历史悠久的模式，但却导致其他大学（尤其是来自相对落后的国家的大学）处于明显劣势。”③ 大学的文化环境日益恶化，表现在异质文化的“反向同化”和本土文化的“迁移受阻”上。

在全球化背景下，大学被新自由主义市场逻辑所控制，不再通过民族文化的生产来支持文化，不再成为公共意愿投资的优先所在，政府大规模削减高等教育投资。为了生存与发展，大学被迫寻找新的经费筹措渠道，被迫采取公司化的治理模式，强调“质量”，追求“卓越”，注重

---

① 金耀基：《重思大学之道》，《探索与争鸣》2013 年第 9 期。

② 吴淑芳：《全球化进程中大学组织内外变化探微》，《中国高教研究》2012 年第 8 期。

③ ［美］菲利普·阿特巴赫、利斯·瑞丝伯格、劳拉·拉莫利：《全球高等教育趋势：追踪学术革命轨迹》，姜有国等译，上海交通大学出版社 2010 年版，第 29 页。

量化评价，卓越不仅起着外部评价标准的作用，也起着价值单位的作用。雷丁斯认为，由于大学的“质量”是狭隘的，且由于目前大学评价的等级因素较随意、指标不可靠、分类不科学，“卓越”也是空洞的，它没有任何所指（理性和文化有明确的所指），“只是制度内部的一个价值单位，一个虚拟等级的基础单位”①。现代性条件下的物质成就是以掠夺自然和破坏生态环境的方式取得的，社会的物质文化和精神需求处于失衡的紊乱状态。现代化所带来的丰富的物质成就改变着人的精神状态和思维方式，诱发了拜金主义、物质主义和享乐主义文化的滋生与蔓延，使人类远离精神家园，大学在精神与道德层面的作用正在不断萎缩，大学及大学的培育人丢失了灵魂的卓越。

三　无边界的高等教育

全球化不仅塑造了世界经济一体化和文化同质化模式，改变了国家和地区之间的国际及地缘关系，也创造了一个各种界限日渐消融的扁平化世界，指向一个无国界的经济贸易自由化王国；产生了欧盟、非盟、东盟、上合组织、金砖国家及北美自由贸易区、中日韩自由贸易区、环太平洋自由贸易区等政治经济组织。吉登斯对于全球化这种细微而深远的影响有着深刻的洞察，他指出：“全球化不只是个‘在那里’的现象，它指涉的不只是大规模世界体系的兴起，更指日常生活本身的转变。因此全球化是一个‘在这里’的现象，甚至影响个人认同最细微的部分。”② 全球化让远距离的事件和社会事件与地方性场景交织在一起，使“在场”与“缺场”纠缠在一起，全球化“产生的问题是其本身在形式上是本土的，但却处于完全非本土的环境之中”。这种改变对社会生活各个领域都产生了深刻的影响，对包括高等教育在内的各行各业都别具意义。随着全球化的深入发展，各种资源、信息、资本和人才也在全球范围内流动，教育活动也是如此。全球化不仅塑造了世界经济和文化模式，也深深地影响着高等教育，这些关键影响包括“一个交流便捷、研究其

---

① Bill Readings, *The University in Ruins*, Cambridge, MA: Harvard University Press, 1996, p. 118.

② 鲁洁：《应对全球化：提升文化自觉》，《北京大学教育评论》2003 年第 1 期。

他信息全球传播的全球化知识体系的出现；英语成为世界科学与学术交流的主要语言；信息技术的大幅扩张”[①]，新的通信与交通技术的进步给了我们更大的流动性和新的市场，以我们从未见过的方式把国内和全球的人们联系在一起，国家之间的相互依存关系更加明显，经济全球化、文化多元化与信息网络化，使各国高等教育失去了疆界，互相走进彼此的领地，通过学术交流与合作获得共同生存和发展的空间。学者和学生的国际流动是全球化时代的一个标志，一个真正的学生和学者的全球化市场已经形成。信息及通信技术构成了另外一股全球化的动力，技术对于科学和学术、对传统大学的教学、对远程教育的可能性甚至对大学的内部治理等，都具有特别深远的影响，它为全世界科学与学术提供了更便捷的交流平台和手段。正如吉尔曼所指出的：“大学是知识的国度，超越所有国家的边界，其国民不限于任何一种语言，其所获得的知识财富不藏于任何地窖。”[②] 大学博取各方之学并向所有人敞开，一种无边界的高等教育出现了，学生为了能接受最优秀的教育而在不同的国家和地区之间进行比较和选择。

当前，经济全球化使大学“正史无前例地变成提升国家竞争力和维护世界和平的重要工具”[③]。国家和政府不仅将高等教育国际化视为政治意图、价值理念和外交策略等意识形态传播的重要途径，而且多从国家发展的战略高度审视高等教育国际化问题，无不将其作为它们的优先发展事项、机遇和可利用的资源，大学间为吸引最好的学生、国家间为建立世界一流的研究型大学而展开国际性的竞争。高等教育国际化在各个层面广泛展开，不再只是国家教育扩张与政治扩张的有效工具，而且在更大程度上成为高等教育自身发展不断完善不可缺少的重要手段。国际化成为高等教育的一个活跃领域，成为潜在的改革创新的源泉，在院校、国家和国际层面促进新的政策、项目与实践的发展。国际化在客观上提升高等教育品质的同时，也造成了国际、校际在师资、生源、经费和成

① ［美］菲利普·阿特巴赫、利斯·瑞丝伯格、劳拉·拉莫利：《全球高等教育趋势：追踪学术革命轨迹》，姜有国等译，上海交通大学出版社 2010 年版，第 3 页。

② ［美］丹尼尔·柯尔特·吉尔曼：《美国大学的问题》，兰玉译，浙江教育出版社 2019 年版，第 34 页。

③ 刘江南：《美国高等教育国际化动向及其战略意图》，《中国高等教育》2011 年第 9 期。

果等诸多方面的残酷竞争。高等教育国际化迎来的是规则竞争的时代，也可能是“赢者通吃”的时代。因为这些变化有助于出版商、数据库以及其他关键资源的所有权越来越向强大的大学和跨国公司集中，而这些大学和公司大部分都位于发达国家。[①] 如英国的爱思唯尔、德国的斯普林格、美国的约翰威立、美国的世哲以及美国的 IEEE（电气与电子工程师协会）五大国际权威学术期刊出版商，全都分布在英美德三大老牌资本主义国家。这五大出版商控制了全球 50% 的科学出版物，以爱思唯尔为例，这个出版社拥有《柳叶刀》《细胞》（医学方向）在内的 2500 多种学术期刊。清华大学苏世民书院于 2013 年 4 月启动“清华大学苏世民学者项目”，旨在培养推动不同文明间相互理解与合作的全球未来领导者。在为期一年的硕士项目中，他们可以选修公共政策、经济管理、国际研究三个专业，必修课包括“中国文化、历史与价值观”“全球经济中的主要问题”“领导力”“比较政治学”和“国际关系中的主要问题”等。英国罗德奖学金[②]启动 100 年来，被视为同类项目中极具雄心的一个。2014 年 5 月成立的北京大学燕京学堂为未来的“世界领袖”提供为期一年的、全英文授课的中国学硕士学位课程，以“跨文化交流：聚焦中国、关怀世界”为基本定位，为世界范围内各类组织培养沟通中国与世界的人才。之后，在中国的各类高校中雨后春笋般地冒出很多立足精英人才培养的学院或书院，如南京大学的匡亚明学院、浙江大学的竺可桢学院、东南大学的吴健雄学院、华东师范大学的孟宪承书院、江苏师范大学的敬文书院、中国矿业大学的孙越崎学院等，这些努力是激烈的高等教育国际竞争的一部分。

传统上，大多数国家都视高等教育为“公共产品”和“国家责任”，大学学习与研究当然有利于个人发展和个人财富的获取，但是社会也因此受益，如提高了劳动生产率、促进了国家目标的达成等。但高等教育也日渐成为一种可交易的教育商品，或者更准确地说，在服务贸易总协

---

① ［美］菲利普·阿特巴赫、利斯·瑞丝伯格、劳拉·拉莫利：《全球高等教育趋势：追踪学术革命轨迹》，姜有国等译，上海交通大学出版社 2010 年版，第 7 页。

② 罗德奖学金以塞西尔·罗德（Cecil Rhodes）之名命名，罗德本人是一个传奇，他公开支持英国的文化帝国主义。罗德奖学金的目标人群是包括美国在内的英国殖民地的优秀青年人，选派那些未来的“世界领袖”到牛津来吸收“世界级”的学术文化。

定里它成了国际上可以交易的一项教育服务，国际化使高等教育愈加商品化和商业化。在高等教育政策方面，“性质发生了明显的变化，‘私人产品’观念持续增强，公共产品观念不断削弱，高等教育成本的分摊也受到影响，大学—政府—市场关系发生了明显的重构”[①]。作为一种替代，为满足日益增长的高等教育发展需求，许多国家采取各种方式引入私人资本；有时通过收取学生学费，有时通过私立高等教育机构的扩张；再就是扩大国际学生的招生。国际学生已经成为“大生意”，他们的学费和其他花费为他们所就读的大学带来了不菲的收入。在大多数情况下，高等教育机构混合采用这三种方式来增加经费，而纯粹由公共经费支持的高等教育系统则越来越少。在美国，大学管理者的眼睛都盯着外国留学生，这些留学生会给学校带来额外的学费收入。因此，越来越多的大学开办了海外校区——约翰·霍普金斯大学的迪拜医学院、欧洲工商管理学院新加坡校区、凤凰城大学鹿特丹分校等。这是一项巨大的、不断增长的产业：2000 年，美国从教育和培训出口中获得了 140 亿美元的收入。[②] 随着出国留学生数量的逐年增加，传统高校和国际教育项目的新型提供者也逐渐增多，不只是学生在流动，跨境教育项目和提供者也在流动。越来越多的学生在他们自己的国家里通过特许、结对子、远程教育或分校等不同方式来接受高等教育。这一发展趋势在中国也极为明显，中外合作创办的大学就有宁波诺丁汉大学、苏州西交利物浦大学、昆山杜克大学、上海纽约大学、深圳北理莫斯科大学、温州肯恩大学、福州墨尔本理工学院、苏州百年职业学院、广东以色列理工学院、江苏圣理工学院等；香港和澳门的大学不仅逐步扩大在中国内地的招生规模，而且纷纷开始在粤港澳大湾区中国内地开设新校区，如香港中文大学深圳校区、北京师范大学—香港浸会大学联合国际学院、香港城市大学深圳研究院、香港科技大学深圳研究院、澳门大学横琴校区、澳门科技大学珠海校区等；中外合作办学项目更是不计其数。这些学费导向的欧美高

---

① 蒋凯：《全球化与高等教育：研究的主题、进展与框架重构》，《大学教育科学》2013 年第 2 期。

② ［美］大卫·科伯：《高等教育市场化的底线》，晓征译，北京大学出版社 2008 年版，第 210 页。

校或合作项目“在教育上它们可能意味着跨境教育的发展和创新，在经济上也是有效和有收益的”①。但全球化背景下的高等教育国际化在校际和国际上造成了大量的学术竞争，也产生了许多误解和混乱。由于缺乏明确的国际性通用学术评价标准，学术竞争并不一定会带来学术增长，反而可能导致资源浪费以及冲突。

第二节　现代性的不良后果

波及全球的现代化进程和现代性生活方式正未有穷期地增强着全世界的社会整合，急剧的社会变革与转型，既给人类带来极其丰富的物质财富和一种“解放”的快感，也给人类带来了茫然无所适从的迷失感和一种“剥夺”的悲苦。布莱克指出：“必须把现代化看作具有创新和破坏作用的过程，它既提供了新的机会，也可能使人类付出混乱和痛苦的极大代价。”② 高等教育原本就是一个巨大的社会系统，其健康发展要靠自身的努力，更离不开整个社会的支持；其遭遇的困难既有自身的原因，也与时代攸关。现代大学作为一个社会机构，同样无法回避现代性问题，“逻辑上，所谓现代大学就是近代大学为现代性逻辑俘获后，进而自觉现代化的结果”③。没有现代性的兴起就没有今天的现代大学，大学德性问题的出现，有其自身的原因，更受其所处的经济社会大环境的影响，同样源于现代性逻辑的扩张，是现代性的不良后果。

一　不完整的现代化

哈贝马斯认为：“现代性是一场尚未完成的谋划。”④ 现代社会具有变迁的性格，在变迁中实现社会生产力的进步和现代文明的确立，在变迁中走向政治民主化和经济全球化，在变迁中逐步实现着现代性的价值与

---

① 裴宜理：《学术竞争的风险：过去与现在》，《清华大学教育研究》2015 年第 1 期。

② ［美］C. E. 布莱克：《现代化的动力：一个比较史的研究》，景跃进等译，浙江人民出版社 1989 年版，第 24 页。

③ 王建华：《我们时代的大学转型》，教育科学出版社 2012 年版，第 7 页。

④ ［德］哈贝马斯：《现代性的地平线：哈贝马斯访谈录》，李安东、段怀清等译，上海人民出版社 1997 年版，第 122 页。

期待。现代化还“在路上”，我们面对的是一个不完整的现代化。

（一）理性与信仰的对峙

随着文艺复兴与宗教改革的兴起，哲学家开始以理性之名开展广泛的“启蒙运动”，用理性重构历史，现代性的地平线落在欧洲大陆。以此为界标，“人类现代化的历程，即知识或科学价值重新被发现的历程”[①]。启蒙的本意是人类凭借理性实现自身的解放，将“人性”从“神性”的束缚中解放出来，从而拒斥上帝为人类提供的天国解放之路，“这意味着人的精神不再与‘神’具有绝对价值的本体关切”[②]。人仅仅成为一个现世的存在，那些终极的、最高贵的价值，已从公共生活中销声匿迹。鲍曼在对现代性与大屠杀的研究中指出：“将目的行动从道德限制中解放出来，现代性便使得种族大屠杀成为可能。现代性尽管不是种族大屠杀的充足理由，但却是必要条件。”[③] 人们纷纷把目光投向科学与理性，并把它们奉为未来社会的希望，人们不再对神性顶礼膜拜，上帝的地位发生了动摇。于是，科学一方面“成为一股纯主观或纯主体的力量”，另一方面又被作为“一把普遍性（普适性、放之四海而皆准）尺度去度量对象世界”。获得“启蒙”的人们开始高扬“科学民主”的大旗，沉浸在世俗世界的丰功伟绩之中，“天国福祉”的召唤被彻底遗弃了，“信仰”与“理性”被二元对峙地分开了。“信仰”被谬为对宗教的狂热和对尘世的反动，“理性”被奉为现世生活最真实的依靠，曾经被宗教、哲学接受和肯定的思想受到了科学的挑战，对科技理性的顶礼膜拜导致了对价值理性的放逐。

在“工具理性”鲸吞之势中信仰被工具理性所颠覆，人们对价值理想与价值信仰置之不顾，而是在世俗中浮躁地、功利性地狂欢。在现代化过程中，一个不争的事实是工具理性与价值信仰的对峙造成工具理性的僭越和“去终极性”的“世俗化”，现代性价值系统处于颓废状态和危机之境。这显然背离了“理性”的初衷：“启蒙大师们号召‘大胆使用理

① 罗勇：《理性与启蒙的困惑：知识分子、大学与现代性的悖论》，硕士学位论文，汕头大学，2011 年，第 36 页。

② 金生鈜：《规训与教化》，教育科学出版社 2004 年版，第 138 页。

③ ［英］齐格蒙特·鲍曼：《现代性与矛盾性》，邵迎生译，商务印书馆 2003 年版，第 76 页。

性’的根本目的在于对人性的解放，在于对真正自由与幸福的眷顾，在于对人之本真性的回归与解放”①。而“工具理性”恰恰将人这个最真切的目的游离于自身之外，将包括人在内的一切都简化为手段和工具，从而进入对教育本身道德内涵的集体无意识状态，走入教育的“现代化陷阱”之中。另一个事实是，在世俗中狂欢的人们表现出对思想和精神、道德和信仰等终极关怀的漠视和对当下、对名利、对肉体的追求与满足。斯宾格勒预言了在这种背景下西方文化在道德与精神上的死亡。② 没有终极关怀的呵护和终极价值的追问，人们要么在生产与消费的圈子里做低阶的“世俗循环”，要么拒绝崇高而在当下的欲望满足与渴求中沉沦。这无疑有悖于人是“精神性规定”的动物这一本质属性，而使人沦为“经济性”的动物。于是，现代社会出现了价值理性和工具理性、人文精神和科学精神的对立与紧张，科学精神压制人文精神、工具理性压倒价值理性的场景比比皆是。伴随着原子弹在日本广岛和长崎的爆炸，环境破坏带来的生态危机，人类干细胞克隆技术所带来的伦理危机，艾滋病病毒、非典型性肺炎病毒、新型冠状病毒、埃博拉病毒等疾病的流行与肆虐等，单纯由工具理性所主导的自由大学的存在对社会而言将是一个潜在的巨大威胁。

（二）整体与局部的紊乱

现代化本应是一种生活方式、制度安排、文化精神和价值取向，即社会经济体系、政治体系和文化体系有序存在、有机耦合、同步发展的全面系统的现代化。正如金耀基所强调指出的：“中国现代化当然不只限于经济的现代化，它应该包括文化社会的各个面向，诸如政治、教育、思想等；它所冀求的价值，除物质的富足外，尚有民主、自由、公正和滋润心灵、丰富生命的艺术、音乐等。这些价值与经济性的价值有关，但却无必然的关系。”③ 然而，价值信仰的抽离、工具理性的僭越以及对现代化“唯经济性”的理解，突出了高等教育的外在特征与功利目的，忽略了高等教育立德树人的合目的性方面，使现代性社会价值系统、政

① 崔振成：《现代性价值系统危机与价值观教育》，《教育理论与实践》2012 年第 4 期。

② 崔振成：《现代性价值系统危机与价值观教育》，《教育理论与实践》2012 年第 4 期。

③ 金耀基：《从传统到现代》（补篇），法律出版社 2010 年版，第 10 页。

治体系、经济体系出现了紊乱与失衡。人们较为普遍地认为："现代性的建构最本质地表现为经济的突飞猛进，而价值系统的建设、价值理想的认同等则被视为无足轻重而遭受了边缘化的境遇。"[①] 把高等教育的发展限制在经济学的视野，其潜在的命题是高等教育对所培养人的经济定位，高等教育本身便失去其"公益"的崇高与神圣，失去其"为人"的合目的性，陷入"商人"的泥潭之中，变得功利化、工具化。正如让·弗朗索瓦·利奥塔在《后现代道德》引言中所指出的，"当今，生活快速变化。生活使所有的道德化为乌有"[②]，人们上大学的目的在于通过努力获取竞争优势，谋取更好的职位和升迁，获得更高的社会地位，满足个人内心永无止境的物质权力欲望，改变自己的人生境遇。大学这个系统成功与否的一个衡量标准是它对经济发展有多大贡献，经济学家用以衡量高等教育的主要贡献是被其称为的"人力资本"的生产和分配。

即使远未达至成熟的现代化阶段、尚处在现代化进程中的中国，对现代性存在着很深的"误解"：现代化即是以"民富国强"为指向的经济现代化，它的内涵主要是经济和物质的指标，而价值体系和制度安排则被抽离，出现了事实上的物质文明和精神文明一手硬一手软现象，如何从富强走向文明依然是个待解的命题。因此，在中国的现实语境中把握现代性社会前进方向、解释现代性的合法与正当的"价值系统"遭到了事实上的放逐。正如许纪霖所指出的：

> 绵延了一个半世纪的强国梦之中，实际包含着两个梦想，一个是富强，另一个是文明。在现代中国大部分岁月里，一直是一个梦遮蔽了另一个梦：富强压倒了文明。而富强梦的背后，有一整套从上到下都信奉的意识形态，这就是19世纪末传入中国的优胜劣汰、适者生存的社会达尔文主义大行其道，它深刻地改变了中国的社会、中国人的精神状态，也造就了中国的现实。[③]

① 崔振成：《现代性价值系统危机与价值观教育》，《教育理论与实践》2012年第4期。

② 转引自袁祖社《文化的伦理本质与现代德性生活的价值真理》，《北京大学学报》（哲学社会科学版）2011年第4期。

③ 许纪霖：《启蒙如何起死回生：现代中国知识分子的思想困境》，北京大学出版社2011年版，自序第1页。

更令人匪夷所思的是，中国的现代化还在路上并未完成，却“也出现了西方资本主义国家早期工业化过程中的弊端和现代资本主义社会的病态”[①]，遭遇了价值系统的危机与混乱。

（三）社会与时代的割裂

首先是科技与灵魂的割裂。“知识就是力量”，“科学技术是第一生产力”，科技的进步不仅极大地改善了现代人的物质生活条件，而且成为人们“具有信仰寄托性质的心灵存放地”[②]，理性主导的科技至上成为现代社会得以迅捷发展的基本动力。随着学科领域的窄化和专业分工的细化，现代人越来越难以理解科学的内部机制，这种神秘感进一步强化了现代人对科学的崇拜，科学家和科学知识被赋予“如同我们的前辈承认牧师和宗教教义所拥有的地位”[③]。但是，科学技术也是有灵魂的，它从来都不单单只是理性的，科学发现也具有社会和文化意涵，科学的真理始终历史性地镶嵌于并始终连接于人类的目的。这个灵魂是以人类的福祉为价值追求的，在人格和道德的引导下，最终指向人类进步的崇高之善境，而绝不仅仅是对周遭世界真理的把握。科学技术缺失道德作为灵魂的引领必然会陷入无信仰的、不道德的伪科技中，给人类自身带来理性自酿的危机与风险。“对工业发展风险的科学关怀事实上依赖于社会期望和价值判断……没有社会理性的科学理性是空洞的、也是危险的”[④]。如人类转基因技术的发展、网络技术的发展、生物克隆技术的发展、人工智能技术的发展、原子能技术的发展、地球生态环境的恶化等，都使得科技道德伦理显得比过去任何时候都更为迫切和重要——科技失却灵魂，就失却了道德规约，就会给人类社会带来不负责任的戕害和对自然环境的巧取豪夺。

其次是知识与德性的割裂。在过去，知识与德性是合一的，知识是

---

① 秦晓：《当代中国问题：现代化还是现代性》，社会科学文献出版社 2010 年版，第 11 页。

② 高德胜：《知性德育及其超越——现代德育困境研究》，教育科学出版社 2003 年版，第 59 页。

③ ［英］巴里·巴恩斯：《局外人看科学》，鲁旭东译，东方出版社 2001 年版，第 1 页。

④ ［德］乌尔里希·贝克：《风险社会》，何博闻等译，译林出版社 2004 年版，第 30 页。

为德性之知识，德性乃有知识之德性，人们只要获得关于德性的知识，就能够拥有德性，就能够做有道德的事。《周礼·保氏》曰："养国子以道，乃教之六艺"，君子既要学习六艺的知识，又要躬行道德实践，是知行合一，无法分离的。知识经济时代的来临已经成为真实的际遇，被奉为圭臬的知识将现代人置于精致的数字化、计算化、精准化与效率化的生活方式之中。知识的内容发生了很大的变化，从过去的有关自然和宇宙、社会和伦理的价值性知识的士大夫之学，变为分门别类的专业知识的专家之学。知识的地位在上升，以道德为中心的规范知识（处理的是事物应当如何的价值选择）逐步让位于以科学为中心的自然知识（处理的是事物是什么样的客观事实），传统的天理观逐渐演变为科学的公理观。这样的知识在逻辑与抽象的狭隘空间里按照自己的轨迹演绎着，已经不再是苏格拉底意义上的"知识即美德"，也不再是中国过去学问中重要的做人之学和建立良好社会道德秩序之学。现代知识与人的相隔也导致知识与德性的割裂，"苏格拉底的教诲异化了，无德的知识承诺了人的幸福计算，'有知''无德'成了发展方向"[①]，教育作为人类自我成长的精神内涵开始加速流失。知识的道德阙如，导致知识的信马由缰，人们只关注对世界"是什么"的追问，而漠视了对世界"为什么是"的省思。知识与德性的割裂使教育成为"理智知识和认识的堆积"，而不再是"人对人的主体间灵肉的交流活动"，致使大学丢掉了自己的本原使命，教师泯灭了对学生的教育意义，学生也混淆了求学的真谛，不知道自己为何而来、向何处而去。正如罗伯特·赫钦斯所说的："人还剩下什么？一个带着科学王冠的消费者。"[②] 从根本上讲，就是因为现代大学所传授的学问多是"认知性"的，而非"道德性"的。

最后是事实与价值的割裂。现代性解放品性的重要体现是个体对事实占有的合法化，不过，这种事实性占有还需要价值的规约与考量，不能无限地向自然与他者攫取。而异化的现代性由于人为地将事实与价值割裂了，"自我作为事实占有的目的不再照顾他者，不再考虑限度，也失

① 曹永国：《自我与现代性的教育危机》，福建教育出版社 2009 年版，第 57 页。

② ［美］罗伯特·赫钦斯：《美国高等教育》，汪利兵译，浙江教育出版社 2001 年版，第 59 页。

却了方向的有效思虑和引导"[①]。在大学中，事实与价值的割裂产生的是没有灵魂的专家学者，他们被规训于特定的学科，局限于特定的专业分工，引起最广泛的批判与反思。[②] 其实，"康德关于必须把人当作目的而不能当作手段的准则不是像他想象的那样是一种理性的伦理准则"[③]，如果这种目的仅限于没有任何让渡的事实占有，无价值规约的狭隘的自我，必然引起人与人之间的对立、不信任、相互算计和自我价值观的迷惘、困厄与颓废。

二 深刻的社会转型[④]

现代性意味着人们理解自己、世界以及调节价值的方式的变化，在现代性中，价值丧失其基础，社会处于深刻的转型中。第二次世界大战以后，在工业化的主导下，人类社会被工具理性所重建。沃勒斯坦以世界体系理论为框架，通过对 1945 年到 1990 年周期性变化的剖析，认为世界体系的趋势已处于某种转型性质的不确定性之中，"整个世界体系充满着巨大的政治不确定性与思想上的混乱，并普遍存在着社会忧虑"[⑤]。今日之中国高等教育正经历着又一次重大转型，大学处于急剧变革之中，"教育的转型始终是社会转型的结果与症候，要从社会转型的角度入手来说明教育的转型"[⑥]，中国大学德性的迷失是社会问题的缩影，存在着十分深刻的制度文化根源，与其所处的社会转型期以及社会转型的特点密切相关。

（一）非内生性转型下的被动应对

在近代"西学东渐"的文化迁移趋向下，中国的现代化走的是一种

---

① 崔振成：《现代性境遇下道德教育的价值沉思》，《南京社会科学》2014 年第 4 期。

② 罗勇：《理性与启蒙的困惑：知识分子、大学与现代性的悖论》，硕士学位论文，汕头大学，2011 年，第 27 页。

③ ［美］莱茵霍尔德·尼布尔：《道德的人与不道德的社会》，蒋庆等译，贵州人民出版社 2007 年版，第 35 页。

④ 在本书中，社会转型与社会现代化是同义语，意指社会从传统型向现代型的过渡，或者说从传统性社会向现代性社会转型的过程。

⑤ 吴英：《沃勒斯坦怎样看待资本主义世界体系的转型——评〈转型时代〉》，《世界历史》2003 年第 1 期。

⑥ ［法］爱弥尔·涂尔干：《教育思想的演进》，李康译，上海人民出版社 2003 年版，第 231 页。

后发外生型的转型之路，表现为现代因素本土化和本土因素现代化双向趋近的复杂过程，面临着如何对待外来的现代因素、内在的传统因素以及在内外因素结合过程中现代因素如何生成和发展等复杂问题。金耀基指出："中国原来是一相当圆满具足的社会文化体系，但自清末以还，迭受帝国主义之侵凌、国将不国，乃有各种基于雪耻之心理而展开图强的现代化活动。"[①] 这种以"救亡图存"为指向的"中学为体西学为用"的现代化是后发外生型的，其初期总是以向日本、德国、美国等先进的西方国家借取经验为主，自然也就出现大量文化"借取"现象。在教育领域，自清末废科举以来的教育改革，基本上是朝向西方的学校模式的，"这从大学的组织形态，课程结构以至学术性格，都可见出华人的高等教育的西化取向，毫无疑问，华人教育的西化取向是百年来华人社会整体西化的一个构成部分"[②]。体现在近代高等教育的发展上，一方面希望很快改变高等教育落后的现状，在最短的时间内实现高等教育由精英到大众化乃至普及化的跨越，尽快建成若干所"双一流"大学以实现从高等教育大国向强国的转变，因此"从一开始就具有被动、急迫、依靠政府权威推动、急于追赶的显著特点"[③]。显然，这一宏伟目标的实现在客观上需要政府的强力推进，需要在短时间内规模的显性扩张，形成一种浮躁焦虑心态，也必然会强化一种具有功利主义色彩和官僚主义的干预文化，造成"没有标准的选择"带来的不幸后果都被"他山也如此"的从众心理所稀释。在盲目的"他山之石可以攻玉"心理的作用下，缺少了理性与谨慎的人们在"他山之石"的镜像中，在宁愿放弃"摸着石头过河"的教诲中铤而走险，"受教育的机会、受教育的权利，教育资源与结果，都在这一洪流中挣扎"[④] 着。高等教育市场化、商品化、产业化，出现了层出不穷的"办证"电话与公开的、隐秘的文凭兜售……高等教育被当成拉动经济增长的手段，标价卖给追求生存空间的求学者，教育也成为商人绝好的商机，大学正自觉或不自觉地偏离大学办学规律和教育

---

① 金耀基：《从传统到现代》（补篇），法律出版社 2010 年版，第 14 页。

② 金耀基：《大学之理念》，生活·读书·新知三联书店 2001 年版，第 160—161 页。

③ 廖志坤：《当前我国高等教育发展过程中的非教育性倾向探析》，《高等教育研究》2010 年第 10 期。

④ 孙彩平：《教育的伦理精神》，山西教育出版社 2004 年版，第 12 页。

教学规律。而高等教育本身得到的是人们对它的失望与不信任，大学不再有精神上的神圣与尊严，而日渐成为部分人谋利的场所。

在转型过程中，还要积极回应外来因素对中国大学传统学术标准和固有单位制管理模式的冲击。西方发达国家已经处于由工业文明向后工业文明的转型时期，由现代向后现代迈进，后现代主义的思想文化、经济运行方式和生活方式迅速地传入刚刚迈向现代化进程的中国，从而使农业文明、现代文明、后现代文明以共存的方式摆在中国面前，既有农业社会向工业社会过渡的问题，也有工业社会向知识经济社会过渡的问题，跨越历史双重的任务更加艰巨。特别是这几种文明代表着不同的思维方式和价值取向，三者的并存彰显了中国社会深层的结构性矛盾和制度失衡。这也使中国高等教育陷入了尴尬的境地，不得不重新审视高等教育的目标和手段之间、高等教育的规模与品质之间、高等教育重心和价值平衡等方面的问题。

（二）非主体性转型下的盲目吸纳

中国具有源远流长的社会发展历史，也具有高度成熟的中华民族传统文化，自然也不乏古老的高等教育机构——从“弟子三千”的孔子私学到“百家争鸣”的稷下学宫，从太学、国子监到书院、科举，中国式“大学”虽一直不绝如缕，但却没有能够产生现代的大学制度。因此，中国高等教育的发展具有强烈的西方文化导向特征，19世纪末20世纪初，伴随着欧风美雨，作为西方制度文明的重要部分，现代大学漂洋过海来到了古老的中国。在过去100年里，中国教育的发展大多处于模仿他国阶段，大致是20世纪初，先则模仿日本（特别是在政法教育上，在大学课程中如政治学、经济学、社会学、哲学等学科的名词皆是从日文转借而来的），上半叶则取法欧美（德国和法国），下半叶则移植苏联（大学的组织形式、教科书以及教学方法，几乎是全盘模仿），80年代之后，美国的影响重新占据统治地位。在借鉴别人经验的时候我们基本上是全盘否定自己，反封、反帝、反修，一路否定过来。由于缺乏文化自觉和主体意识，带来无批判、无鉴别地盲目吸纳和输入，使西方各种高等教育理念、制度甚至教育思潮和管理时尚一拥而入，在“发挥积极指导作用的同时，文化传统在交流中的误读、‘食洋不化’或‘南橘北枳’的异变所造成的冲突，也给中国高等教育发展带来不小的混乱和损失”[①]，教训深刻。

确实，中国的高等教育规模不断扩大、市场的参与度逐渐提高、国际化程度越来越高、大学学科也越来越齐全，在国际性大学排行榜的排名越来越靠前、入榜学校越来越多。但是，高等教育的核心使命却越来越模糊，整体教育质量和效益并不明显，一些高等学校迷失在市场经济的大潮之中，在教育产业化的道路上渐行渐远；在综合化的幌子之下，许多高校盲目攀比跟风，“升格”“改名”“合并”之风盛行，巨型大学不断出现，但许多传统优势和办学特色却丢失了。这些现象充分反映了高等教育理念的混乱和稚嫩，各种高等教育理念多元共存、相互激荡，但尚未得到有效的整合，还难以为改革进程中的中国高等教育提供正确而有效的指导，这也恰恰成为制约中国高等教育健康发展的根本问题。

（三）非均衡性转型下的教育失衡

就国情而言，中国是一个历史悠久、幅员辽阔的多民族国家，文化天生就具有多样性和差异性。由于历史原因和自然环境本身的差异，中国中、东、西部地区的经济发展水平和社会文明程度不均衡，存在着阶梯形落差，这也造成东南部沿海地区现代性成长快，中部相对较慢，而西北部地区则十分缓慢。另外，国家对不同行政区的政策也存在着一定的差异，带来不同区域间的差异化发展格局。胡鞍钢将中国经济发展的状况概括为“一个中国，四个世界；一个中国，四种社会”[②]。文化、经济、政治三个方面的不平衡，给中国社会带来了多样化，也对高等教育发展产生了很大的影响，即我们所看到的高等教育发展的严重不平衡。

从中国发展的历史而言，西方学者艾森斯塔特、威特福格尔等指出，中国在过去2000年中，从没有发生过“全部的”“原级社会的”及“永久性”的变迁，而只有“适应性的” “次级社会的”及“循环的”变迁。[③] 金耀基在研究鸦片战争后中国的巨变时指出，“中国这一巨变是以

① 张乐农：《大学文化建设困局探索》，《文化学刊》2012年第3期。

② 胡鞍钢：《中国战略构想》，浙江人民出版社2002年版，前言第1—3页。

③ S. N. Eisenstadt, *The Political System of Empire*, N. Y: Free Press, 1963, p. 323. K. A. Wittfogel, *Oriental Despotism*, Yale University Press, 1958, p. 419.

器物技能之变为起点，再进于制度之变，而以思想行为之变为最后阶段的”[①]。1978 年改革开放之后，中国进入社会转型加速期，并呈现出政府与市场双重启动、结构转换与体制转换同步推进的特点，但“从社会转型中现代性因素生成和发展程度来看，中国社会转型表现为由器物层面到制度层面再到文化层面的由表及里、逐渐向深度发展的过程”[②]。特别是在很长一段时间内，我们以为社会主义现代化就是经济现代化，错误地理解了“增长”与“发展”之间的关系，从而造成片面追求 GDP 的增长，像社会公平、社会福利、公共卫生、文化教育等一些社会进步因素往往被当作经济增长的代价而被牺牲掉了，从而造成中国经济现代性成长较好，政治次之，文化与社会现代性成长缓慢。这种社会转型的非同步性使中国经济社会处于广泛的非平衡状态，特别是中国社会依旧长期处于城乡二元结构下，而且农民、农业、农村在二元结构中占据主体。在经济体制上我们虽然已经建立起社会主义市场经济，但从发展水平而言，存在着城乡、工农、区域间的严重不均衡，基尼系数早在 2001 年就超过国际警戒线。现代化的变迁同时也是一个城市化的变迁过程，人口、资本、知识和教育资源向城市特别是大都市高度集中，现代的都市成为社会政治、经济和文化的中心，城乡和区域差距逐步拉大，导致高等教育发展的不均衡，弱化了教育在促进社会合理流动、削减社会贫富差距等方面的作用。社会转型的非同步性，也使与政治高度关联和政府高度隶属的中国大学成为“中国社会转型中最后一个堡垒”，有限的教育资源受到体制性障碍的严重影响，高等教育管理体制改革和运行机制创新相对滞后的问题越来越凸显。市场法则、商业行为的侵入和经济发展的区域性不均衡格局使大学不再置身事外。但与此同时，学校办学自主权既未得到真正尊重和切实落实，学校自我约束、自主发展、社会监督的办学机制也未完全建立，导致大学失序现象较为普遍和频繁地发生。

（四）非连续性转型下的制度断裂

中国现代化不是也不能是摆脱历史的运动，中国的现代化是在中国的历史中进行的。中国的近现代大学发展本身就是制度强力变迁的历史，

---

① 金耀基：《从传统到现代》，法律出版社 2010 年版，第 59 页。

② 刘祖云：《社会转型解读》，武汉大学出版社 2005 年版，第 8 页。

20 世纪中国的社会转型与变迁和教育现代化包括了渐进性改革和革命性突变两种不同的类型和过程，但主要是由社会革命性突变所造成的“强制型”制度变迁——清末废科举兴新学、民国时期取法德国的现代大学改造、新中国成立后的社会主义改造和“全面学苏”，“文化大革命”对新中国成立后 17 年高等教育的两个“估计”等，都属于一种制度的突变，这些使高等教育发展经历了多次巨大的“断层”，学术的传统和精神在这些断裂的过程中不断丧失。特别是 20 世纪 50 年代中期以后，国家的发展路线从以经济建设为中心转向“以阶级斗争为纲”，反右、“大跃进”、人民公社运动，尤其是“文化大革命”等一系列政治运动使中国的教育事业遭到了严重挫折。我们仅以“文化大革命”为例，在这场长达十年的内乱中，中国的高等教育受到了严重的冲击和摧残，大学被迫纷纷关门停招，致使 70 年代大学的入学人数只有“文化大革命”前的三分之一。

1971 年《关于高等学校调整问题的报告》提出：工科院校一般保留下来继续办；农科、医科、师范院校，多数保留下来继续办，少数改为中专或被合并；综合大学一般先保留下来，通过教育改革实践再解决如何办学问题；少数将文、理分开，理科试办理工学院；政法、财经、民族学院多数被撤并。① 根据这些原则制定的调整方案是，全国原有的 417 所高等学校仅保留 309 所，其中合并 43 所，撤销 45 所，改为中等专业学校的 17 所，改为工厂的 3 所，新增设 7 所，各类高校难逃厄运，几乎无一幸免。这从山东大学的情况就可见一斑。1966 年开始“文化大革命”，6 月即殃及山东大学校园。1967 年后，山东大学校内山头林立，学校的一派组织夺权后，把校名改为“鲁迅大学”，直到 1970 年才又恢复山东大学校名。1970 年夏，山东省革委会将山东大学一分为三：中文、外文、政治、历史四系南迁曲阜，与曲阜师范学院合并，改称为山东大学；生物学系迁往泰安，并入山东农学院；校部机关和数学、物理、电子、化学、光学（新建）五系留在济南，成立山东科学技术大学。直到 1974 年

---

① 刘光：《新中国高等教育大事记：1949—1987》，东北师范大学出版社 1990 年版，第 277 页。

初山东大学恢复原建制，山东科学技术大学即行撤销。[①] 又如江西省在此次调整中，原有的13所院校被撤并为5所。全国高等学校从“文化大革命”前1965年的434所，到1971年底仅存328所，共砍掉了106所。[②] 这种突变造成的断裂使中国高等教育变动不居，频繁地处于新旧制度的更替与衔接和改革的阵痛之中，大学制度缺乏连续性和持续的累积，导致高等教育脆弱性较大，一旦遇到挫折，出现跌宕，就很容易产生一些教育问题，给高等教育发展带来巨大的伤害。

社会转型实质上是一种传统社会的解构和现代社会建构过程，集中表现为社会结构、社会运行机制及社会心理与价值观念的变革和转换，由于物质文化的转型往往要快于社会心理与价值观念的转型，因此导致出现社会转型中各部分关系的紧张，产生许多社会问题。

> 大学随着社会转型而发生深刻的变化，集中表现为大改革、大发展和大动荡。一方面，校园建设日新月异，学科专业与日俱增，教育教学改革推陈出新，大学规模急剧扩张，高等教育迈入大众化，其成就毋庸置疑；另一方面，繁荣之下却也危机四伏，人们对大学的不满与诘难、困惑与担忧无时不有、无处不在。[③]

好在高等教育是一个持续发展着的可能世界，处于社会转型时期的大学，本身也进行着转型和重建，可是转型发展中的问题必将为观念和制度创新提供一个难得的机遇和生长空间，重要的是建立和完善现代大学制度，以保障大学的组织本性，这样危机才能消除。

三 现代性价值危机

近代以来，建基于资本主义之上的西方现代性将个体与共同体、人与自然、事实与价值、权利与义务等加以二元分割，个体、权利、利益、

① 《山东大学》，百度百科（http：//baike. baidu. com/view/4176166. html）。

② 刘光：《新中国高等教育大事记：1949—1987》，东北师范大学出版社1990年版，第244—277页。

③ 朱景坤：《社会转型期中国大学的危机》，《现代教育管理》2013年第1期。

理性、自由、规则等带有强烈个人色彩的价值理念得以张扬，共同体、责任、美德、感性、传统等社会价值理念被忽视，人类的价值谱系出现了内在的断裂与失衡。人已经被现代性三分，造成“人与自我的分离、人与他者（包括社会）的分离和人与自然的分离”，人类价值观演进中的这种不对称发展引发了20世纪中后期人们所广泛言谈的“现代性问题”——列奥·施特劳斯所谓的“现代性的危机”① 和查尔斯·泰勒指称的“现代性之隐忧”②。

（一）个人主义的片面发展

随着个人主义价值观的不断膨胀，个人主义文化盛行，人们开始崇尚个人利益至上原则。“脱胎于新教和资本主义的个人主义的兴起瓦解了传统的社会生活方式，这使社会生活的现实远离那蕴含在传统词汇中的准则，使得职责和幸福之间的所有联系都逐渐地断裂了。”在麦金太尔看来，“在以官僚主义和个人主义占支配地位的当代西方文化中，德性被边缘化了，成了边缘性概念”③。在亚里士多德时代，“个人与城邦密切联系在一起，个体的善与共同体的善是一致的，德性处在社会生活的中心，社会有一个统一的道德权威和尺度”④。而在现代社会，自我与他者和自然分离的社会个体，不再是亚里士多德主义对整体善的追求，而是以自我为中心进行道德判断，德性被主观化了，沦落成了实现外在利益的工具。“现代道德话语和实践只能被理解为来自过去年代的一系列残章断片，当代道德生活就是一个有着许多不相容的道德观点和道德观念的道德大杂烩”⑤，道德也就无序化了。

在黑格尔看来，“主体性”是现代性最本质的特征，它意味着赋予个

---

① ［美］列奥·施特劳斯：《自然权利与历史》，彭刚译，生活·读书·新知三联书店2003年版，第12页。

② ［加］查尔斯·泰勒：《现代性之隐忧》，程炼译，中央编译出版社2001年版，第130—140页。

③ ［美］阿拉斯代尔·麦金太尔：《伦理学简史》，龚群译，商务印书馆2010年版，第225页。

④ 李先桃：《亚里士多德：社群主义理论的源头》，《湖南师范大学社会科学学报》2008年第2期。

⑤ ［美］阿拉斯代尔·麦金太尔：《德性之后》，龚群等译，中国社会科学出版社1995年版，第39页。

体自由以合法性与正当性，是对个人权利的承认与保护。不过，在现代化进程中，主体性的基本价值取向遭到了严重异化，自由被演绎为“自由主义”，个人权利演变成了“个人主义”。正如麦金太尔所指出的：“在我们的社会中，这四百年来，个人主义这种酸一直腐蚀着我们的道德结构，不论就好的方面或坏的方面而言都是如此。”① “个人主义”开始拒斥他者和规范，人文价值性因素渐渐被驱逐出人的意义与生存空间。“自由主义者”开始追求一种自决性自由，不再满足于制度、规范与伦理道德的规约，“使一些人崇尚个人利益至上原则，不再接受超越于他们之上的所谓神圣秩序及其神圣价值的神圣要求”②，而是更加专注于自我生存，而抛弃社会及公众的利益，甚至认为“人不为己，天诛地灭”，从而使个人行为发生扭曲变形，片面追求自我价值的实现，忽视甚至否定社会价值，导致道德视野褪色以及认同的危机。

（二）工具主义的理性偏执

唐纳德·菲利普·韦雷内在《论人文教育》英译本导言中指出，现代人生活在科学和技术世界里，“追求确定性和方法已经取代了寻求真理”③。由于现代技术主义价值观的蔓延和工具主义理念的猖狂，现代人“被嵌入技术化（科层制）的社会结构中，人们参与公共事务的兴趣、机会和能力等都在不断下降，每一个人都成了一个‘封闭在自己的心中’的单子，从而使人们的生活狭隘化和平庸化”④。在现代化进程中，启蒙叙事本身就包含着通过科学知识实现人自身解放的宏大叙事，然而科学知识从驱除蒙昧发展到独尊独霸，成为新的“教化”，这种“教化”不同于传统教化的特征就是把人“知识化”，抽掉人的现实的、生动的、社会历史的文化血脉，人通过知识编码而生存。⑤ 按照席勒的观点，“现代性用一个破碎的文明替代了统一的文化，它在具体知识方面更多样（从某

---

① ［美］阿拉斯代尔·麦金太尔：《伦理学简史》，龚群译，商务印书馆 2010 年版，第 342 页。

② 寇东亮：《德性伦理与和谐社会价值观的建构》，《郑州大学学报》（哲学社会科学版）2005 年第 6 期。

③ 转引自［意］维柯《论人文教育》，王楠译，上海三联书店 2007 年版，英译本导言第 1 页。

④ 王国银：《德性伦理研究》，博士学位论文，苏州大学，2006 年，第 54 页。

⑤ 徐蕾：《现代大学发展的文化困境及其路向选择》，《江苏高教》2013 年第 6 期。

种意义上来说也更先进)，但是却缺少了意义。”① 由于科学精神被抽离，对科学的追求就简化为对知识的掌握，人才培养的即时可用成为衡量大学教育质量的核心指标，育人也就成为一个制器的过程，人文教育备受冷落，人文精神式微。科学理性、工具理性的滥用导致大学教育的功利化、工具化倾向，今天的大学已经与那种僧侣般的学者在其中沉思星空和其他遥远事物的象牙塔形象相去甚远，也不再像古典的大学与书院那样着重培养自由的人格和博雅的知识，而是犹如一架上紧发条、开足马力的机器，不能有片刻的空闲，为的是让学生拥有更多在社会上竞争的能力。② 人们依着经济技术专业化的趋向与功利化的需要，各自选择了力之所能、性之所近的职业道路，现在再没有人把一生精力消磨在毛笔字、四书五经上了，统计、精算、逻辑、法律、工商管理、政治、建筑等实用学科成为新时代青年学子追求的东西。在这种工厂式的忙碌中，大学失去了固有的反思与批判精神，失去了昔日人类精神家园式的文化底蕴，更失去了闲逸的好奇和优雅的节奏。大学能够提供的除了一些应用性的科技成果、功利性的咨询服务、发表可有可无的期刊论文之外，就是在生产流水线上每年提供一批拥有大学文凭的所谓的受过高等教育的人。我们更多地把教育作为一种工具，作为经济竞争、生存竞争的工具，而不是把教育作为一种真正“人”的事业。在这种教育中，知识性教育、技能性教育占据绝对主导地位，德、智、体、美、劳中只剩下智了，其他的都淡化了，“学生被视为接受知识的容器，教育的任务重在知识的传授而不是对人的尊重和人性善的启迪”③。大学生被“泊”在大学里——选课、攒学分、等着毕业，教育中没有什么让他们认为自己是自由教育这个故事中那踏上自我发现旅程的英雄了，他们所从事的是自我资格鉴定，为就业市场做准备。人的环境和自身境况在总体上日益理性化，以致“像保持良知这一延亘数千年，而且只要人不甘堕落就必须一直延亘下去的人性法则也遭到冷落”④。所以这种教育不是使人格完善，而是破

---

① 转引自［加］比尔·雷丁斯《废墟中的大学》，郭军等译，北京大学出版社 2008 年版，第 62 页。

② 许纪霖：《启蒙如何起死回生》，《民主与科学》2011 年第 4 期。

③ 韩益凤：《平庸时代的大学》，博士学位论文，南京师范大学，2015 年，第 16 页。

④ 何怀宏：《伦理学是什么》，北京大学出版社 2008 年版，第 165 页。

坏人格，何谈立德树人!

（三）物质主义的价值渗透

处于迅捷而激进转型与变迁中的现代社会，一方面表现在政治、经济、科技等可观显性的领域，另一方面表现在社会文化、价值观等潜在隐性的领域。由于前者被现代人奉为圭臬，从而被精致地建构和疯狂的演绎；而后者却只是被裹挟着游走，鲜有关照。以至于现代社会近百年来创造了有史以来最为辉煌的物质文明，建构了外在于人的庞大物质和财富体系，让现代人享受到前所未有的器物便利和欲望满足，从而使人的经济理性得到极大鼓励和无限张扬。但这种“失衡的”激进变迁，导致现代人内在价值的迷离与不知所措，在肤浅且野蛮的感性得到满足之后，却也陷入极度的价值和精神困境之中，器物的繁荣并没有给现代人带来真切的福祉和真正的幸福。正如杜亚泉所指出的：“自从物质主义深入人心以来，宇宙无天神、人间无灵魂，一切唯物质为万能，再加上残酷无情的竞争淘汰说。在这样的情况下，人生的目的是什么、宇宙美不美，都没有人关心，所有人关心的唯一问题就是如何自我保存、怎样免于被淘汰。”① 现代社会物质主义价值观的强力渗透，实现富足生活的希冀极大地刺激了人的欲求，人们生活的真正价值和意义被遮蔽，其结果必然是整个社会在富强的同时也蜕变为一个充满物欲的社会。

“君子喻于义，小人喻于利”（《论语・里仁》），儒家认为，“义”和“利”是截然相反的，这是道德学说中最重要的一点。作为孔子的后人和重义轻利的儒教徒，中国人在过去漫长的中华民族历史进程中只是把富裕作为实现大同理想的工具，并不认为富裕有什么内在的价值；虽不看轻物质和民生，追求生活的小康，但有恒产者只是为有恒心，成就个人的德性，人生价值比金钱和财富更重要。但是，随着“西学东渐”和中国现代化的转向，也明显地表现出西方现代性价值谱系的内在失衡与断裂现象。现在，金钱和财富成为人们疯狂追求的对象，把经济利益的实现和物欲的享受视为幸福的绝对尺度；越来越多的人开始放纵本能欲望，享乐主义盛行，嘲讽崇高理想，渴望精神堕落，社会上一时物欲横流、乌烟瘴气。满足个人欲望成为人们普遍追求的目标，物质利益成为人们

---

① 转引自许纪霖《启蒙如何起死回生》，《民主与科学》2011 年第 4 期。

行动的最直接动力，人们比以往任何时候都更加重视自我，这使得情感在人们行动和生活中的作用不断下降，彼此间的心灵沟通变得越来越困难。处于深刻而迅速变化时期的大学正经历着重要的变化，高等教育大众化的潮流已遍及世界各地，高等教育的资助方式日益多样，获得信息和知识的新渠道层出不穷。人们对学生和教师职业的认识悄然发生着变化，传统的大学教育目的正经受着挑战。正如史密斯等人所指出的："盎格鲁—撒克逊的大学模式（精英、寄宿制和'离群索居'）正被更开放、与社会联系更为密切的北美和欧洲模式所取代。"① 大量的专业文献在讨论"如何有效地进行大班教学""怎样具备'创业精神'的问题"，公众也在关注"如何维持高等教育标准""如何为大学和学生配置资源"之类的话题。陈维昭不无担忧地指出，如果大学不能维护自己自主的权利，并且克服迅速工业化和商业化社会带来的实用主义，"大学所崇尚的人文主义的理想和精神会丧失殆尽，大学会降格为一种庸俗教育的场所"②。

第三节　制度化的历史选择

大学一方面作为学术组织遵循自身的内在逻辑而发展，另一方面又作为社会性建构而受到社会和文化环境的影响。国家（政府）、社会各种利益团体以及市场等环境因素是促进大学改变的外部力量，其中政府的力量无疑是最强大的。正如阿什比所言："大学在向前演化的过程中，正经历着遗传体系经常遇到的进退两难的困境：一方面大学本身必须改变以适应社会的新形势，否则将遭到社会的抛弃；另一方面，大学在适应社会的变革中，又不能破坏自身的完整性，不然就将无法完成所承担的社会责任。"③ 中国现代大学尽管是"西学东渐"的"舶来品"，但从其发展的起点和过程来说，与西方大学的境遇又完全不同。中国大学虽然

---

① ［英］安东尼·史密斯、弗兰克·韦伯斯特：《后现代大学来临?》，侯定凯、赵叶珠译，北京大学出版社 2010 年版，序言第 2 页。

② 陈维昭：《大学的角色和任务》，载北京大学《21 世纪的大学——北京大学百年校庆高等教育论坛论文集》，北京大学出版社 1999 年版，第 23 页。

③ ［英］阿什比：《科技发达时代的大学教育》，滕大春等译，人民教育出版社 1983 年版，第 13 页。

在短期内也出现过大学制度的自主变迁，但其制度化及其组织结构变革的历程更多的是外力控制的过程，中国大学历次较大的组织制度变革几乎都是在政治或行政力量的直接干预下进行的，如20世纪50年代的院系调整、80年代的教育体制改革。

一 现代性的制度化改造

一般而言，大学制度的形成有自发秩序和理性设计两种方式。① 大学在19世纪以前大多还是直接沿袭中世纪大学的制度形式，属于一种自发秩序。当然，也有如那不勒斯大学、图卢兹大学和萨拉曼卡大学分别是由腓特烈二世国王、教皇和意大利国王认真筹划以后才设立的。但正如韦尔热所指出的："说实在话，13世纪若干'创建'的大学，同那些'自发'的大型大学相比，真是很一般的成功。"② 博洛尼亚大学、巴黎大学、牛津大学和蒙特利埃医科大学等都是自发秩序的典型案例。1158年，神圣罗马帝国皇帝弗雷德克一世的赦令使以研究法学著称的博洛尼亚大学成为正式的大学。建立于11世纪初的萨莱诺大学，以研究医学著称，1231年得到政府的承认。以研究神学著称的巴黎大学，是由巴黎圣母院大教堂学校直接发展而来的，1198年，教皇西勒士丁三世赐给其许多特权，1215年正式称大学。巴黎大学分为文、法、神、医四个学科，被誉为"世界（欧洲）大学之母"，发展成为西欧各大学的"典范"。由于和法国不和，1167年，英王亨利二世下令召回英国在巴黎大学的全部学者，并以巴黎大学为母本在牛津成立该国的第一所大学——牛津大学。1209年，当地居民与牛津大学学者发生冲突，部分学者被迫逃离牛津来到剑桥落脚，逐步出现了剑桥大学。1636年，移居美国的英国清教徒仿效剑桥大学的模式建立剑桥学院，1639年更名为哈佛学院。1701年，以詹姆士·皮尔庞特牧师为首的一群康涅狄格州公理会牧师，说服该州法院投票赞成建立耶鲁大学。

19世纪以后，现代性主导下的两分法伴随着民族国家与民族主义的

---

① 王建华：《现代大学的危机与超越》，《高教探索》2008年第5期。

② ［法］雅克·韦尔热：《中世纪大学》，王晓辉译，上海人民出版社2007年版，第34页。

发轫与普及而开始兴起，人们相信完全可以依靠人类理性设计出想要的大学组织制度，自此由个人或政府对大学进行规划开始成为一件非常时髦的事情。其典型案例有：1807 年费希特规划的柏林大学；1808 年拿破仑设计的巴黎大学；1818 年以托马斯·杰弗逊创立的弗吉尼亚大学为始点，美国各州开始自行创办州立大学。特别是在整个 19 世纪和 20 世纪，"许多国家都曾把柏林大学这种人为设计的组织制度作为建立或改革本国高等教育模式的最优选择"[①]。返观世界高等教育发展史，以上这些现代大学的"先驱者"有一个共同的特点：那就是人类理性开始直接影响大学的设计，大学制度开始越来越多地具有一种人为性与科层化而非自发性与自组织治理，大学开始成为一个彻头彻尾的人为营造的产物。依据现代性的逻辑，任何社会秩序在本质上都是人为的，任何社会机构一旦离开了人的理性设计都将无法独立获得其有序存在的能力。正如鲍曼所指出的："在整个现代时期，造园或外科姿态均成为制度化了的权势们——尤其是民族国家的权势们——所具有的那些态度和政策的特征。"[②]大学作为一种社会组织机构当然也不例外，它在政治家的眼中也只是需要动手术的病人或待修剪的花木，"政府有权决定大学是否有'病'，应该如何'治疗'；政治家们对大学应当如何存在，甚至是否能够存在，拥有最终解释权和决策权"[③]。高等教育的发展历史也证明，正是人类的这种理性的自负埋下了现代大学危机的种子。比如中国 20 世纪 50 年代的"院系调整"和"文化大革命"期间大学的停招与停办，就是现代性逻辑与中国式意识形态结合下的独特产物。而今天在全世界范围内风起云涌的大学改革浪潮中，对于变革的渴望更是到了无以复加的地步。这种情况的出现，不是缘于对大学发展的"善"意，也不是缘于对大学改革成功的渴望，而是缘于一种理性的自负。正是出于对理性的绝对自信，抱着一种良好的主观愿望，在现代性逻辑主导下的政治家（包括学术界）才不停地呼吁并真刀真枪地改革大学。高等教育要想发展当然要与时俱

---

① 王建华：《现代大学的危机与超越》，《高教探索》2008 年第 5 期。

② ［英］齐格蒙特·鲍曼：《现代性与矛盾性》，邵迎生译，商务印书馆 2003 年版，第 150 页。

③ 王建华：《现代大学的危机与超越》，《高教探索》2008 年第 5 期。

进，大学没有改革和创新也会因为过于保守而发展停滞，但过多的改革对于大学也同样不是什么好事情。由于高等学校的任务和权力相当分散，因此全面的改革一般很难进行，渐进的适应是变革的普遍形式。

1949 年新中国建立伊始，全国范围内的高等学校存在四种不同的来源：原解放区的革命大学、原国民党政府的国立高等学校、中国人创办的私立大学及外国教会势力影响下的教会大学。由于体系驳杂、性质各异，学校布局不合理，难以适应新中国经济建设和社会发展的需要，《共同纲领》宣布："中华人民共和国的教育方针为理论与实践相一致，人民政府应有计划、有步骤地改革旧的教育制度、教育内容和方法。"① 人民政府开始"以老解放区经验为基础，吸收旧教育的有用经验，借助苏联经验，建设新民主主义教育"②。于是，采取了一系列措施对高等学校进行公有化改造，并建立相应的民主管理制度，主要表现为：接管全国国立和私立高校，收回教会大学并实行改造，革命大学向正规化过渡，创办了一批新大学等。在全国高校公有化的基础上，根据中央精神和百废待兴的社会需求，通过借鉴苏联的办学经验，1951 年和 1952 年在全国范围内进行了院系调整，对大学的学科设置进行重新组合。

1951 年，马叙伦部长在《关于 1950 年全国教育工作总结和 1951 年全国教育工作的方针和任务的报告》中指出："高等学校要配合国家建设的需要，适当地有步骤地充实和调整原有高校的院系，或增设新系……"③ 中央确定的基本方针是："以苏联的单科性专门学院和文理科综合大学为样板，以培养工业建设人才为重点，发展专门学院和专科学校，整顿和加强综合大学。"④《教育部关于全国高等学校 1952 年的调整设置方案》则对全国六大区的高等学校的具体调整方案都做了详细的规定：将原有系科庞杂的旧制大学改造成为培养目标明确的新制大学；改

---

① 李超：《新中国成立初期高等教育改造研究》，硕士学位论文，长春理工大学，2019 年，第 27 页。

② 祝爱武：《责任与限度：高等教育办学主体研究》，博士学位论文，南京师范大学，2012 年，第 159 页。

③ 何东昌：《中华人民共和国重要教育文献：1949—1975》，海南出版社 1998 年版，第 92—93 页。

④ 余立：《中国高等教育史》，华东师范大学出版社 1994 年版，第 36 页。

变旧大学不合理的布局和结构，增加工科、师范的比重，整顿、撤销、归并一批高校；取消旧制学院一级建制，改为校、系两级管理，普遍设立专业，按专业培养人才；将国家建设所迫切需要的系科专业分别集中起来或独立出来，建立新的专门学院，充分发挥师资和设备的潜力，提高教育质量。[①] 在此调整方案的指导下，许多院校对原有的系科大动手术。例如，山东大学在此间调出去的院系有：政治系迁往济南，组成山东政治学校，现为中共山东省委党校；艺术系音乐、美术两组迁至无锡，与上海美术专科学校、苏州美术专科学校合并，组建成华东艺术专科学校，现为南京艺术学院；艺术系戏剧组迁至上海，与上海戏剧专科学校合并，组建成中央戏剧学院华东分院，现为上海戏剧学院；工学院和土木系与原山东工学院的土木、纺织系合并，组建成青岛工学院，后又迁至武汉与有关系科合并，成立武汉测绘学院，现为武汉测绘科学大学；原山东工学院的机械、电机两系迁至济南，与原山东大学合并，组建成新的山东工学院，现为山东工业大学；农学院的农艺、园艺、植物病虫害学三系迁至济南，与原山东农学院合并，组建成新的山东农学院，现为山东农业大学；医学院于 1956 年独立，扩建为青岛医学院；理学院的地矿系迁至长春，与有关院校系科合并，组建长春地质学院。1954 年教育部拟改变高等学校的布局，指令由山东大学负责，在郑州筹建一所新的大学，由山东大学支援师资，即现今的郑州大学。在迁校济南时，留在青岛的系科在独立建院后，发展成为现在的中国海洋大学。[②] 在此次院系调整中，山东大学分出的系科和其他院校组建了 10 所高等院校，原山东大学成为以文理为主的综合大学。

1952 年，全国有 3/4 的院校进行了院系调整，新设院校 31 所，从原综合性大学调整出来独立设校的专门学院有 23 所，调整后停办的有 49 所，改为中专的有 4 所。[③] 1953 年在 1952 年院系调整的基础上做进一步补充。经过院系调整，原有旧制高校院系设置庞杂零乱，师资、设备分

① 毋国光、翁史烈：《高等教育管理》，北京师范大学出版社 1995 年版，第 25 页。

② 赵德银：《山东现当代音乐教育现状调查研究》，硕士学位论文，河北师范大学，2008 年，第 29 页。

③ 毛礼锐、沈灌群：《中国教育通史》（第 6 卷），山东教育出版社 1989 年版，第 76 页。

散，结构布局不合理，工科落后等状况基本得到改善，奠定了新中国高等教育的基础。但是，把一些办得较好的文、理、工、农、医综合大学撤销了，形成了只有文、理两科的综合大学或单科院校，也使日后的发展受到了局限。

二 单位制度的独特建构

1956年底，新中国完成对农业、手工业和资本主义工商业的社会主义改造，实现了生产资料私有制向社会主义公有制的根本转变，我国进入了单一的公有制经济和全面的计划经济时代。基于中国社会主义政治制度和计划经济体制所形成的一种特殊的、极具中国特色的“制度化组织”——单位产生了。单位是“指通过组织功能多元化的特殊社会方式，将社会各阶层人们的社会行为逐一地整合到一个个具体的社会组织中”①。在多数情况下，国家对社会的有效控制和整合正是通过单位实现的，从而使一个个的单位成为国家管理的基本单元。国家行政权力以单位为载体对社会资源进行再组织的一系列体制和机制即为单位制度。单位制度是一个抽象的概念，而单位则是一个个具体的组织形式和实体。中国单位制度安排之下的“单位”并不是市场分工的结果，而是计划经济的产物和维护、执行计划指令的工具。正如路风所指出的：“单位是中国各种社会组织所普遍采用的一种特殊的组织形式，是中国政治、经济和社会体制的基础。”② 一方面，单位管理继承了中国传统的大家长式的管理传统，在思想上能够切合人民对社会主义的期待，迎合人民内心的传统文化情结；另一方面，单位管理强有力的行政动员机制，能够最大限度地调动各方面资源，体现出迅速集中地进行现代化建设尤其是重工业建设以凸显社会主义政权“集中力量办大事”的制度优越性。无论单位的社会分工性质和专业功能是什么，“每一个作为单位的社会组织都具有行政血缘关系和行政等级，并按这种关系分别隶属于政府的行政机构。同时，党的组织系统沿着这种行政组织系统延伸到一切社会基层组织，构成事

① 李汉林：《中国单位现象与城市社区的整合机制》，《社会学研究》1993年第5期。

② 路风：《单位：一种特殊的社会组织形式》，《中国社会科学》1989年第1期。

实上的最终权力系统”[①]。党和国家的大政方针、行政指令以及各种计划指标都是按照各个单位的行政隶属关系下达，通过各单位的具体执行而贯彻于全社会。单位承担着包括政治控制、专业分工和社会生活保障等多种功能，成为党和政府进行社会资源配置、社会控制与整合的国家组织化形式。作为计划经济体制时代政治、经济和社会体制的基石，单位对中国社会产生了重要的影响，可以毫不夸张地讲，在“小单位大社会”的计划经济时代，中国社会离开单位就无法正常运转。

事业单位是依法成立的，从事保障和增进人民群众的人身利益和社会福利的工作。事业单位的宗旨是为社会服务而不以营利为目的，其工作价值及成果不直接或不主要表现为物质形态，主要从事教育、科技、文化、卫生、体育和社会福利等公益事业服务，“具有向社会提供公共产品和公共服务的功能和职责，有些事业单位甚至承担部分政府职能，具有一定的公共权威”[②]。事业单位在传统上被定位于直接或间接地为“上层建筑”服务，其活动具有非经济性和政治性的色彩，而不直接从事“物质生产”。事业单位一般是国家设置的带有一定公益性质的机构，要有其组织或机构的表现形式，要接受国家行政机关的领导，要成为法人实体。概括起来讲，事业单位主要由各级政府及其职能部门直接举办，经费开支均由国家财政拨付，政府或主管部门直接控制它的管理和经营活动。从组织社会学的角度来看，“事业单位具有行政化管理、成员依附性强等特点。这种国家所有、经营和管理的模式，导致了事业单位和政府的一体化，也就决定了事业单位基本上成为准行政组织”[③]。即便是在经过了几轮事业单位改革的现在，这种以身份制为基础的对组织的依附性在事业单位中依然较为明显地存在着。

中国的大学作为一个专业性的学术组织，所持有的组织信念和目标与其他国家的大学相比，并没有明显的区别，虽然在特定的历史阶段，

---

① 陶宇：《权力—利益秩序的实践逻辑——以 H 厂为个案的一次集体行动“过程—事件”考察》，硕士学位论文，吉林大学，2008 年，第 25 页。

② 俞杰：《事业单位管理制度改革研究》，硕士学位论文，南京大学，2015 年，第 1—2 页。

③ 赵辉：《高等教育事业单位功能目标和系统环境的演变——以文科为主的综合性一般高校为例》，硕士学位论文，沈阳师范大学，2011 年，第 3 页。

大学专业组织的特征曾为其他特征所遮盖。不过,独特的单位制度对大学组织结构和功能地位的特殊要求,又使中国的大学形成独特的组织特性而不再是一般意义上的专业性机构。国家与政府直接管控大学,并通过不断的制度构建,形成大学组织独特的"两极"结构,"一级是权力高度集中的国家与政府,一级是相对分散和相对封闭的一个个单位"①。具体来说,这种"单位"制运行的大学组织具有如下特征。首先,政府举办。国家和政府是大学资源主要甚至是唯一的提供者,大学必须无条件地服从国家及教育行政部门的管理。其次,行政隶属。大学与国家之间、大学与教师之间都是行政性的隶属关系。大学的职能实际上成为国家行政职能在大学的延伸,成为准行政组织。再次,功能泛化。大学不仅具有教学、科研和社会服务等常规的学术性功能,而且具有政治动员、社会福利等非学术性功能。在这种事业单位制度下,上级行政部门在高等教育管理实践中,除大学本身的学术性标准外,安全卫生、计划生育、社会福利等非学术性标准都被列为考核大学的指标,大学这种功能的泛化因受到上级行政主管部门的激励而不断得以强化,导致了大学负担的持续膨胀和学术再生产能力的不断萎缩。

大学单位组织也是生活其间的"大学人"获得资源和社会认可的基本场所,"单位制通过对社会资源的控制和配置,为体制内的人设置了一个独特的生活空间,使得人们的全部生活内容都与单位密切相关"②。大学与大学之间的差别主要表现为副部级、厅级、副厅级等行政序列上的差别,每个大学都根据自己在国家权力体系中的位次,获得和具有支配不等办学资源的权力,而不是基于各具特色的功能和定位,从而使大学具有很强的同构性和相似性。在大学组织内部,大学组织就是"大学人"的安身立命之所,每个成员都属于单位组织的一"分子",并且每个成员只有进入某个大学组织,才能享受到各种待遇,其地位和权利才能得到保障。对此,我们可以从两个方面来分析资源分配方式对大学组织制度和组织行为的具体影响。其一是单自由度的依赖结构。国家和政府依赖

① 于显洋:《组织社会学》,中国人民大学出版社 2001 年版,第 26 页。

② 揭爱花:《单位:一种特殊的社会生活空间》,《浙江大学学报》(人文社会科学版)2000 年第 5 期。

自身的政治目标、发展重点以及一系列资源分配规则，将自己所掌握的办学资源分配到大学中，又通过大学分配到内部的基层组织或个人，从而将大学成员牢牢控制在大学组织内部，由此形成大学依赖于国家（政府），教师依赖于大学，并导致大学及大学成员的依附性人格特征。大学组织在很大程度上成为政府行政机构的翻版，依样设置了与政府职能相似的行政组织机构；政府控制了大学包括学术职能在内的一切活动领域，使本应属于教师和学者的学术权力逐渐被削弱，致使大学行政权力强势彰显；在高校与社会交往中，社会首先关注的不是教师的学科归属，而是他的单位归属，大学所具有的行政级别和资源优势成为教师身份的主要表征。其二是以行政为主导的组织行为结构。在大学组织的实际运行过程中，资源和权力分配是由一定的组织结构决定的，而组织结构实际上是人们“构建”的结果，这种构建活动不仅直接影响到大学组织的资源和权力分配，而且是导致组织变迁的重要原因之一。[①] 与西方大学相比，中国大学组织内部存在着错综复杂的关系网络，这种关系网络不是建立在单一的学术性关系上，而更多的是以单位内某一级行政职位为中心形成的上下延伸、平行分割的关系体系。在这种关系网络中，每个人都以自己独特的“行政”行为追求行政“位格”中的提升，并且由于大学职能的多元化，每个人最终都能找到“适合”于自己的位置。这种制度化组织本身不是基于学术发展的目的而自发形成和变革的，而是在外部力量干预下形成的，其最大的一个外显特征就是“行政化”。随着大学制度安排的不断行政化和技术化，这种关系网络在学术部门形成了权力运行机制与行政化的信息交流渠道，不仅使人的行为彻底“行政化”了，而且致使大学的组织行为越发偏离学术性轨道，忽视甚至否定了学术人员的主体地位，从而导致大学丧失学术独立性。

三　大学教育的知性取向

无论东方还是西方，今日之现代大学教育都是启蒙方案的产物。启蒙思想家所开出的启蒙方案是以建立理性社会为指向的，他们相信科学与理性的成长会导向人类普遍的自由和幸福。但其结果确如韦伯所指出

---

① 李路路、李汉林：《单位组织中的资源获取与行动方式》，《东南学术》2000 年第 2 期。

的，启蒙的遗产实际上是一种特殊的理性，即工具理性的胜利。这种工具理性深刻地影响到社会政治、经济与文化生活的方方面面，“现代社会成为一个以知识为中心的社会，知识取代宗教和道德成为社会正当性的来源，同时也成为政治、文化和社会权力的渊源”[①]。在整个社会的背景下，大学成为一种主要的“知性投资”，社会发展与这种投资密切相关。在这种启蒙思想的催化下，现代的大学教育实际上反映的也正是这种工具主义的理性观。大学教育不再限于普通知识的传授和博雅教育的提供，而是更加热衷于为经济发展、工业化和科技化提供必要的技术知识。在这种“理性的”文化传统下，大学教育成为一个以科技知识为取向的“知性复合体”，科学已成为一切知识的尺度。“科学知识的文化范式”在现代大学中已当阳称尊，被奉为圭臬，对大学的知识生产、学科发展和组织结构都产生了极大的影响。一方面，大学的多目标特征在学术机构内和跨机构间是显而易见的。在大学的许多特殊活动中，知识或学识再次成为共同的分母——培育学生的学识、促进教师的学问，同时使大学的学习仓库可为社会所用。这些不同的目的被个体教师所感知，他们必须运用专业判断来平衡对学生、对研究、对内部自我管理和为外部“选民”服务之间的责任。[②] 另一方面，大学同时也依靠特定机构去执行许多有关联的辅助性任务。除了专业学院（系）和研究院、所、中心等“独立组织的研究机构”外，“今天一个典型的规模较大的大学还会经营旅馆和住宿系统、研究园区（可能与商业孵化器连在一起）、医院、大学出版社、广播台，可能还有电视台、继续教育部门以及体育娱乐综合体等”[③]。无论中西，现代大学都转向“科学时代”，诚如里斯曼所说，大学已成为“世俗的学术殿堂”了。

随着以学科为组织形式的知识领域的不断增多，知识的整体性不断分裂、知识碎片化不断加剧。学术性学科界定了何种形式的探究是合法的，何种知识因此而被承认是有效的。

---

① 许纪霖：《重建社会重心：近代中国的“知识人社会”》，《学术月刊》2006 年第 11 期。

② ［美］罗杰·盖格：《大学与市场的悖论》，郭建如等译，北京大学出版社 2013 年版，第 3 页。

③ 孙丽昕：《中国大学治理体系的环境因素分析》，《教育学术月刊》2019 年第 7 期。

> 不同的学科领域，不仅代表着不同的知识集群，还代表着不同的组织建制，也意味着不同的文化与行动方式，它们由此构成了不同的学术部落，而不再是有机的学术共同体。为了成功地进行“知识圈地”，为了知识部落的地位，各知识领域不断确立自身的不得擅自入内的边界，不断制造不可侵犯的知识范式。[①]

这样，越来越细的分科所造成的知识隔行如隔山，不同知识领域间的对话变得十分困难，使得学者之间的交流越来越少，知识不再向整个世界和社会提供意义，本来所具有的超越性被切断了，知识成为一块块自洽的领域，彼此之间也就失去了价值的关联。正如许纪霖所指出的：“如果说有什么意义的话，只是在一个具体的目的/工具关系链中才能显示出来，甚至在最富于意义内涵的人文学科，知识也被技术化和专门化。”[②] 过度的专业教育无法关涉人整全的发展，容易培养出知识偏狭和精神贫瘠的单向度的人，培养出更多精致的利己主义者。

特别是随着科学型知识的完全确立，以道德为中心的规范知识逐步让位于以科学为中心的自然知识，知识成为与价值和道德无涉的“科学”结果，存在就是被测量，实证主义遂成为知识发现的主要范式。自然科学自不必说，但社会科学在这个范式下“自甘堕落，屈从于流行的规则，并日益转向自然科学”，而视一切社会问题的本质主要是“技术性”的，而非政治或道德性的。于是，“社会科学家们成为操纵社会的技术师，为社会、教育、军队和其他政策领域提供科学的合理性论证。除了少数例外，社会科学家、社会学家、经济学家以及政治学家是权力的‘智力奴仆’”[③]。由于科学和技术愈演愈烈的学科分化和学术领地扩张，语言、文学、历史和哲学等人文学科的领地日渐萎缩，越来越多地被降级为充当学术体系的装饰品，或者更糟糕，降级为学生获得“技能”方式的装饰品；而经济学、社会学、政治学等社会科学的蓬勃发展，则进一步挤压

① 吴洪富：《知识民主化进程中大学的危机与新生》，《高等教育研究》2013 年第 11 期。

② 许纪霖：《从特殊走向普遍：专业化时代的公共知识分子如何可能?》，2019 年 3 月，近代中国（https：//modernchina. org/5852. html）。

③ ［美］斯坦利·阿罗诺维兹：《知识工厂：废除企业型大学并创建真正的高等教育》，周敬敬等译，高等教育出版社 2012 年版，第 3—4 页。

传统人文学科的地盘；极度重视专业技术人才培养的教育目标和体制，在很大程度上抹杀了大学教育与职业教育的区别，高等教育中严重的文理分科人为地造成了科学与人文之间的疏离和隔绝，价值教育或伦理教育在大学知识庙堂中的位置也就不确定了，现代大学教育着重知性取向，导致大学人文精神越来越贫乏。知识的主要价值不再被认为是用于人性的改造和精神的陶冶，也不再被认为是通向真理的捷径，“知识开始从个体精神走向社会和经济领域，开始服务于人的工作和社会生产。知识取代土地、资本等要素成为社会发展和个体成功的关键”①。在这种情况下，关乎什么是好的社会伦理教育不再是高等教育的中心，而是被边缘化了。现今的大学特别是研究型大学无不偏重“知性之识”，而讲“德性之识”的道德教育也都失位了。曾经不被视为“知识”的知识，则登堂入室获得了知识的地位，以至于“在当代人的头脑中，知识被赋予了一种肤浅的、几近平庸的特性”②。能否被更多人接纳、是否更有用处成了更为恰当的知识和文化标准，人们越来越从实用和功利的角度看待知识和文化，知识和文化不再具有高贵的品格和精神内涵。于是，街头巷尾的涂鸦艺术堂而皇之进入国家博物馆，说唱、二人转等草根文化始登大雅之堂，甚至丑也成为文化而大行其道。而那些执着于追求“真理”的学者越来越面临着被贴上“不切实际”和“脱离社会”标签的危险，“从而使技术社会带来的实用主义主宰人们的生活，人面临自我认识的危机，需寻求人存在的生命意义”③。

随着知识的生产和传播成为全世界高等教育一个核心的、有组织的目的，研究理念赢得了巨大的声望，在我们的大学里，有意识地以研究的生产为导向，研究型大学成为学术体系中最有曝光率的旗舰机构，它们为其所在的国家带来国际声望，从而也成为被复制和效仿的“偶像”。虽说这种同构的倾向历史悠久，但在知识经济时代，在大学排名和全球化竞争时代，这种倾向变得更加强烈了。这是世界各地大学数量扩张的

① 吴洪富：《知识民主化进程中大学的危机与新生》，《高等教育研究》2013 年第 11 期。

② ［英］弗兰克·富里迪：《知识分子都到哪里去了》，戴从容译，江苏人民出版社 2005 年版，第 7 页。

③ 刘阳、林荣日：《大学通识教育的目标及其实现》，《教育评论》2017 年第 6 期。

产物，也是研究型大学继续获得声望的结果，许多学术机构倾向于仿效位于教育体系顶端的研究型大学，而事实上，“一个多样化的学术体制才能服务不同的社会需要”①，这种趋势成为学术体制分化的桎梏，结果是办学千校一面和育人千人一面。

① ［美］菲利普·阿特巴赫、利斯·瑞丝伯格、劳拉·拉莫利：《全球高等教育趋势：追踪学术革命轨迹》，姜有国等译，上海交通大学出版社2010年版，第017页。

第四章

大学德性之理念重审

无论是进一步扩大高等教育资源、解放高等教育生产力，还是进一步促进高等教育公平、提高大学的人才培养质量和学术水平，遏止学术腐败现象，都直接指向了现代大学制度的安排，需要进行实质性的高等教育体制改革。对中国高等教育问题的关注与思考，就是要进行教育原点的追问，在某种程度上就是要进行教育思想启蒙，重新恢复或建立现代大学教育的理念和制度。当前中国大学存在的诸多问题，反映的恰恰是攸关大学存亡的“理念危机”——是“当为而不为，不当为而为之”的“非教育性”问题。大学理念从根本上回答大学是什么，揭示大学的性质，反映人们对大学的追求，重审大学理念已成为一个应该也必须解决的时代课题，没有理念，大学就不成其为大学，就不可能将其自身与其他类型的教育机构区分开来。联合国教科文组织在《21 世纪世界高等教育的展望及其行动框架》中描述了面向 21 世纪大学所面临的机遇和挑战，发出了捍卫大学理想，警惕“经济主义”侵袭的号召。古人云：“大学之道，在明明德，在亲民，在止于至善”，即大学的宗旨，在于使光明的德性得以彰明，进而使人革旧更新，达到善的最高境界。用今天的话来讲，就是要建立一种合理、和谐的道德秩序。可见，坚持明德理想，塑造亲民新人，追求至善卓越，的确是人类精神最为宝贵的本质，中外古今大学正是为此而设。[①] 所谓“大学之道”，在形而上的层面是大学理念，是体现大学追求的一种文化，是大学的品位和精神。大学理念是对

---

① 吴启迪：《“全球化”时代的现代大学理念和制度创新》，《教育发展研究》2001 年第 7 期。

大学使命和办学宗旨的一种理性认识，是对“大学是什么”的一种表达，它规定了大学发展的方向和路径。

第一节　大学：以知识为基础

大学德性是关于大学发展的一种理想的、精神性的范型，是以学生前途和社会责任为指向，以某种价值观和道德标准为基础，对大学活动与发展所持有的信念与态度，体现着教育思想家乃至整个民族对大学教育的价值取向与追求，反映了大学教育的本质与时代特征。育人这一大学最基本的属性，“决定了大学既不能是以行政权力架构及其有效运行为目的的行政机构或其附庸，亦非以经济利益最大化为目的的商业组织，而是以知识追求和人才培养为使命的教育组织”①。作为大学的逻辑起点，知识成为大学一致性所在，正是在人类知识的扩展中，大学找到了它存在的最佳理由。

一　以知识为基

在任何时代任何社会里，学术工作都是围绕着知识这一特殊的理智材料组织起来的，只要大学仍然是正规的组织，它就是控制高深知识和方法的社会机构——“大学寻找并研究最深奥的主题、最隐秘的事实、最复杂的关系，以期发现主导世界运行的法则，造福人类”②。现代大学首先是这类知识的宝库——大学确实是将知识储存在图书馆、博物馆、档案馆、实验室和研究所（中心）中，不过，最重要的知识是储存在教师和专业人员专长中的。我们的大学正是作为人类遗产的宝库、传承者而存在于世的，它们是知识的守护人、创造者和传播者。大学是一个纯粹的智力发展和理性反思的知识场所，学术知识的核心构成了大学大部分活动的基础，“大学的教师和研究人员主要因为他们在已划定边界的知

---

①　周海涛、朱玉成：《细悟大学“理性”》，《教育研究》2018 年第 7 期。

②　［美］丹尼尔·柯尔特·吉尔曼：《美国大学的问题》，兰玉译，浙江教育出版社 2019 年版，第 34 页。

识领域拥有专长而受到尊重”[①]。大学里的学术人员从以下几个方面与知识打交道：在对历代留传下来的文史资料进行整理时，起到提炼和保存知识的作用；在教书育人时，他们总是在深思熟虑后把大量经筛选整合后的知识传授给他人；随着科学研究成为大学的使命，大学教师越来越致力于发现和形成新的知识成果；在服务社会时，他们所从事的是直接应用知识的工作。大学本质上是做学问的场所，大学教师的使命，就是围绕一组组一般的或特殊的知识，寻找方式扩大它并以充满想象力的方式把它传授给他人。一所大学若不能发挥这种作用，它便失去了存在的价值。

高深学术知识具有以下显著特征：首先，具有专门化的性质，且有专业日益增多的趋势。工业化的实现带来劳动分工的加速发展，专业的分化随之日益加速，学术界的专业发展也日新月异。正如韦伯所指出的，“学术已达到了空前专业化的阶段”，学者“只有通过最彻底的专业化，才有可能具备信心在知识领域取得一些真正完美的成就”[②]。其次，自主性程度越来越高，专业之间的距离不断扩大。学术知识领域固有的自主性和内在的深奥性，使得以知识为中心的组织通常给予专业雇员大量的自主和自由裁量权。大学尤其如此，在教学中主要依赖教师个人独自工作对知识进行组织；研究是更加互动性的过程，但也仍然是分权性的。再次，知识发现是一项永无止境的使命。知识发现需要跨越自己的专业界限或进行不同学科之间的交叉研究才能获得，从而不断进步，是一项探索不确定事物和未知世界的工作。最后，知识是通过世代累积而传承下来的。各门学科都是历史发展的产物，随时间迁移而不断发展演变。创设一门学科往往要经过许多代人的努力；创新的思想往往具有数百年的发展历史；过去的思想无疑是馈赠给今天的思想遗产。学术活动所具有的特性使学术组织形式与众不同且特色鲜明，为将课程和学位项目的活动进行结构化，大学教师在已被承认的知识领域的基础上，围绕学科

① ［美］罗杰·盖格：《大学与市场的悖论》，郭建如等译，北京大学出版社 2013 年版，第 1 页。

② ［德］马克斯·韦伯：《学术与政治》，冯克利译，生活·读书·新知三联书店 2005 年版，第 23 页。

聚集成系（所、中心、实验室），进而组成学院或书院等若干彼此独立的部分，以便处理更大知识领域的事务，执行如培育新手、扩展知识前沿、应用知识于实践，传播知识等多重功能，这些功能建立在大学对专业性、专门性和理论性的知识拥有唯一资格这一基础上。

计算机技术和通信技术的迅速发展，特别是 AI（人工智能）与 5G 终端等新技术的兴起使全媒体成为一个信息平台，让过去无法设想的信息生产成为可能，越来越多的社会组织参与到知识生产、传播等活动中。① 网络信息获取的开放性使信息来源立体化与信息内容多元化等特征日益凸显，大学虽不再是发现新知的唯一场所，但是它们的角色依然是独特的或者说是独一无二的，大学的知识生产有其自身的内在价值。大学中广泛的教学戒律要求发展和维持庞大的基础知识库，教学活动维持了知识前沿与更为普通的学科基础之间的联结。学术的专门知识在大学里通过训练新的学者再生产它自己，这个再生产过程不仅产生了新一代的专家，而且强有力地刺激着大学自身的创造力，防止停滞现象的出现。对社会和个体而言，以知识为基础的各种各样的活动存在着大量的互补性。教学（人才培养）、研究（科学研究）和应用（社会服务），以大量的不可预估的方式互相增强和孕育——研究激活了应用，而应用也产生了问题，甚至是刺激更进一步的研究发现；类似地，用于教学的知识的组织和综合为应用和研究提供了反馈。这三种活动彼此渗透，且同时进行，当这些活动以互补的方式进行时，就实现了效率。而且，具有高度专门化知识的个体在不同类型活动的联合方式中，比进行单一的活动——例如研究或教学——在运用其专业知识上有着更高的生产率。可见，具有教师身份的学者拥有的精深的专业知识、知识库的内在价值和多种知识任务的互补，一起构成了大学的理想典范，一所大学纯净的环境，应当是最适于追求系统的和理论性知识的。

二　以使命为要

几个世纪以来，大学的使命随着社会的发展而发生许多的变化。牛

---

① 朱景坤：《全媒体时代背景下大学的现实困境与发展理路》，《江苏高教》2012 年第 6 期。

津大学学者纽曼的《大学的理念》当属第一本对大学理想进行较为系统论述的重要专著。纽曼认为："大学是一个推动探索，使各种发现得到不断完善和证实的地方，是使轻率鲁莽也变得无伤大雅，使错误通过思想与思想之间、知识与知识之间的碰撞暴露于众的地方。"大学是一个通过知识传授提供博雅教育、培养绅士的地方（虽然他也认为大学可以训练职业人才）。"它旨在提高社会的思想格调，提高公众的智力修养，纯洁国民的情趣，为大众的热情提供真正的原则，为大众的志向提供明确的目标，扩展时代的思想内容并使这种思想处于清醒的状态，推进政治权力的运用以及个人生活之间交往的文雅化。"① 简言之，他心目中的大学所应培养之绅士乃指通达而有修养与见识的文化人。大学的目的是"传授"知识而不在"发展"知识，"如果大学的目的在科学的与哲学的发明，那么，我看不出为什么大学应该有学生"②。纽曼的大学理念显然是"教学"的机构，是为精心挑选的"人才"提供最好文化教育的地方，它着重在对古典文化传统的保持上。

在文艺复兴和宗教改革运动之后，古典人文学科逐步在大学取得一席之地，希腊时代对于自然科学的探讨也得到恢复，特别是在19世纪后半期，工业革命在欧洲大陆的充分展开，带来了对科学技术的普遍推崇，"知识就是力量"成为一种时尚，大学发生了巨大的变化，逐渐抛弃了中世纪大学的教育目的与教育内容。这一变化始于洪堡所提出的"学术自由""教学科研相统一"的原则，教师的首要任务是自由地从事于"创造性的学问"，强调大学不仅要传授知识，而且要成为科学和学术的中心，年轻人应该在大学里得到引导并且从研究中接受教育。这种大学理念所重者在"发展"知识而不在"传授"知识。当然，大学仍把"教学"看作重要的功能之一，但不再是"唯一"。德国进步的、以研究为方向的大学，"不仅为现有的大学提供了改革的指南，而且为新成立的大学确立了

---

① 李婷：《社会批判——大学的社会责任》，硕士学位论文，中南民族大学，2007年，第11页。

② ［英］约翰·亨利·纽曼：《大学的理想》，徐辉等译，浙江教育出版社2002年版，第1页。

遵循的标准"[1]，后来更是广为世界各地所羡慕和仿效，成为现代大学的典范。在美国，查尔斯·埃利奥特、安德鲁·怀特、威廉·雷尼·哈珀、丹尼尔·吉尔曼等校长或开办新大学，或对以前的大学进行了翻天覆地的改革。他们在改革中极力推崇德国大学的模式——开展科研活动，将自然科学纳入学科体系，开设博士学位课程。美国大学的先驱弗莱克斯纳在其《现代大学论——英美德大学研究》一书中系统地阐述了德国大学的新理念。但他认为，大学本质上是做学问的地方，其目的不只在发展知识上，也在培养人才上，大学必须是一"有机体"。他赞成大学应该探讨"物理世界""社群世界"及"美术世界"的种种知识，但他反对大学训练"实务人才"，反对大学开设职业训练之课程。他也反对大学无限地扩大以破坏它的有机性。他更极力反对大学成为社会的"服务社"。他强调大学应该是"时代的表征"，但他不认为大学应该随社会的风尚、喜恶而乱转。他并不认为大学应该是"象牙塔"，但他强调大学应严肃地批判性地把持一些长久的价值意识。

科学主义和人文主义的论争、功利目的和实用思想的把持，要求高等教育的教学和科研活动更多地服务于现实生活，致力于提高生活质量。在范海斯领导下的威斯康星州立大学的开创性实践，实现了高等教育功能的第二次延伸；继而"以斯坦福大学和加州伯克利大学创立以硅谷为代表的实施产、学、研相结合的模式，以知识创新、研究成果来为社会提供服务，使大学的人才培养、科学科研与社会的经济增长呈良性互动"[2]。特别是在第二次世界大战之后，大学教育得到较为普遍的发展，在世界范围内高等教育逐步由精英教育向大众化教育转变。美国作为最强大的工业化国家，其高等教育的发展尤为惊人，"校园的边界就是国家的边界"[3]。大学逐渐走出象牙之塔而步入社会的中心地带，并与社会保持着日益频繁的越来越密切的接触，为社会和经济发展提供多样化的服

---

① ［美］爱德华·希尔斯：《教师的道与德》，徐弢等译，北京大学出版社2010年版，第28页。

② 胡显章：《加强大学文化与文科建设 深化大学文化素质教育》，全国农林院校人文素质教育的理论与实践学术研讨会论文，哈尔滨，2004年1月，第57页。

③ ［美］德里克·博克：《走出象牙塔：现代大学的社会责任》，徐小洲等译，浙江教育出版社2001年版，第73页。

务。加州大学前校长科尔指出，大学成了社会的“轴心结构”和“服务站”，大学也由此变得五花八门：学生少则数万人，多则十来万人；组织不止学院、书院等，还有研究中心、推广站、出版社、交换中心等，大学课程多达上万门；成员不限于传统的教师、学生和行政人员，还有许多科研学者、产业教授；活动也更为繁多，除了教学、科研外，还有对外咨询、国际合作等。[①] 总之，在学校规模、组织架构、成员组成、活动等诸多方面，都与昔日大学不可同日而语。面对如此硕大无朋且错综复杂的机构，科尔给它取名为“multiversity”（巨型大学）以示区别。查拉德·盖泽尔曾对美国巨型大学发出由衷的赞叹：

> 这种大型的大学系统能够更好地保护好教育机构，使其不受外界压力的影响，也能储存和获得更多的教育资源，以便更高效地提供服务，还能在运行模式上实现规模经济所带来的利润和效益。这一新模式涵盖了美国的大众高等教育，促进了美国高等教育的民主化，也使美国社会将其决定性资源由劳动力变成了当前的知识。[②]

可见，美国大学早已越出了德、英的模式，而发展出自己的性格，已由纽曼的“乡村”、弗莱克斯纳的“市镇”变成五光十色的“城市”了。至此，帕利坎指出，大学的使命可表述如下：“大学是一个讲授普遍知识的地方，但是也通过研究推进知识，通过出版传播知识，而且把这样的推进、教学和传播与专业人员的培训结合起来。”[③] 作为教育机构，培养人才始终是高等教育最基本的职能和最重要的使命，本科教育和学习是大学的核心任务，否则大学就成为单纯的研究机构，不再是教育机构了。对此，胡建华有过明确的论述：“尽管在现代社会中，科学研究早已成为高等学校尤其是研究型高校的主要事业，但作为拥有大量学生的学校，教育学生、培养人才仍然是高等学校的最主要的工作，社会诉诸

① 金耀基：《大学之理念》，生活·读书·新知三联书店 2001 年版，第 8 页。

② ［美］查拉德·盖泽尔：《美国多校园大学系统：实践与前景》，沈红等译，教育科学出版社 2004 年版，中文版序言第Ⅱ页。

③ ［美］雅罗斯拉夫·帕利坎：《大学理念重审：与纽曼对话》，杨德友译，北京大学出版社 2008 年版，第 93 页。

高等学校的最主要的任务，高等学校能为社会做出的最主要的贡献。”[①] 安德拉斯·罗纳—塔斯同样注重高等教育对人才的培养，他认为，好的高等教育应该能够培养出优秀的人，这些优秀的人能最高效的工作并因此而对经济发展做出贡献；能有效地生产和利用知识，促进“知识社会”的发展；能发展个人提高社会价值和文化价值的能力。[②] 总之，现代大学应当以价值理性为最高的指导原则，使人成为主体而非他人的附庸，从而承担起启蒙的责任。“当今高等教育的任务主要不在于把学生打造成为知者，甚或批评性的思想家那样的学生，也不在于把他们造就为行者，而在于更多地把他们造就为人，使他们在变幻不定的世界中能够深谋远虑。”[③] 即高等教育要把“学生放在第一位”，通过集育才、科研和服务三位于一体，最终回归人才培养，培养学生具有超越蒙昧、迷信、盲从的能力，将人才培养作为大学持久的头等目标，坚持之、实践之、享誉之。

三 以学术为本

人们普遍认为，学术自由、大学自治、教授治校等大学理念反映了大学这一学术组织和文化机构的本质，概括了大学是什么、应该是什么等核心命题，指出了大学的特殊性以及大学与社会其他机构的区别，具有广泛的适应性。

（一）学术自由

作为研究和教学中心的大学是学术的事业，要实现其使命与价值，必须将自己变成平静的学术王国。“在这个王国里，可以超越学科和专业地位的界限，自由地讨论学术生活的本质和特征。”[④] 在大学的发展史上，根源于思想自由的一种特殊形式的学术自由“一直是大学所极力追求和

---

① 胡建华：《高等教育质量内部管理与外部监控的关系分析》，《高等教育研究》2008 年第 5 期。

② A. Rona-Tas, “Quality and Market Global Problems Seen from a National Context,” in *Quality Assurance in Higher Education*: *Quality*, Standards and Recognition, Bangalore: INQAAHE, 2001.

③ 陈志权：《大学制度的自由价值及其实现》，博士学位论文，西南大学，2018 年，第 126 页。

④ 钱宽、张凯：《“双一流”建设背景下省属高校海外高层次人才引进现状分析及对策建议》，《今日科技》2020 年第 5 期。

维护的核心价值和信念，是大学处理与宗教教会、世俗王权、现代政府和外部市场、学术团体内部关系所遵循的基本准则，也是学者生命的真谛”①。学术自由存在和发展的逻辑基础是由大学的本质和使命决定的，也被大学自身发展的历史所印证。大学的自身逻辑根植于高深学问的持续活动中，学术性是其本质属性，发现和传播真理、发展和繁荣学术是其核心使命。学术自由作为一种大学理念和制度则是从事高深学问的学术性智力活动之必备权利，是永远不能放弃的“要塞”。学术发展何以需要学术自由？布鲁贝克对此做了较为精辟的概括：“学术自由的合理性至少基于三个支点：认识的、政治的、道德的。”② 认识论认为，新的真理常常会颠覆旧的信仰而损害既得利益，必然会受到各种因素的影响和干扰，只有通过自由探索和不懈追求才能不断逼近真理，学术自由就成为追求真理的必要条件。这就是说，为了保证知识的准确和正确，“学者的活动必须只服从真理的标准，而不受任何外界压力，如教会、国家或经济利益的影响”③。政治论认为，人们之所以探讨深奥的知识是因为它对国家有着深远的影响，而不仅仅是出于好奇。这是因为过去根据一般经验就可以解决的诸多社会问题，现在则需要极深奥的专业知识才能解决。1967 年，大法官小威廉·J. 布瑞南对于纽约州忠诚宣誓的驳斥有力地捍卫了大学教学的自由：

> 学术自由……具有无与伦比的价值，不仅对于切身相关的教师如此，对我们所有的人来说也是如此。此项自由是宪法第一修正案的一种特别关注，它不允许法律将教条的帷幕笼罩在课堂之上……课堂是一个独特的思想的市场，而国家的未来不是依赖于权威性的选择，而是依赖于通过敞开广阔的胸怀，进行真诚的思想交流以及

---

① 张应强：《关于中国特色现代大学制度的理论认识》，《教育研究》2013 年第 11 期。

② ［美］约翰·S. 布鲁贝克：《高等教育哲学》，王承绪等译，浙江教育出版社 2001 年版，第 46 页。

③ 朱景坤：《美国大学教师学术自由的逻辑基础与制度保障》，《比较教育研究》2012 年第 2 期。

从不同的声音中发现真理的方式所培训出来的领导者。[①]

在道德方面，学术自由完全是为了公众利益和人类的福祉。“社会依靠高校作为获取新知的主要机构，并作为了解世界和利用它的资源改进人类生活条件的手段”[②]，这种公益的实现取决于能否自由地探索和表述真理。高校自由的长久维持依赖于自由的人，只有大学及其学者享有学术自由，大学才能更好地履行其职责和使命，致力于真理的探索。离开了学术自由，不仅会导致大学精神的丧失，而且最终会危及人类社会的长远利益。

（二）大学自治

大学从事的主要是高深学问的发现与传播，而自由是追求真理进行学术研究的必需条件。“既然高深学问需要超出一般的、复杂的甚至是神秘的知识，那么，自然，只有学者才能够深刻地理解它的复杂性。因而，在知识问题上，应该让专家单独解决这一领域中的问题。他们应该是一个自治团体。”[③] 学术活动的内在逻辑决定了大学必须拥有自治权。大学自治赋予大学以办学自主权，可以自主管理内部事务，“大学自治使其相对超越于社会现实，独立于其他社会机构而存在，这就给栖身其中的学者以学术自由，使执著于理性的追求和探求高深学问成为可能”[④]。大学自治成为维护内部学术活动自由的有力武器，形成了有效抵御外部社会力量的影响与干预的制度屏障。

作为一个社会组织，大学必然依赖于社会提供的资源支持，无法脱离社会而孤立存在。一方面，大学自治的实现须由国家政府用具有普遍社会约束力的法律法规保证其强制实施。西方各国在依法赋予大学自治权力的同时，对大学解雇教师也做了严格的法律规定，以此来保障大学

---

① 转引自［美］罗伯特·M. 奥尼尔《学术自由：过去、现在与9.11之后》，载菲利普·G. 阿特巴赫等《21世纪美国高等教育：社会、政治、经济的挑战》，施晓光等译，中国海洋大学出版社2007年版，第75页。

② ［美］约翰·S. 布鲁贝克：《高等教育哲学》，王承绪等译，浙江教育出版社2001年版，第48页。

③ ［美］约翰·S. 布鲁贝克：《高等教育哲学》，王承绪等译，第31页。

④ 朱景坤：《失落与重建：论大学批判精神》，《现代教育科学》（高教研究）2005年第6期。

的学术自由。如英国《1988 年教育改革法》重申要保证避免无充足理由而解雇学术人员；日本《教育公务员特例法》规定："为了保障教学、学术自由，校长、教师和部局长，不经大学自治机构审查同意，不得违背本人意愿调动其工作、降职或免职。"美国大学教授协会规定："正式聘用的全日制教授在退休年龄之前，其聘任期要得到保护，除非学校财务危机或教授不能胜任或道德败坏，不得解雇。"[①]《中华人民共和国高等教育法》明确规定，大学"依法自主办学""通过以教师为主体的教职工代表大会等组织形式，依法保障教职工参与民主管理和监督，维护教职工合法权益"。另一方面，国家应从政策和经费上支持大学发展，而不是把大学当成自己的附属品，从而避免大学的理念只是国家政策的诠释或官员意志的投射，使其能够处理好与政府和社会的关系，保证其有异于政治的"独特性"。这有利于产生一种客观、冷静思考的心态，有利于纯粹学术研究和真理的探索。

（三）教授治校

历史经验表明，学术自由的实现程度与大学教师群体在大学内部管理活动中拥有的权力大小息息相关。就是说，具有学术自治权利的大学并不能使教师自动享有学术自由，还需要建立起校内学术内行管理制度。"教授治校"有着悠久的历史，它直接源于中世纪大学。最早的"教师型大学"——巴黎大学，通过效仿中世纪城市盛行的行会模式来维护大学的利益，由大学教师决策、管理校长的选举、招生、课程的设置与选择等事务，开创了教授治校的先河。[②] 19 世纪，洪堡创立柏林大学，提出"学术自由"的理念，并在学校层面建立了由正教授代表组成的评议会等机构以全权决策大学层面的学术事务，同时开设讲座制这一最基本的教学研究制度，以有效保障教授的"教学自由"与学生的"学习自由"。作为讲座制的唯一负责人，讲座教授能够独立聘用学术与非学术人员，确立学科的发展方向，经费的使用，选择教学内容和研究课题等，拥有几乎所有的管理基层学术组织的权力。洪堡的这些举措使包括柏林大学在

① 陈列：《市场经济与高等教育：一个世界性的课题》，人民教育出版社 1999 年版，第 127 页。

② 刘丹、朱景坤：《教授治学的内涵及其合理性分析》，《现代教育科学》2016 年第 8 期。

内的德国大学迅速发展，引起了广泛的关注，“很快教授治校的模式开始成为众多国家竞相效仿的样板”①。美国的大学一开始实行的是由校外人士组成的董事会治校的管理模式，伴随着学术职业的发展，大学教师在招生、办学、管理过程中的重要性逐渐得到重视，“专权的董事会只能顺应时势的发展，不仅把学术事务的处置权交还给教师，而且逐步构建了在更大范围内让教师参与学校管理的机制”②。时至20世纪六七十年代，大部分美国大学教师都比较牢固地获得了参与大学内部管理的权限。其实，在20世纪上半叶，教授治校的理念也曾被蔡元培、梅贻琦、郭秉文等引介到北京大学、清华大学、东南大学等中国大学的管理实践中来。

进入现代社会，“教授治校”的内涵虽然发生了很大的变化，但“大学学术管理决策的主体”是以教授为主体的学术人员群体这一原则是一贯的。正是“教授治校”制度赋予教授团体主管教学研究等学术事务的权力，突出的学术导向机制确立了教授团体与校行政和校董会分权的管理体制。即在行政管理中采用非学术人员控制和管理的科层组织结构，在学术管理中采用教授控制和管理的传统组织结构，并将二者有机地结合起来。教授治校制度彰显了大学的本质特征，明确了学术权力在大学场域中的突出作用，进一步巩固了大学教师在大学发展中的核心地位。它成为阻止大学行政权力强势扩张的制度堡垒，有利于防止行政权力的泛化和学术权力的行政化与官僚化，从而保持大学“学人社会”“知识性社会”的学术本色。中国的大学在党委领导下的校长负责制这一根本制度框架内，按照大学章程的制度安排实行“教授治学”，由有声望的教授组成学术委员会、职称委员会等多种类型的“教授会”，掌管教学、研究等学术性事务，并对学校的大政方针进行咨询，发挥其智囊作用，使其既能符合中国特色社会主义的国情，又能反映当今高教系统的客观规律和发展趋势。总之，正是这些学术文化赋予大学持久的生命力与特殊的意义，使大学成为各种高深知识的聚集地和创新科技文化的场所，成为各种学术思潮和思想观念的交汇之地，并显示出不屈从外力的社会批判

① 欧阳光华：《教授治校：源流、模式与评析》，《高教发展与评估》2005年第4期。

② 彭阳红：《“教授治校”与“教授治学”之辨——论中国大学内部治理结构变革的路径选择》，《清华大学教育研究》2012年第6期。

精神，树立起知识权威的地位。

第二节 教师：以学术为志业

自大学诞生之日起，教师就身处其中并与之一道发展至今，甚至可以说，大学正是源自中世纪与“学生大学”博弈并最终成功延续下来的“教师大学”。大学作为一个探究高深学问的师生学术共同体，应是一个以学术为志业，遵从学术伦理，以追求真理为目标的人合组织。担任哈佛大学校长20年之久的科南特曾指出：“大学的声誉，不在它的校舍和人数，而在于它一代一代教师的质量。一个学校要站得住，教师一定要出名。”① 在任期间，使清华从颇有名气而无学术地位的留美预备学校，成为蒸蒸日上、跻身于名牌大学之列的梅贻琦也强调指出：“所谓大学者，非有大楼之谓也，有大师之谓也。”② 中外两位著名校长表达的是同一个主旨——大学乃大师所为，教授职位是大学的中心，如果没有一支有效的、受过良好教育和乐于奉献的学术队伍，大学就不可能成功。

一 明晰学术职责

大学的基本使命是推进和传播知识，这个使命首先嵌于所有大学教师身上——他们的专长、行为和角色中，为使学习成为大学中首要的事情，必须要求它在教师的动机中是最重要的。大学教师作为特殊的社会群体，凭借着他们自身崇高的教育理想信念和渊博的专业知识，承担着人才培养、科学研究、社会服务和文化传承与创新的使命与责任。通过扮演独特的社会角色、履行不可替代的社会职责，大学教师的角色实际上包括了以专业知识为中心的许多任务，集知识的传播者、科学研究的引领者和社会服务的践行者三重角色于一身。

（一）知识的传播者

随着大学职能的扩展，大学教师的工作领域也变得日益宽泛，但唯

---

① 李兴国：《我国重点财经类大学学科评估及学科发展策略研究》，《重庆大学学报》（社会科学版）2020 年第 2 期。

② 黄延复、马相武：《梅贻琦与清华大学》，山西教育出版社 1995 年版，第 1 页。

有基于人才培养的教育教学活动，才是教师有别于其他知识分子的一项特殊活动。大学教师工作最重要的一个方面是如何将学子培养成拥有高尚的德性、卓越的理性和丰富的情感，具有一定的专业技能、实践能力和较强的创新精神的社会人才。大学教师在教育教学活动中“承担着引导者、推动者和共同思考者的角色，而不是简单的知识传授者和答案给予者”①。大学教师在课程建设和课堂教学中要自觉融入社会主义核心价值观，坚持把立德树人作为自己职业的根本追求，通过知识传播活动和言传身教的育人过程，大学生不仅从教师身上学到专门知识和解决问题的方法，而且要从他们的谆谆教诲中领悟到科学的思维方式和积极的人生态度。因此，大学教师的教育教学活动对学生产生着全面的影响，体现为一种复杂的教育过程。他们要以高尚的师德修养和端正的教学与育人态度、系统的知识和科学的方法，做到学高为师、身正为范。

大学教师要不断丰富完善自己的知识体系，积极主动下功夫钻研教育教学业务，努力改进授课技巧和教学方法，努力提升自身的课堂感召力和课程吸引力。帕克·帕尔默说：“所有真实的生活都源于相遇。教师与学生之间寓于教学的，就是无止境的相遇。”② 正是大学里研究与教学的结合，让那些杰出的专家与有前途的学生面对面接触。教育是互为主体的师生之间心与心的交流与整合，是人的灵魂的教育，没有灵魂的存在，没有教师本真自我的呈现，就不可能有学生的真实自我呈现。良好的师生关系是教书育人得以有效展开的前提，梅贻琦在《大学一解》中对师生关系有过精辟的论述：“学校犹水也，师生犹鱼也，其行动如游泳也。大鱼前导，小鱼尾随，是从游也。从游既久，其濡染观摩之效，自不求而至，不为而成。”③ 梅贻琦意在表明，这种由“教师导引、学生从游”所营造的良好的学术氛围不仅在耳濡目染、潜移默化中取得事半功倍的教育效果，而且更有利于学生的健康成长。在教育教学过程中，学生与教师需要面对面的思想碰撞与交流——对于学生和教师来说，用电脑终端取代人际交往，并不是一种理想的选择。不要简单地认为技术可

① 陈何芳：《论大学学术活动的特性与学术生产力》，《江苏高教》2006 年第 6 期。

② 苏敏：《课程与教学改革的价值立场》，《中国教育报》2017 年 12 月 14 日第 7 版。

③ 涂又光：《中国高等教育史论》，湖北教育出版社 2003 年版，第 334 页。

以取代导师“活生生”的教学，真正的大学恰恰是建立在学术研讨争论之上的。技术主要是补充而非替代品；电视没有取代书籍，文字处理系统也不可能取代纸笔，正如吉尔曼所指出的：“眼神、语调、停顿、强调、手势、苏格拉底式对话、机智的鼓励，相比那些死板的印刷产品而言（比如图书馆提供的字典和教科书、大写字母和斜体字，摘要和索引等等）更富有教育指导意义。”①

（二）科学研究的引领者

在大学里，教学是根本，研究是关键，大学应该是各个领域新的发现的来源，那些把知识传播给学生的教师也应该是推进知识的研究者。大学拥有思想活跃、富有创新精神的各类学术人才，拥有先进的设施设备、实验器材和图书情报资料，更拥有门类齐全的学科专业，这种独特优势是任何其他社会机构所无法比拟的。一方面，大学具有知识创新所必需的先天优越条件，应当积极开展科学研究，通过学术创新延展人类知识的边界，为社会发展和人类进步做出更大贡献。另一方面，“进行科学研究是大学教师和大学自身获得发展的重要途径”②。大学教师学识水平的提升和教学科研以及服务社会能力的培养，都离不开科学研究活动的学术积累与实践锻炼。

研究和发表成果不仅是大学教师职位申请和职务晋升的手段，而且是一种持久的责任和教授工作报告中的一个重要组成部分。教师通过科学研究培养出来的学术能力，有助于提高他们在学术组织中的地位与声誉，促进其学术职业的发展和教学能力的提升。大学教师的使命不只是传播已知知识，更重要的是创造性地发展知识，培育新人。全国人大常委会原副委员长钱伟长说过：“你不上课，就不是老师；你不搞科研就不是好老师。教学是必要的要求，而不是充分的要求，充分的要求是科研。”③ 在现代大学里，教学要与研究相结合，至少要努力跟上最新的研究进展，大学教师不仅要进行研究，而且要把他的教学建立在别人及自

---

① ［美］丹尼尔·柯尔特·吉尔曼：《美国大学的问题》，兰玉译，浙江教育出版社 2019 年版，第 190 页。

② 陈何芳：《论大学学术活动的特性与学术生产力》，《江苏高教》2006 年第 6 期。

③ 钱伟长：《不上课就不是老师 不搞科研就不是好老师》，2010 年 8 月，中国青年网（http：//news. youth. cn/gn/201112/t20111229_1883727. htm）。

己的相关研究的基础之上。教学如果得不到研究的支持，就会丧失活力，一个满足于从别人那里学到的东西的人永远不会成为一个伟大的教师。大学教师要树立正确的教学观和科研观，处理好教学与科研，个人发展与科研的关系，真真正正以人才培养为中心，把教学放在第一位，把科研作为提高教学质量和推进专业发展的必经之路。

（三）社会服务的践行者

知识只有应用到实际生产和生活中去，才能体现出应有的价值，知识的创造与应用是密不可分的。大学教师的职业角色也包括知识的应用，他们可以通过专利和技术转让将自己的研究成果推广到社会生产实践中去，也可以运用专业知识和技术指导工农业生产和政策咨询，为企事业单位发展出谋划策，发挥智库作用。大学教师“从事知识应用等社会服务活动，不仅可以有效补充科研经费的不足，而且能推动基础理论研究与社会生产实践应用的结合，相互促进、共同发展”①。社会服务也能够帮助大学和教师了解社会需要什么样的学术成果和人才，使大学的人才培养和科学研究工作更加有针对性，更好地联系并服务于社会发展实际。

大学人把发展知识、探索真理、批判社会视为知识分子的义务和追求，真正的教师同时又是真正的知识分子——这些知识分子始终是理想的源泉，正是这些理想引导人们勇敢地面对时代的困扰。需要特别指出的是，大学生命中一个不可或缺的部分就是审视我们所处的世界，对它进行评价和评判，正如雅克·勒戈夫所指出的：“大学教师有一种对社会批评的爱好。”② 大学教师可以利用自身的专业和技能优势承担针砭社会时弊和参政议政的角色。作为知识分子，大学教师关注的是自身以外的“大社会”，他们对社会的评判，是出于自身的正义和良知而不附加任何的个人私利，不考虑个人安危，是超越于一己的利害和经验而关心整个社会和人类的生存与发展，成为“社会的良心”。

二 坚守学术伦理

随着个人学术不断走向社会学术，大学教师的活动范围得到不断扩

① 陈何芳：《论大学学术活动的特性与学术生产力》，《江苏高教》2006 年第 6 期。

② ［法］雅克·勒戈夫：《中世纪的知识分子》，张弘译，商务印书馆 1996 年版，第 21 页。

展。近年来屡被披露的学术不端事件使诸如“学术伦理的丧失，乃是学术腐败之根”之类的话语频频见诸报端。学术规范的产生和有效性绝不源于外部性的权力，而是源于学者个人对它的承认，以及学术共同体对违背这些规范的行为所实施的道德谴责和惩罚。因此，“学术伦理的问题只能通过学术伦理的重建来实现”①，坚守学术伦理也就成了社会和公众对大学教师的普遍期待。

（一）弘扬学术志业

以学术为职业和以学术为志业是学术工作的两种状态，是以学术为谋生手段和以学术为生命历程两种截然不同的学术境界。在韦伯看来，大学教师应是以学术为“志业”而非赖以谋生的“职业”，大学人应是为“学术而生”而绝非以“学术为生”②。所谓志业，就是听命于某种神圣的召唤而进行的一场生命实验，以学术为志业需要有理论的勇气和研究的热情，需要具备人格条件，“在学问的领域里，唯有那纯粹向具体工作献身的人，才有人格。不仅研究学问如此，就我们所知，伟大的艺术家，没有一个不是把全部心力放在工作上；工作就是他的一切”③。从大学的内在逻辑来看，教师是知识大厦的建设者和守门人，而不是向社会兜售其产品的知识商人，需无私地投身于发现真理、推广美德的事业，摒弃其他杂念。也就是说，一个专业人员不应该仅仅为工资而工作，他还应该为社会正义和善而工作，从事的是一个德性的事业。正如霍克所指出的：“知识分子是精神生活质量的天然保护者和糟粕的天然批判者，是理想的踏实卫士。”④ 育人者育心、育人者必自育，如果教师自身不是一个高尚的人，那么他就不能高尚地进行教书和育人。

大学教师把学术作为志业，“是学术研究的灵魂和导向，也是学者和共同体独立和自由、求真和创新等内在学术品格和外在社会良心的表

---

① 王晓辉：《学术伦理，学者内在的品质》，《比较教育研究》2012 年第 9 期。

② 王建华：《道德危机中的中国大学》，《大学教育科学》2010 年第 2 期。

③ ［德］马克斯·韦伯：《学术与政治》，冯克利译，生活·读书·新知三联书店 1998 年版，第 27 页。

④ 夏中义：《大学人文读本：人与国家》，广西师范大学出版社 2002 年版，第 286 页。

达”[①]，无疑成为一种学术信仰。这种信仰来自于学者的生命力量与最高激情，它蕴含着大学教师对真理的热爱与追求、向往与敬畏。这种信仰获得了一种团队凝聚力，成就了学者闲逸好奇的自由意志，“信仰使学者们探索发现真理的追求与社会道德义务联结在一起，一旦人们有了共同的信仰，就会产生一种内驱力，使个体拥有高度的学术自觉”[②]。正如美国学者帕克·帕尔默所说：“当教师把职业生活当作一场心灵之旅时，才会始终追求教师职业的内在尊严与欢乐”[③]，他们听从义务的要求、岗位的职责、良心的声音，全身心投入工作，其毫无自私之心的奉献精神是人性所能呈现的极限。正因着这样一份内在抒发的职业信念与情感，以学术为志业，师者才能尽其心，学生也才会竭其力，将学问作为师生共同的追求，通过他们的劳动，知识得以积累、智力资本得以获取。

（二）履行学术责任

通过承担和履行学术责任，大学教师可以实现其发现和创新知识、教育培养学生、服务国家和社会发展等核心使命。自觉以“立德树人”为核心，以“社会主义核心价值观”为指引，做到“目中有人”。通过学术实现对大学生的培养，在教育教学中严守“至善”的治学理念和崇尚真理的学术精神，将育人作为其最基本的职能和主要的学术责任，“引导青年人进入学术持续发展所依据的那种神秘的、不间断的过程之中”[④]；在科学研究中，大学教师要自觉遵循“价值中立”的原则，遵守学术规范与道德，按事物的是非曲直做出客观判断，杜绝学术不端和腐败；在面向社会服务时，学者作为知识分子承继了人类最好的精神遗产，享受着人间的特惠，就应该对国家与社会负起知识的责任，必须做有德之君子，为天下之道德表率，教化乡里，为民请命，为天下开太平。正如费

---

① 陈正权：《从应然之思到实然之举：大学学术共同体发展逻辑与旨归》，《现代教育管理》2019 年第 9 期。

② 唐松林、魏婷婷：《学术共同体的契约精神：本质、背离与回归》，《教育发展研究》2015 年第 7 期。

③ 转引自陶继新《精神在生命转折中升华——汪甄南先生的教育追求与数学教育情结》，《新教师》2019 年第 7 期。

④ ［美］雅罗斯拉夫·帕利坎：《大学理念重审：与纽曼对话》，杨德友译，北京大学出版社 2008 年版，第 22 页。

希特所强调指出的:“掌握的知识不是为了自己,而是为了社会。”① 大学教师要对伦理问题保持清醒的认识,以知识分子的责任和学者的良知保证学术服务于社会发展和人类的文明与进步,真正用于造福社会和人类的福祉;对学术共同体而言,要研究制定共同认可的学术研究方式、评价标准、伦理规范和奖惩机制,遵从学术规范和专业标准,进而形成认同感和归属感,履行好学术秩序的建设者、维护者和监督者的职责。②

(三)遵守学术规范

学术是一种有着严格规范要求和崇高精神追求的事业,从事高尚的、创造性学术研究活动的人必须遵循学术内在的原则,即学术活动本身的规范。大学教师在日常教书育人过程中以及作为专家参与各种政策咨询、学术评审活动时,应秉承客观、公正的原则,遵守学术伦理、忠诚于学术——“他们在教学中提出的或者在研究中得出的陈述应该尽可能真实,应该立足于系统收集的和经过分析的证据,应该考虑到本专业领域的知识状况”③。大学教师在课堂教学中对有争议的问题必须遵循学术中立的原则,特别是对专业领域以外的问题不能随意发表言论,更不能把自己的观点强加给学生。讲台不是先知和煽动家应待的地方,教师要有自我约束,“真正的教师会保持警惕,不在讲台上以或明或暗的方式,将任何态度强加于学生。当然,‘让事实为自己说话’是一种最不光明正大的手法”④。大学教授只能对自己专业领域内的问题发表看法,而对有争议的问题必须保持学术中立,这是成为大学教师的职业道德准则。由于教师的私人生活也会对教学责任和教育机构的其他合法利益产生影响,因此并非完全不受限制和约束的,它必须符合教师职业道德和学术规范的规约。

总之,大学的秩序建立在真理探究和知识传播的自然正当原则、学

---

① [德]费希特:《论学者的使命》,梁志学等译,商务印书馆1980年版,第42页。

② 李剑鸣:《自律的学术共同体与合理的学术评价》,《清华大学学报》(哲学社会科学版)2014年第4期。

③ [美]爱德华·希尔斯:《教师的道与德》,徐弢等译,北京大学出版社2010年版,第2页。

④ [德]马克斯·韦伯:《学术与政治》,冯克利译,生活·读书·新知三联书店2005年版,第37页。

者的学术责任和诸自然天赋之上。大学教师的尊严、权威和权利来源于知识及其社会中心价值，他们的责任内在于对知识和真理的追求和获取、评价和传播的权力与义务之中，并必须辅以热情和理性，这也是学术活动的道德原则。

三　重建学术共同体

就其本质而言，大学的发展和变迁均不能偏离学术共同体的轨道。长期以来，由于计划管理的惯性思维和单位制的组织设计，我们一直用管理干部的模式管理大学教师队伍，教师具有干部身份，教师的录用和入职、任命和调配、考核与奖惩、福利和保障等都是通过计划和行政的手段来进行的，这种模式显然已经不能适应现代高等教育发展的需要。

> 中国大学在管理上又出现明显的企业化倾向，人们试图借鉴企业制度的理性化设计来提高大学组织的效率及效益，模仿企业运行机制引入财力加人力的激励模式，起到了加强师资队伍建设，鼓励科研活动的作用。但高校毕竟与企业存在本质的不同，学术研究和人才培养有其特殊规律，经济规律不能代替教育规律，特别是某些急功近利的做法，对大学的伤害是显而易见的。①

我们在进行大学管理特别是大学的学术管理时，必须遵循学术规律和教育规律，充分体现大学组织的学术特性，凡涉及大学学术管理的各个方面，如专业评估，经费筹措，教师聘任、考核和晋升，实验室建设，学生入学及管理，学位授予等，都应以明确具体、行之有效的规章制度作为管理的依据，明晰管理中都认可的权利和义务，建立起有效的运行机制，重建学术共同体。

（一）建立起严格筛选、合理流动的教师选聘机制

只有教师才能完成知识创造与传授和文化传承与创新等大学基本的功能，而任何其他功能与机构设置都只能是其所衍生的外在性工具和派

---

①　朱景坤、姚宜新：《构建科学的大学学术管理体制和运行机制探析》，《徐州师范大学学报》（哲学社会科学版）2006 年第 3 期。

生性需求。因此，“大学中最为重要的事务就是按照教师品德和能力的严格学术标准招聘大学共同体自我延续必需的优秀人才，这是构建和维护共同体良善秩序、实现大学最终价值理想和社会公益的基本前提”①。首先，采用开放持续的方式严格招聘教师。保证把新的人才持续地输入大学的研究、教学和出版事业中来，这乃是一种优先需要，特别是严格的筛选确保了教授队伍里的人都有共同的理想：在大学里要做一个杰出的教授，既教好书，又做好研究。要通过科学的指标体系，引导他们将全部精力投入其擅长做、应该做的事情当中。教师应面向国内外进行高薪遴聘，并广泛征求校内外甚至国外同行专家的意见。聘任在一般情况下不直接选留本校的毕业生，而应多吸引校外甚至国外那些有潜力、可成长为学术带头人的优秀中青年骨干教师。通过“远缘杂交”改善师资的学缘、地缘结构，减少“近亲繁殖”所带来的创新乏力、学科生长不强等弊端，“更重要的一点乃是它能够从根本上建立起中国大学教师的流动机制，并从关键之处下手促进整个中国社会人才的合理流动”②。在加大引进人才力度的同时，还要做好教师的培养和专业发展工作。这种从校外聘请和校内培养晋升相结合的师资队伍建设方略，是既能保持活力又能保证质量的行之有效的办法。其次，对教师的教学和科研实行定期评估与考核。可借鉴国外较为通行的“非升即走”原则，将评估与考核结果与分配、晋升、续聘紧密结合起来，对评估与考核不合格者坚决不予晋升和续聘，从客观上促进人才在不同院校之间的合理流动和学校各级人员的不断更新，使教师在学术上相互补充，优化学校学术环境。在招聘、晋升和续聘工作中要改变“重科研、轻教学”，主要与科研项目和成果挂钩的做法，对那些研究出色而教学不好的教师坚决不予聘任和晋升，以推动教学与科研的相互促进和教师持续不断地提高教学和学术水平，实现教师结构的优化和规格提升。

（二）建立起竞争择优、合理高效的师资优化配置机制

从某种意义上说，中国高校在计划经济体制下长期实行的用人制度

---

① 王晨：《大学共同体诸面向：学术、德性与政治——爱德华·希尔斯大学思想释读》，《北京大学教育评论》2014 年第 2 期。

② 韩水法：《大学与学术》，北京大学出版社 2008 年版，第 80 页。

也是一种终身制，只不过这种制度的实施对象是所有的教职员工而已。这种终身制是有巨大代价的，“它的代价就是教师学术权利和权力的缺乏，而其中最致命者，就是学术自由的阙如”[①]。这种制度安排具有相当大的消极活动空间，不利于调动积极性、激发创造性，不利于人才的脱颖而出。浙江大学曾对教师业绩量化后的情况进行分析，得出的结论是：25%的教师承担了55%的教学科研工作量；65%的教师承担了44.8%的教学科研工作量；另外10%的教师只承担了0.2%的教学科研工作量。[②]美国哥伦比亚大学教授亨利·莱文指出：“不同大学的资源配置策略可以造成成本效益的天壤之别，不是2%或3%的差异，有时是400%或500%的差异。”[③] 针对无能教师滥竽充数、平庸教师不求进取、优秀教师没有岗位的状况，许多大学已采用各种方法引入竞争机制，例如竞争上岗、按教学业绩聘岗、对新聘年轻教师采用合同制，等等。与此同时，由于中国社会主义市场经济的新环境为人才提供了更多的选择机会，高校也面临着如何吸引人才、留住人才的问题。在这一方面，我们可以借鉴美国大学教授终身制的一些做法，在严格定期评估的基础上，建立真正意义上的“教授终身制”，最大限度地保障教师的学术观点和价值判断完全来自于他最佳的专业性判断，而不是对失去工作的畏惧。“终身职位制度创造了一种对全体教员包括未获终身职位的教员都有利的学术自由氛围。如果没有终身职位制度，那些发表不受欢迎观点的教授，就有可能被解雇。缺乏学术自由，高等教育的批判功能就会丧失。”[④] 实行终身教职的主要依据之一在于，它是学术自由的必然要求，教授终身制对吸引学术精英、稳定教师队伍、提高教师素质起到了积极作用，也是一种用来吸引优秀人才从事教育事业的重要手段。北京大学、清华大学、浙江大学、复旦大学、华东师范大学等国内高校已经推进以“非升即走”制度为核

---

① 韩水法：《大学与学术》，北京大学出版社2008年版，第56页。

② 潘云鹤：《关于研究型大学管理结构与运行机制改革的几点思考》，载教育部中外大学校长论坛领导小组《中外大学校长论坛文集》，高等教育出版社2002年版，第99页。

③ ［美］亨利·莱文：《中国大学的有效资源配置》，王燕译，载教育部中外大学校长论坛领导小组《中外大学校长论坛文集》，第380页。

④ 周文霞：《美国教授终身制及其对中国高校教师任用制度改革的启示》，《中国人民大学学报》2003年第5期。

心的人事制度改革，希冀基于常任轨机制建设，不断完善终身教职制度。

（三）建立公平公正，合乎学术发展规律的教师评价机制

一个人的德才学识最终要体现在实践中，落实在贡献上。以实绩分高下，以贡献论英雄，这才是硬道理。科学合理的学术评价可以激发教师的学术创造力，规范教师的学术行为，鉴别教师的学术贡献，评判学术的进展，以达到推动学术发展与创新的目的，当然也与学者个人的工作报酬和职位升迁、专业声望和学术地位息息相关。怀特海曾强调指出："我们绝不能认为，大学以创新思想的形式生产的产品只能通过发表署有作者姓名的论文和著作来衡量。"[①] 人类生产精神产品的方式正如它的思想内容一样富于个性，仅仅根据署名发表的作品来评价一位教师的价值是极其错误的。片面强调影响因子和引用率也违背了人文社会科学研究的"规律"，目前以论文数量和研究经费多寡为基础的教师奖励和晋升制度，在收到显著成效的同时，这种"行政主导""过度量化""以刊评文"的弊端也破坏了科研和教学之间的平衡，极大地妨碍了高等教育事业的健康发展。[②] 学术评价的不合理，导致学术界流弊丛生，丑闻不断，浮躁成风，严重损害了学者的声誉，也阻碍了学术的进步。[③] 我们需要重新思考"学术"的内涵，把知识的传递、发展、综合和应用作为一个完整的学术范式，采用科学的评价准则和方法，使人才的选拔、晋升和研究经费的获得建立在个人的才能基础之上，营造公平的竞争环境。2016年9月，教育部在出台的《关于深化高校教师考核评价制度改革的指导意见》中明确要求：坚持考核评价改革的正确方向，以"师德为先、教学为要、科研为基、发展为本"为基本要求，坚持社会主义办学方向，坚持德才兼备，注重凭能力、实绩和贡献评价教师，克服唯学历、唯职称、唯论文等倾向（即所谓的"破五唯"）。[④] 当然，"破五唯"不是不发

---

① ［英］怀特海：《教育的目的》，徐汝舟译，生活·读书·新知三联书店2002年版，第147页。

② 朱景坤、姚宜新：《构建科学的大学学术管理体制和运行机制探析》，《徐州师范大学学报》（哲学社会科学版）2006年第3期。

③ 李剑鸣：《自律的学术共同体与合理的学术评价》，《清华大学学报》（哲学社会科学版）2014年第4期。

④ 《关于深化高校教师考核评价制度改革的指导意见》，2016年9月，中华人民共和国教育部（http：//www. moe. gov. cn/srcsite/A10/s7151/201609/t20160920_281586. html）。

表论文，更不是说写论文不重要了，而是少发“泡沫化”的文章，多做一些高质量有价值的研究。在教师的聘任、职称的提升、任期的决定和科研经费的申请中，要强化同行评价，特别是校外同行评价的作用。正如哈佛大学文理学院前院长亨利·罗索夫斯基所认为的：“对科学研究能力和研究成果方面的一致意见的可能性则要大得多。……同行评价是一种可供选择的办法。有时，它可能是保守的，有时可能是政治性和出于利益冲突的，但十次中有九次可以产生明确的答案，答案相当一致和客观——至少在同教学评价相比较时是如此。”① 还可利用文献资料、检索等进行学术评价。这样，科学的评估所营造的公平竞争环境提供了激励动力和竞争压力，形成一种落后有压力、前进有动力、发展有活力的局面，稳定真正的人才队伍和发挥人才的巨大作用，保证高校系统良好地运行。

（四）建立以人为本，合乎学术组织个性的民主管理机制

大学是一个有自己的个性和特点的组织和管理体系，知识创新和教育创新的关键在于教师，而激发教师积极性和创造潜能的关键是民主、科学的管理制度和管理模式。英国教育家怀特海说：“管理一所大学的教师队伍与管理一个商业组织截然不同。教师的意见以及对大学办学目标的共同热情是办好大学的唯一有效的保证。”② 大学教师和管理者是非常特殊的知识工作者，在工作中追求平等的地位，不满足于单方面地听从安排，而是常常以合作者的姿态出现，乐于共同探讨和设计学校及自身发展的问题，他们更多地着眼于自身价值的实现，若学校有较好的发展前景和良好的工作环境，他们可能会努力且创造性地工作，否则很可能会另谋高就。“知识工作，包括信息收集，发挥创造力，实验，发现，以及新知识与更大系统的统一，其本质意味着上司不能像对挖掘工或从前的流水线工人那样对知识工作者发号施令。”③ 与其他由高级专业人士掌

---

① ［美］亨利·罗索夫斯基：《美国校园文化：学生·教授·管理》，谢宗仙等译，山东人民出版社 1996 年版，第 78 页。

② ［英］怀特海：《教育的目的》，徐汝舟译，生活·读书·新知三联书店 2002 年版，第 148—149 页。

③ ［美］保罗·S. 麦耶斯：《知识管理与组织设计》，蒋惠工等译，珠海出版社 1998 年版，第 84 页。

控的领域一样，在高等教育领域，没有人是通过命令才好好授课并提高教学质量的，强制规定不可能带来最佳结果。大学要针对学术管理的特点，在管理机制上变行政管理为人本管理，不仅要激发教师在科研和教学中的积极性和主动性，而且要确立广大教师在民主管理中的地位和作用。通过健全规范的组织机构，畅通民主管理渠道；通过制定可行的组织制度，保障民主管理权力，让大批优秀教师参与到学校的各级决策、管理、咨询、学术机构以及民主管理和监督机构中来，切实发挥教职工参与学校管理的作用。[①] 在管理模式和管理制度上，要有利于激发教师在学术、科研和教学中的积极性、创造性，确立广大教师在大学管理中的核心地位和作用。只有充分调动广大师生员工参与决策与管理的积极性，用民主的方法、学术研究的方法来解决学术领域的决策和学术发展方向的问题，才能提高学校管理的有效性和科学性。

第三节　学生：以全人为指向

现代高等教育在一定程度上已转化为对智力、理智和能力的培养及对知识、技能的掌握，侧重对“才”的工具价值的关注，而将人自身的价值排斥或遗忘了。“在重‘才’轻‘人’的教育中，学生的主体地位被所谓的知识、技能所取代，出现‘目中无人’的教育”[②]，不仅使得“才”难以有效培养，而且无法保证学生有限的“才”能够发挥正向作用，结果是既没做到“立德”也没做到“树人”。尽管现代大学职能的多样性成为主流趋势，但大学的中心任务始终只有育人一个，“育人是大学唯一不会变也不能变的最基本组织功能和最重要社会职能，这是所有大学必须坚守的大学一致性所在和大学的特征不变量”[③]。大学教育应该在知识之外更重视德性的问题，在科学和实际生活中都不需要狭隘的人，而是需要既广闻博学又有专长的人才，培养出这样的人才是现代大学的

① 朱景坤、李泽彧：《世界一流大学内部管理科学化与民主化比较研究》，《辽宁教育研究》2002 年第 11 期。

② 李忠、王筱宁：《高等工程教育中的“人”的问题》，《教育研究》2014 年第 9 期。

③ 周海涛、朱玉成：《细悟大学“理性”》，《教育研究》2018 年第 7 期。

最高价值所在。教育的过程不只是知识的传授，学会认知、学会做事、学会生活、学会生存与创新以及情感的关怀、伦理的关照等，都应该成为教育关注的主题、对象和教育的基本内容，育人使命的担当意味着大学必须对学生置顶重视。2021 年 4 月，习近平总书记在清华大学考察时指出，中国社会主义教育就是要培养德智体美劳全面发展的社会主义建设者和接班人。[①] 要培养健全的人，必须开展通识教育以重建人文教育，充分发挥人文艺术在人才培养中不可或缺的作用，使大学成为聪明、有活力和不同年龄的学生随时可以接受教育的地方，一个能与他人一起在口头表达、写作、表演、游戏、想象力和身心各方面都得到共同发展的地方。

一　培养健全的人

人是有思维和理性、有语言和情感，会劳动、能创造的社会人，这与动物有着本质的区别。人的生活是创造生存意义的生命活动，在本质上人是一种社会性的健全的存在，“人既是具体的、生成的，也是完整的”[②]。健全的人注重人的个体完满和社会责任承担，是人的个体性和社会发展的统合，概括来讲是自知的人、文化的人、理智的人。

（一）自知的人

生命是我们所拥有的最珍贵的资源，而如何度过自己的一生是我们必须面对的最重要的问题。无论是屈原的《天问》，还是哲学的三个“终极”问题，都涉及人对自身意义和价值的认识：你是谁？你从哪里来？你要到哪里去？海德格尔指出，只有人关心存在的意义，“无论何时何地，人总是作为我们所知的宇宙间一个具有精神和自我意识的无与伦比的存在物，在焦虑地思考自我及其命运”[③]，不停地追问自己为什么存在，应该如何存在，提出存在的意义问题。健全的人首先应该知道人为什么而活，教育必须帮助学生领会这个问题。大学是可以用一种有组织的方

---

① 黄艳、李佳玲、黄金岩：《互联网接触对大学生思想政治教育传播效果的影响研究——基于全国 35 所高校调查数据的实证分析》，《高校教育管理》2021 年第 6 期。

② 李润洲：《完整的人及其教育意蕴》，《教育研究》2020 年第 4 期。

③ 金生鈜：《理解与教育：走向哲学解释学的教育哲学导论》，教育科学出版社 1997 年版，第 1 页。

式探索“人为什么而活”这一问题的场域，帮助年轻人应对各种挑战，其中包括更深刻地洞察自己的使命与责任，为自己完善有意义和价值的生活蓝图；帮助学生找到分化的知识领地和碎片化的知识间的内在有机关联，以便学生回答“我们是谁”“我们应该如何生存”之类深层次、形而上的问题，凭借他们的天赋、愿景和机遇“过一种值得过的且不局限于狭隘的职业生涯成就的生活”①。21 世纪初，哈佛大学校长刘易斯振聋发聩地指出：

> 在目前这种消费主义和个体竞争盛行的大学文化指引下，评价学生发展与学习的考试制度以及与考试分数直接挂钩的奖励制度，不仅脱离了真正的学识，而且抹杀了学生努力的意义以及追求公正的信心，进而演变成为一场钩心斗角的厮杀，从而培养出“暴民”；大学已经失去了灵魂，忘记了本科教育的基本任务是帮助十几岁的人了解自我，探索生活的远大目标，到毕业时成长为二十几岁的更加成熟的人。②

人是一个超越自然属性的精神性存在，并且拥有向上成长的无限可能性，“个体以智识的整全来立定自我根基，以‘他向性’之德性与他人一起共处于世界，二者统和在一起，成就个体的属人品性”③。人的问题就是个体人格的问题，自知的人应该是人格健全的人。德国教育家斯普朗格指出：“教育的核心是人格心灵的唤醒，教育的最终目的不是传授已有的东西，而是要把人的创造力诱导出来，将生命感、价值感唤醒。”④高等教育的核心所在就是唤醒，大学不仅仅是知识发现与传播的场所，还是通过辩证地、批判性地阅读和欣赏从古人那里继承来的文学、哲学

---

① ［美］安东尼·克龙曼：《教育的终结：大学何以放弃了对人生意义的追求》，诸惠芳译，北京大学出版社 2013 年版，第 26 页。

② ［美］哈瑞·刘易斯：《失去灵魂的卓越：哈佛是如何忘记教育宗旨的》，侯定凯等译，华东师范大学出版社 2012 年版，英文版序言第 10 页。

③ 刘艳侠：《高等教育的“成人”品格》，《高等教育研究》2013 年第 11 期。

④ 转引自陈国庆、邹小婷《交往视阈下改进高校思想政治教育的进路》，《理论导刊》2012 年第 6 期。

等伟大人文和艺术著作去探索人生奥秘和意义的论坛。为了让学生学会坚强，找到充实，过一种有目标、有价值的生活，活出生命的意义和精彩，教师在关注知识传授与能力培养的同时应给予更多的指导和“唤醒”，更多地关注学生的心灵发育和健康人格的养成。

（二）文化的人

有文化的人，是指具备了本国本民族传统文学、艺术和文化知识，受过文明教育和优雅教育的人；也就是马修·阿诺德曾在他的《文化与混乱》中所指出的那种区别于野蛮人的有教养的文明人；或许还可以说就是备受学校赞美的有教养的人。[①] 文化是对美和高尚情感的接受，我们需要造就的正是既有文化又掌握专门知识的人才，“一个人仅仅见多识广，他不过是这个世界上最无用而令人讨厌的人”[②]。这是因为专业知识只能为学生奠定起步的基础，而文化则可以将他们引向深奥高远之境。借用电影《死亡诗社》里基廷老师的话：“我们读诗写诗，非为它的灵巧。我们读诗写诗，因为我们是人类的一员。而人类充满了热情。医药，法律，商业，工程，这些都是高贵的理想，并且是谋生的必需条件。但是诗，美，浪漫，爱，这些东西是 what we stay alive for，我们活着就需要这些东西。”[③] 从美和崇高中产生的那种微妙的感觉是人类精神洞察力的一部分，而这种微妙的感觉，是人类所能达到的最高成就。文化是对美和高尚情感的理解和接受，是一种思想活动，席勒指出：“感知美的能力是一切馈赠中最高的礼物。人，唯有通过审美生活才能接近自由，舒展完全的人性。”[④] 感知美的能力在我们人生幸福的组成中占据着非常重要的地位，一本文字优美故事动人的小说，一首歌词清秀委婉动听的歌曲，一幅赏心悦目的画作，一身得体舒适有品位的衣着，一部情节曲折画面精致的电影……都会让生活充满着幸福和快乐。在同样的经济条件下、

---

① 转引自［美］伯顿·克拉克《高等教育新论——多学科的研究》，王承绪等译，浙江教育出版社 2001 年版，第 172 页。

② ［英］怀特海：《教育的目的》，徐汝舟译，生活·读书·新知三联书店 2002 年版，第 1 页。

③ 转引自杨国营《大学应成为时代风气的“领跑者”》，《中国教育报》2017 年 5 月 22 日第 2 版。

④ 转引自孙墨青《被人误会两百年的美育》，2018 年 9 月，新浪网（http：//collection. sina. com. cn/plfx/2018 - 09 - 26/doc - ihkmwytp1754187. shtml）。

在同样的社会地位之下，一个对美有感知的文化人，其生活品质会比别人更高，更幸福。

（三）理智的人

在柏拉图看来，教育是一个“通过最大限度地发挥其理性而成长为一个充分发展的人的过程”①。一个人接受了教育必然会掌握丰富的科学知识，获得更高的智慧和理性，从而摆脱愚昧与无知。真正有价值的大学教育是使学生透彻理解一些适用于各种不同情形的具体事例和每一个人都应掌握的普遍原理和通用知识。这些原理和知识发掘出我们人性的共同点，这些共同点在任何时代和地方都是一致的和普适的，而不在于个体的偶然性。这些普遍的原理和人性的共同点是“直到你摆脱了教科书，烧掉了你的听课笔记，忘记了你为考试而背熟的细节而剩下的知识，这时你学到的知识才是有价值的”②。大学的作用就是使人摆脱细节去掌握普遍的基本原理，更确切地说是一种智力活动的习惯。这种普遍的原理和共同的人性要素，就是赫钦斯所强调的每个人都应该接受的那种培养人们理智方面的优点的普通教育。理智方面的优点其实是理智方面的良好习惯，具体是指：“直觉知识，即归纳的习惯；科学知识，即演示的习惯；哲学智慧，即科学知识和直觉推理的结合，它涉及最高层次的知识、首要原则和首要原因；艺术，即根据真正的推理过程进行创造的能力；审慎，它是行动的前提。”③ 这些优点在任何领域、任何时代、任何地方的任何民族和国家都能发挥重要作用，它们来源于智力的训练，可以启发学生走向实际智慧之路。因而，培养理智方面的优点的教育是最有用的教育，只有这样，大学教育才能培养追求真知而非听命于意见摆布的人，践行伦理而非恣意而为的人，担负自己的言论和行动后果的人，具有德性而非甘于卑俗的人，拥有开阔视野和崇高理想的人。

---

① ［美］肯尼思·A. 斯特赖克、［加］基兰·伊根：《伦理学与教育政策》，刘世清等译，北京大学出版社 2013 年版，第 5 页。

② ［英］怀特海：《教育的目的》，徐汝舟译，生活·读书·新知三联书店 2002 年版，第 48 页。

③ ［美］罗伯特·M. 赫钦斯：《美国高等教育》，汪利兵译，浙江教育出版社 2001 年版，第 37 页。

二　彰显人文关怀

在知识经济时代，科学技术显示出比以往任何时候都更强大的威力，深刻影响着人类的发展和社会的进步。但是，“它在为人类带来更多的财富和更好的物质生活条件的同时，也在剧烈而迅速地改变着人们已经习惯了的生存环境和生活方式，也给业已形成的思维和行为模式带来巨大的冲击”[①]。人们希望发扬人文精神，以形成强有力的思想引导，防止单纯被科学技术所左右而失去未来的方向。今天谈及大学德性的重建，不能不重视观念的变革，呼唤人文主义的价值，重建教育人文，为塑造中国人的人文素养、公民意识和国家精神倾心尽力。

（一）人文的价值

康德指出，科学真理不能指示我们做出道德的判断。社会学家韦伯在其著名的“科学作为一种志业”的演讲中指出，科学与理性不能为“意义”问题提供答案。事实上，科学与理性只能为我们提供“手段”，而“目的”则是由我们的价值决定的。[②] 人类所面临的一系列重大社会问题，越来越多地可以从国民的人文素养不高上找到其根源。马加爵杀人案、林森浩投毒案等都让我们看到人文教育缺失的影子。大学教育的目的更重要的是有效促进大学生的全面发展，从而提升他们的人生价值和生命意义，而不仅仅是促进大学生某一方面的发展，这不仅是大学生未来社会生活的需要，而且是其生命的内在要求。大学教育的价值更重要的是促进大学生发展完善的人格和完美的个性，使学生能够以一种与社会的价值和信仰相容的方式找到自己在社会上的位置，使他们能够在社会生活中充分体验作为“人”的意义和价值，成为“自由的人、渴望知晓美好事物与伟大事物的人、心地善良的人、充满爱心的人、独立思考的人、宽容他人的人，同时又是能够谋到职业并以其劳动为生的人”。童庆炳指出，人文精神培养是指人的整个精神生活的建设，其内涵又可分

---

① 庞守兴：《高等教育促进社会平等的机制研究》，《国家高级教育行政学院学报》2006 年第 10 期。

② 金耀基：《再思大学之道：大学与中国的现代文明》，生活·读书·新知三联书店 2020 年版，第 59 页。

为三点:(1)作为社会的人活着是为什么?(2)人与人、人与社会的关系是怎样的?(3)一个真正的人的本质是什么?人文精神的中心就是寻找人生的旨归,从而使人生更有意义,更值得过。[①] 当前的物质发展时常掩盖了人本身的发展,把人的发展作为物的发展的工具。这种过于重视人的"工具性"而忽视人的"目的性"结果,就是人的主体性被漠视,将发展的手段视为发展的目的。人格是人的主体性的集中表现、凝结和升华,人格缺失的根源是主体性的缺失。正如爱因斯坦所指出的,"用专业知识教育人是不够的。通过专业教育,他可能成为一种有用的机器,但是不能成为一个和谐发展的人。"[②] 培养大学生主体精神的坚实基础是人文关怀和思想引导。因此,大学应高度重视语言、文学、历史、哲学、考古、戏剧等人文艺术学科的教育,以消弭当前过度专业化的趋势,将学生培育成健全的人。

夸美纽斯指出:"只有受过一种合适的教育之后,人才能成为真正的人。"[③] 这种合适的教育应该是一种科技、人文与艺术相结合的教育,是通识教育与专业教育相统一的教育。人文学科本身的价值重建性和精神积累性,使其完全不同于科技的维新性和革命性,它不能抛弃立身其间的绵长传统和文化历史;相反,它不断反抗单纯化的生活状态使人寻找自己的根,它不断返回生命存在的本原去发现现代社会所失落的意义。正如斯坦利·阿罗诺维兹所指出的:"只有人文学科承诺了打开学生的视野去面对重要的人类问题和趣味,同时让他们分析问题的看法和能力更加敏锐。"[④] 我们生活的世界所包容的远远超越肉体感官的释放,而且有着各种微妙的反应和情感的起伏波动。人文教育是一种培养审美能力和思维能力的教育,人文教育"促进了艺术;培养了那种代表科学之源的无偏见的求知精神;它使精神在面对世俗物质力的影响时保持了高贵的

---

① 转引自吴子林《中国"现代性"困境的理性沉思——童庆炳文艺思想新解》,《当代文坛》2020 年第 1 期。

② 转引自张向前《当代大学生健全人格培育探微》,《党建与思想教育》2015 年第 22 期。

③ 转引自张焕庭《西方资产阶级教育论著选》,人民教育出版社 1979 年版,第 4 页。

④ [美] 斯坦利·阿罗诺维兹:《知识工厂:废除企业型大学并创建真正的高等教育》,周敬敬等译,高等教育出版社 2012 年版,第 121 页。

尊严，那是一种要求思想自由的尊严"①。怀特海特别强调了古典文化在教育中的地位，古典文化对科学工作者来说是一种重要的预备性的训练，它可以培养我们在哲学、逻辑学、文学审美鉴赏和历史考古诸领域的思维能力和美学鉴赏能力，得到愉悦和品德修炼，培植正确的世界观、人生观和价值观，高尚的道德情操和对人类强烈的责任感和使命感。

德性和智性可以通过教育和学习从后天获得，大学既是精神的庇护所，也是灵魂的诞生地，更是德性力量的陶养园。人文教育的目标只有一个，"那就是培植天赋于我们身上的精神萌芽，使其成长和壮大为我们生命的血液，使我们自立为人，自强为优秀而卓越的人格"②。这样的人不会只追求与动物相同的物质享乐，而是懂得生命的价值高于有用之物的价值，从而实现人之为人的存在意义。一方面，知识经济是基于知识创新和技术创新的经济，生活的探险不能与知识的探险相分离，培养创新能力并将想象力和经验融为一体需要科学与人文的融合。在哈佛大学，新生入校即被告知："哈佛大学的教育计划基于这样的信仰：让每一位哈佛大学毕业生不仅受到专业的学术训练，而且应该受到广泛的通识教育。"③ 西方很多一流大学在学生进校时是不分专业的，比如哈佛大学和耶鲁大学，都不分专业，只有一个学院，哈佛学院或耶鲁学院。另一方面，提供丰富的通识课程，如耶鲁大学为学生提供了1800门课程，几乎涵盖了人类社会最精华的知识。人文教育之所以重要是因为它告诉人们：人类文明是如何产生的，人类社会是如何建构的，人究竟应该如何对待自然与社会、自我与他人；何谓正义、什么是邪恶；何谓高尚、什么是卑劣；什么应该捍卫、什么应该摒弃。

（二）人文的重建

联合国教科文组织于2015年11月4日发布了《教育2030行动纲领》和研究报告《反思教育》，认为要重新定义知识、学习和教育，以面对世界新的挑战，并鲜明地提出了人文主义的命题："教育应该以人文主义为

① ［英］怀特海：《教育的目的》，徐汝舟译，生活·读书·新知三联书店2002年版，第80—81页。

② 戴茂堂、朱澳拉：《知识教育的伦理风险》，《江汉论坛》2019年第6期。

③ 牛莉：《高校思想政治教育与通识教育关系探析》，硕士学位论文，西南财经大学，2009年，第8页。

基础，以尊重生命和人类尊严、权利平等、社会正义、文化多样性、国际团结和可持续的未来为共同责任。”① 同年，21 世纪教育研究院在“LIFE 教育创新峰会”上发表《人本主义教育宣言》，提出了教育人文化、多元化、社区化的主张。② 由于第二次世界大战之后的社会发展受到人力资本理论和教育规划理论的双重支配，发展本身成了目的，人则变成发展的工具，教育的发展目标逐渐异化。我们应在大学教育中重申人文主义，打破传统工具主义发展模式下人类社会发展的极限，为人类社会可持续发展提供开启未来的钥匙。

要重视人文学科建设。自然科学告诉我们世界是什么样的，它有助于人类物质文明的建设；哲学、人文社会科学则告诉我们世界应该是怎样的，帮助我们建立精神文明和政治文明，并使各种文明之间协调发展，实现人类社会的和谐发展。人文学科最能体现通识教育的旨趣——培养人性，它最主要的作用在于“教化”，使个体的人提升为一个普遍性的精神存在。赫钦斯指出：“我们对进步的错误认识，使我们将经典著作和文科排除在课程之外，过分强调经验科学，把教育作为当前社会运动的奴仆。”③ 中国高校更是长期存在着较为严重的“重理轻文”现象，在人文学科与理工科经费的配置上存在着较为明显的比例失调现象。事实上，人文学科关系到一个社会的价值导向和人文导向，是现代化建设的需要，是复兴中华文化、塑造民族精神的迫切需要。因此，要正确认识人文学科在大学教育以及整个现代化事业中的地位和作用，重视哲学社会科学与人文学科建设。

要重视本民族优秀传统文化的“教化”作用。中华民族自古以来就有“尊德性道学问”的传统，以育德统领授业，把知识学习视为追求德性修养的途径。面对百年未有之大变局，欲实现中华民族的伟大复兴，必先培育中华民族的文化精神。冯文全等人指出：“治疗因传统文化断裂、社会转型急剧所造成的价值紊乱、诚信缺失、人伦失范、世态炎凉

---

① 顾明远：《对教育本质的新认识》，《基础教育论坛》2016 年第 9 期。

② 杨东平：《重新认识应试教育》，《北京大学教育评论》2016 年第 2 期。

③ ［美］罗伯特·M. 赫钦斯：《美国高等教育》，汪利兵译，浙江教育出版社 2001 年版，第 38—39 页。

等恶疾，儒学复兴不啻一剂良方，因此，我们要重拾文化传统，从国学经典中挖掘有益资源以促进道德养成。”① “老吾老、幼吾幼”“舍生取义、杀身成仁”“先天下之忧而忧，后天下之乐而乐”“三十功名尘与土，八千里路云和月”，从历史优秀思想文化中，人们不难找到闪烁着集体主义、家国情怀、奉献精神的典籍篇章，也无不体现着中华民族的优良传统。特别要强调的是以孔子为代表的儒家文化的传承与扬弃，里面包含着大量重要的信息，其中诸如仁、义、礼、智、信；己所不欲，勿施于人；三人行，必有我师等闪烁着放之四海而皆准的普世真理。英国著名历史学家汤因比指出：“到了 21 世纪，人类会因为过度的自私和贪婪而迷失自己，科技手段将会毁掉一切，加上道德沦丧，信仰缺乏，心灵空虚，世界必将出现空前的危机；要拯救三大生存危机，唯有仰赖中国儒家孔孟之道，所以 21 世纪是中国人的世纪。”② 千百年来，正是诸如《论语》一类文史哲经典使中国人成其为中国人，我们应该更好地挖掘和利用孔子的道德精神、思想主张和育人方式，推广儒学应用。学习孔子的道德精神，有助于大学养成大德，有助于形成完善的中国学，有助于创建有中国特色的世界一流大学；学习孔子的道德精神，有助于让儒学成为世界文化沟通的桥梁，通过中国引导全球化，形成全球治理新模式，构建人类命运共同体；有助于培养具有大同理想、热爱和平、以仁为己任的谦谦君子。正如金耀基所强调指出的：“在通识教育中，必须有中国文化这个范畴。在这个范畴中，若开设‘论语’‘孟子’这类课程是很有助于大学提升‘价值教育’与‘全人教育’的，同时也有助于中国的大学在全球化中保有‘中国性’。”③ 中华优秀传统文化作为人文教育的重要内容和育人育才的精神食粮，有着本原性和根本性的价值，重建人文必须加强对中华优秀传统文化的继承和发展，把中华民族的精神命脉永续相传。

---

① 冯文全、李凤平：《从〈中庸〉看儒学复兴与师德修养》，《牡丹江大学学报》2019 年第 7 期。

② 转引自宋君波《大学何以有大德——在创建世界一流大学的实践中修炼德性》，《联合日报》2019 年 10 月 22 日第 3 版。

③ 金耀基：《再思大学之道：大学与中国的现代文明》，生活 · 读书 · 新知三联书店 2020 年版，第 88 页。

要重视社会主义核心价值观教育。大学生只有接受、内化主流价值观才能在社会中健康地生存和发展。知识的增长帮助人获得改造世界的力量，价值观则给出了使用力量的规范。“没有价值指向的力量毫无用处，没有力量的价值指向则落不到实处，两者结合才能赋予人对世界和自我的掌控，即让人真正成为认识和改造世界的主体，成为自己的主人。”① 新时代的德是大德、公德和私德的统一，以马克思主义基本原理、中华传统优秀文化、革命文化、社会主义先进文化等为基本内容（概括表述为“富强、民主、文明、和谐；自由、平等、公正、法治；爱国、敬业、诚信、友善”）的社会主义核心价值观体现了中国社会主义现代化国家的建设目标，是对美好社会的生动表述，是公民的基本道德规范，是当代中国道德的集中体现。它是从价值目标层面、社会层面和个人行为层面对社会主义核心价值观基本理念的凝练，体现了社会主义核心价值观的根本性质和基本特征，是理想与规范的统一，反映了当今社会的时代特征，引领着社会的价值取向。践行社会主义核心价值观必须以爱国主义教育为中心，真正的爱国主义首先要懂得关于自己的社会或国家什么是正确的，然后愿意把个人的利益融入整体的利益。不认同社会主义核心价值观，缺乏中国特色社会主义的理论自信、道路自信、制度自信和价值自信的人，不可能成长为社会主义事业的积极建设者和可靠接班人。一个人对社会、国家、人类要有关怀，教育要培养有全局眼光、全局关怀和深刻识见的人。

三　实施通识教育

在大学的本科阶段，任何一个社会都不可能只是训练一些所谓的“通才”，而真正的通才也不是学校里可以训练出来的。现在的知识总量那么大，在课程设计中一定要明晰大学教育的目标和通识教育的价值，找到专业课程和通识课程的平衡点。一个人脑子里如果有一个比较完整的总体知识结构，那他对新的事物就会比较容易理解，同时他对人类从古到今取得知识和经验的途径也就比较容易有所认识。真正有价值的教育是使学生透彻理解一些普遍的原理，这些原理适用于各种不同的具体

① 薛桂芹:《高校课程思想的实践哲学意蕴》,《高校教育管理》2021 年第 6 期。

实例。高等教育应该努力向学生提供对于任何职业而言都有用的通识教育，培养心智、操守、判断力的通识教育才是大学教育的核心。

（一）明晰通识教育的内涵

“通识教育”[①] 源自古典的自由教育思想和人本主义哲学思潮，是指普通高等教育中相对于专业教育而言的部分，它与专门化的训练截然不同。自由教育最早出现在古希腊，亚里士多德将教育分为“自由人”的教育和“非自由人”的教育。[②] 前者以人的理性发展和道德完善为目标，后者以谋生为目的。亚里士多德指出：“自由教育是‘沉思’的、‘高贵’的，读、写、绘画、音乐、哲学等‘自由学科’是实现它的主要途径。”[③] 在柏拉图看来，教育是一个训练与鼓励男子能力及其气概发展的过程，是通过最大限度地发挥其理性而成长为一个充分发展的人的过程。[④] 追求知识是为了知识自身的发展，而不是把它视为工具用来达到一些其他目的，针对知识和理解力的理智发展不会因为局限于职业目的，或者功利主义目的而被抵制。自由教育经历了古希腊、古罗马时期的演变，最终成为中世纪大学的教育传统。

不过，从概念演变的历史来看，近代意义上的通识教育产生于美国。[⑤] 在美国独立战争之前，其大学以文雅学科和“七艺”为主要修习课程，称之为博雅教育，其背后的统一理念是人类理智不受阻碍与无拘无束的发展。美国独立战争之后，许多新兴科目和工艺技术等职业课程开始大量在大学开设，大学不再只是文雅学科的殿堂，博雅教育受到极大挑战。在此背景下，耶鲁大学发表了旨在维护古典文雅学科地位的《耶

---

① 通识教育是“general education”的英译，有时也被译为“普通教育”“一般教育”“通才教育”。与“general education”类似的词语是“liberal education”，后者通常被译为“博雅教育”或“自由教育”。通识教育与自由教育有相通之处，但也存在一些差别，一般认为，通识教育继承了自由教育思想并对自由教育的内涵有所拓展。

② ［古希腊］亚里士多德：《亚里士多德全集》，苗力田译，中国人民大学出版社 1994 年版，第 272 页。

③ 周谷平、张丽：《我国大学通识教育的回顾与展望》，《教育研究》2019 年第 3 期。

④ ［美］肯尼思·A. 斯特赖克、［加］基兰·伊根：《伦理学与教育政策》，刘世清等译，北京大学出版社 2013 年版，第 5 页。

⑤ 北航高研院通识教育研究课题组：《转型中国的大学通识教育——比较、评估与展望》，浙江大学出版社 2013 年版，第 10 页。

鲁报告》，该报告坚信文雅学科是学生未来从事任何事业所必需的基础，“大学的目的在于提供心灵的训练和教养，而古典文雅学科则是达成这种训练和教养的最佳选择”[①]。1829 年，博德学院教授帕卡德首次提出“通识教育”一词并将其应用于高等教育领域。他在《北美评论》上撰文声援《耶鲁报告》：“我们学院准备给青年一种通识教育，一种古典的、文学的和科学的、尽可能综合的教育，它是学生进行任何专业学习的准备，为学生提供所有知识分支的教学，使学生在致力于学习一种特殊的、专门的知识之前对知识的总体状况有一个综合的、全面的了解。”[②] 阐明其倡导的通识教育的目标是培养通专合一的整全人，而不仅仅是某一狭窄专业领域的专精型人才，实现人的全面、均衡、和谐发展，防止工具主义、实用主义、功利主义教育倾向。所有的通识教育都被有意识地界定为非职业性的，它不是为某种工作或职业生涯做准备，它与专业教育一起构成普通高等教育的全部内容。目前，国内重点高校大多开设了通识教育课程，普遍进行了通识教育实验，如北京大学的元培计划、南京大学的匡亚明学院、浙江大学的竺可桢学院等。

通识教育是高等教育的组成部分，是有别于专业教育却又与专业教育相互渗透的“非专业性、非功利性、非职业性的教育”[③]。在通识教育模式下，大学生需要综合全面地了解并掌握一定的人类知识的总体状况，横跨人们所熟知的学科界限以避免学术的“碎片化”，在拥有基础知识和一定的实践经验的基础上，理性地选择或形成自己的专业方向。学生通过融会贯通的学习方式，形成较为扎实、宽厚的专业基础以及较为合理的知识和能力结构，发展全面的人格素养与宽阔的知识视野，从而具备通融识见和远大眼光，能够主动、有效地参与社会公共事务，成为具有社会责任感的公民。刘易斯在《失去灵魂的卓越》中文版序言中指出：“通识教育旨在利用大学生的可塑性，鼓励年轻人认识自我，并发现自己的生活道路。通识教育的任务还在于提醒学生：自己应对社会知恩图报，

---

① 黄坤锦：《美国大学的通识教育：美国心灵的攀登》，北京大学出版社 2006 年版，第 6 页。

② A. S. Packard, “The Substance of Two Reports of the Faculty of Amherst College to Board of Trustees,” *North American Review*, 1829 (28): 300.

③ 何毅：《现代大学书院实施通识教育的若干思考》，《大学教育科学》2017 年第 5 期。

应该利用自己所掌握的知识为人类谋福利，而不仅仅追求自身的经济富足。”[①] 1945 年，哈佛委员会发表的报告《自由社会中的通识教育》，也即著名的《哈佛通识教育红皮书》，为哈佛大学设计了一套通识教育计划，着眼于学生身体、智力和道德的和谐发展，致力于把学生培养成为知识全面、人格完整和视野广阔的全面发展的人。哈佛通识教育实施 20 多年之后，逐渐变得松散零乱，尤其是自 20 世纪六七十年代以来，由于校园的学生运动和骚乱，美国高等教育进入“混乱期”，精神文明的衰颓波及哈佛校园，学生的自主和反叛，导致原先的通识课程全面瓦解。[②] 鉴于此，1973 年，伯克在受聘担任哈佛大学校长后，力主由主张实施大学通识教育全盘改革的罗索夫斯基担任文理学院院长，主持改革规划。经多年研讨和规划，罗索夫斯基于 1978 年提出《哈佛核心课程报告书》，把哈佛通识课程的领域分为五大类：（1）文学与艺术；（2）科学与数学；（3）历史研究；（4）社会与哲学分析；（5）外国语文和文化。核心课程经过教学反映和多方研讨，到 1985 年有所变动，其领域分为六大类：（1）文学与艺术；（2）科学；（3）历史研究；（4）社会分析；（5）道德思考；（6）外国文化。

（二）明确通识教育的目标

高等教育如果只关注知识与技能传授，将高等教育矮化为职业训练，那么只能把具有无限发展潜力的大学生驯化成工具。通识教育使学生具备较为合理的知识结构、能力结构和高雅情趣，通过受到良好的教育而应对民族文化中的张力。在经历了近百年的“专业”学科历程之后，“通识”已成为各高校普遍认同的另一种共识。概括地讲，通识课程作为大学课程体系的重要组成部分，应实现或有助于实现大学教育的目标——那些被广泛接受且经过谨慎的界定，诸如“诚信”“种族宽容心”等价值观与行为[③]，是学生在大学这一成长的关键时期应该养成的一些极为重要的素质和能力。

① ［美］哈瑞·刘易斯：《失去灵魂的卓越：哈佛是如何忘记教育宗旨的》，侯定凯译，华东师范大学出版社 2012 年版，中文版序言第 5 页。

② 黄坤锦：《美国大学的通识教育》，北京大学出版社 2006 年版，第 92 页。

③ 张曙光：《大学的“成人”品格》，博士学位论文，湖南师范大学，2017 年，第 119 页。

1. 表达能力

表达能力是在语言能力基础上发展形成的一种语用能力，包括语言、文字、图形、表情和动作等多种形式，它既是一种智能的言语外化，又是文化知识和社会阅历的综合反映。大学生需要具备最基本的表达能力，这是获得专业竞争力的基本前提，是学生在大学读书期间和毕业后行走于社会都会广泛运用的能力，也是作为公民和一切从业人员所应具备的能力，其中最主要的是清晰而有说服力的口头表达能力和优美而精确的符合基本规范的书面表达能力。

2. 批判性思维能力

批判性思维能力——提出相关问题、认识并定义问题、分辨各方观点、寻找并使用相关证据、最终做出严谨合理的判断——是有效利用信息和知识不可或缺的手段，批判性思维既可以服务于实用性目的，也可以是纯思维性的。[①] 它固然不能解决所有的问题，但是用它来分析问题通常是行之有效的，具有批判性思维方式和习惯的学生可以对自己以及自己的传统进行批判性的审视，过一种“反省的生活”，确实有助于日常生活中许多问题的迎刃而解。

3. 道德推理能力

道德推理能力是指运用道德概念和道德知识从一个或几个道德判断中推出另一个道德判断的道德思维形式，主要包括严谨地思考如何处理道德两难问题的能力、评价各方观点合理性的能力、判定正确行为的能力，以及将对道德问题思考的结论付诸实践的愿望和自律性。帮助年轻人认识到道德问题的存在并严谨地思考这些问题，养成更加清晰而强烈的道德原则感，是大学义不容辞的责任。

4. 公民意识

培养学生必需的公民意识，以便他们履行公民的责任和提高有效参与公共生活的能力。

如果一个国家的人民缺乏一种能赋予这些制度以真实生命力的

---

① ［美］德雷克·博克：《回归大学之道：对美国大学本科教育的反思与展望》，侯定凯等译，华东师范大学出版社2012年版，第75页。

> 广泛的心理基础，如果执行和运用这些现代制度的人，自身还没有从心理、思想、态度和行为方式上都经历一个向现代化的转变，失败和畸形发展的悲剧结局是不可避免的。再完美的现代制度和管理方式，再先进的技术工艺，也会在一群传统人的手中变成废纸一堆。①

作为受过高等教育的社会个体，国家和学校都期望他们成为支持好政府的力量——遵守法律和社会公道，公正地对待邻里，支持家庭，远离犯罪等。

5. 适应多元文化的素养

大学生还需要学会在生活和工作中与他人和睦相处。特别是随着民权运动的兴起，高等教育大众化的推进以及种族多元化趋势的不断深入，人们自然希望大学能够教会学生有效地与不同背景的人共事，以宽容和理解的心态对待不同的文化，教会学生如何在这种多元化社会中生活。

6. 全球化素养

现代信息技术与交通工具的改变，极大地增加了国际交流的机会，经济的全球化发展带来教育的国际化和国际合作与交流的深化。大学生在校期间就会经历国际学术交流与合作，毕业后则面临着全球范围内的择业与就业，也可能以政府官员、企业主管或普通公民的身份，进行国际交流与合作，奔赴境外或接触外国侨民。今天的大学生需要了解和掌握更多的有关国际事务、外国文化、民族宗教等方面的知识，以便未来有效地适应任何可能出现的国际问题。

7. 广泛的兴趣

大学生需要掌握广泛的兴趣，这种兴趣可以是学术性的，可以是艺术性的，也可以是一种业余爱好或运动。广泛的兴趣可以让生活不再了无生趣；可以拓宽我们看问题的视野，避免过分专业化的危险；有助于人们思考公正与偏袒、善良与邪恶、战争与和平等人类永恒的问题；让人们的人生不只是充满对职业的担忧、枯燥和倦怠，而是享受多姿多彩

---

① ［英］阿列克斯·英克尔斯：《人的现代化》，殷陆君编译，四川人民出版社 1985 年版，第 4 页。

的职业生涯。

总之，高等教育不能只传授使人胜任特定职业的知识和技能，我们希望通过通识教育的开展，实现专与博的良好达成，使大学生具备这样一些素质："能进行批判性探究和理性的辩论，能从现象中提炼出观点，理性地评价论点，既能独立学习又能进行小组学习，能有条理地表达自己的思想，让自己的思维日臻完备，开启想象力和自省能力，提高分析问题的能力，能运用概念思考问题。"① 这些素质是否在大学期间得到提高，值得探讨，我们不认为他们无法在其他地方培养这些能力，但我们认为在大学外部培养这些能力要比在大学内部困难得多。到目前为止，大学仍是一个教育的场所，是满足人们理想追求的首选之地。

（三）制定通识教育培养方案

人才培养模式是高等学校为实现特定的培养目标和人才规格而采用的培养体系、培养途径和培养机制的定型化范式。经过20世纪50年代社会主义三大改造后，在高等教育界中国开始全面学习苏联，特别是经过1952年院系调整，形成了计划经济条件下分工很细的专业教育模式。历史发展到社会主义市场经济的今天，学生的就业不再是按"统包统分"的计划模式来进行，因而要强调一定程度的通识教育而不能把专业限得过窄过死。当然，要结合中国高等教育的国情，不能完全照搬西方的通识教育方案。中国的本科教育"面临着就业和上研究生两条出路，如果接受纯粹的通识教育，就不能适应社会的期待"②。不仅会遇到严重的就业障碍，也无法正常进入研究生阶段的学习和深造。另外，我们目前在学位教育的衔接上与国外也有区别，我们的专业教育是在本科阶段就有的。根据国情，我们更适合实行2+2或2+4（本硕连读）混合型的培养模式，即2年通识教育和2年或4年专业教育的有机结合。

2年通识教育，开设通识教育核心课程。只有将通识教育的理念落实在大学的课程中，专业教育的单面性才有望得到缓解，有望在专与博之

---

① ［英］安东尼·史密斯、弗兰克·韦伯斯特：《后现代大学来临?》，侯定凯、赵叶珠译，北京大学出版社2010年版，第184页。

② 吴绍芬：《立足国情校情探寻创新人才培养——浙江大学校长杨卫院士访谈》，《中国高等教育》2010年第15、16期。

间保持一种适度的张力。通识教育课程的目的是培养学生对自然、社会、文化及历史发展的正确认识，帮助学生养成健康的心理，树立正确的世界观、人生观和价值观，让学生学会生活，而不仅仅是谋生；通过向学生展示不同知识领域和在这些领域内探索知识的思维方式和基本技能，培养学生从不同的角度和方式进行系统、独立思考、批判性思维能力，从而提高学生的综合素养，扩大学生的知识面，增强其社会适应能力，从而使人在广博知识的基础上达至一种整全的生命状态。① 西安交通大学参照世界一流大学课程体系，结合其办学目标和人才培养规格，设置通识教育课程，将通识课程分为文化传承、自然科学与技术、社会与艺术、世界文明、生命与环境五个大类。2 年或 4 年（本硕连读）的专业教育，强调对学生独立思考能力与实践能力的培养。南京大学匡亚明学院在大一、大二进行通识教育和大理科基础教育，大三最终确定方向，进行专业课的学习。实施“以重点学科为依托，按学科群打基础，以一级学科方向分流，贯通本科和研究生教育”的创新人才模式，培养具有良好科学精神、人文素养、宽厚学科基础、突出创新能力的高素质、创造性、国际化一流人才。北京大学实施的“元培计划”，旨在改革过于专业化的课程体系，从而为本科生提供更多自由选择的机会。其核心原则是加强基础知识，同时关注学习过程的整合，培养创造力、批判性和多元思维，根据学生的特点量体裁衣、因材施教。

（四）构建通识教育核心课程

课程既是关于学生生存和发展的顶层设计蓝图，又是对蓝图的动态和实施，但无论如何，课程的核心问题是学生的发展，有效达成“追求知识真理和锻造人格的双重教育使命”②。课程体系集知识的深度与广度于一体。形成知识结构的深度靠的是专业学习，学生通常要修习某一学科的若干门课程。在形成知识结构的广度方面，学生需要在若干知识领域（如人文学科、社会科学和自然科学）中选修两三门通识教育课程。在一项明白易懂的通识教育计划之下，在大学 2 年通识课程结束时，学

① 王建华：《树立科学的教育质量观以质量为核心改革教育模式》，《中国高等教育》2010 年第 15、16 期。

② 熊明安：《中国古代高等教育散论》，《教育研究》2002 年第 3 期。

生将可以掌握坚实的基础理论知识、丰富的人文社科知识、优良的品格素养，能运用语言和推理，对人以及人与人之间的关系有一些理解，获得更强的创新能力和实践能力，拥有一定程度的智慧。巴尼特指出：

> 开放式学习、远程学习、学分积累、灵活变通的个人技能，所有这些都在迫使学术共同体批判性地审视自身的教育供给问题，并打破传统的课程习惯。与此同时，由于企业期望的毕业生能够拥有更为宽广的视野，展现更加“灵活”的精神态度，而无须在个别学科上精深透彻，因而拓宽课程就成为迫切需要。①

的确，随着时代进步对学生综合素质不断变化的要求，越来越多的课程被要求增列进通识教育之中，如学会严谨地思考道德问题，学会理解不同的种族与文化，学会在日益全球化的社会中生存。通识教育课程是极其丰富多彩的，但它绝不应该是一盘大杂烩，“相互之间必须有严格的、合理的关联”。通识教育是相对专业教育而言的，因为有专业分科，才会有通识教育。因而，课程设计要注意课程关联，要找到专业课程和通识课程的平衡点。张信刚认为，“今天的通识教育不只是为了教育出一个有教养的人，虽然这仍然是教育的目标之一；通识教育的另一个功用是补足专业教育的不足，让专业的毕业生有终身学习的动机和能力”②，具有感受幸福的能力。因此，每个专业的课程设计都必须慎重地平衡专业课程与通识课程，让它们比翼齐飞。事实上，在日常的大学学习中并不存在一种课程仅仅传授特殊的专业知识，而另一种课程只传授普通的文化知识。高校开设的每一门课程都承载着一定的价值选择尺度，对大学生的心灵产生着潜移默化的影响。怀特海曾强调指出：“在一个国家的教育系统中须有三种主要的方式，即文科课程、科学课程和技术课程。

① ［英］罗纳德·巴尼特：《高等教育理念》，蓝劲松译，北京大学出版社2012年版，第253页。

② 张信刚：《无心插柳柳成荫》，载朱永新《创新时代：教育怎么办》，山西教育出版社2016年版，第13页。

但其中的每一种课程都应该包括其他两种课程的内容。”① 无论是文科课程、科学课程还是技术课程，在不损失协调、保持主要侧重点的前提下，都要努力做到在每一种教育中融入其他两种教育的内容，使之相辅相成、相得益彰，努力追求智力与性格的最佳平衡。

课程设计要崇尚回归经典。正如怀特海所指出的：“以古典文学和古典哲学为主要基础的教育使受教育者得到愉悦和品德修炼，这已为几百年来的经验所证明。”② 过去的“古董”与现在并非只有很少甚至没有相关性，被称为“经典”的书仍是经典，并不是因为这些书仍在卖，而是因为它们对我们的现状有所启发。对崇高和伟大的认识和判断构成道德的基础，没有耳濡目染的道德教育，便无从谈论崇高和伟大，“先贤们的思想交流是启发灵智的盛会，但聚会只可能有一个殿堂，这就是现在；任何先贤来到这个殿堂所经历的时间没有什么不同的意义”③。文学和艺术的丰富性及人的生命的有限性决定了人文教育事实上只需要选择其中的一小部分，但正如我们所知道的，必须选择精华、回归经典，让人们超越时空，与荷马和但丁、莎士比亚和雨果、托尔斯泰和泰戈尔、居里夫人和爱因斯坦、孔子和老子、屈原和司马迁、陶渊明和曹雪芹、鲁迅和老舍、沈从文和巴金相遇，让他们这些代表着辉煌过去的灿烂群星巨匠和将创造未来的孩子们在一起心贴心地交流、争辩。通过阅读经典，各个时代、各个地方的伟人都将会成为青年学子的挚友。接触过去的伟大思想，一方面给自己的人生确定一个明确的精神目标，知道自己要什么；另一方面品尝到真正的精神佳肴，精神味觉会变得敏锐而精致，从而具备良好的鉴别能力，知道自己不要什么。教育的目的就是通过真理这一纽带，将人与人、现在和过去联系起来，“以史为鉴明兴替，以人为鉴明得失”，从而增进人类的思维和理性能力以及明辨是非的能力。《走向封闭的美国精神》的作者艾伦·布卢姆对大学的感悟是：大学“指向一条路，这条路通向与伟人会面的地方。在那里，你可以见到你平时很

---

① ［英］怀特海：《教育的目的》，徐汝舟译，生活·读书·新知三联书店 2002 年版，第 85 页。

② ［英］怀特海：《教育的目的》，徐汝舟译，第 150 页。

③ ［英］怀特海：《教育的目的》，徐汝舟译，第 5 页。

少见到的一类人，没有他们，你既不能认识自己的能力，也不会明白作为人类的一分子是多么美好”①。大学存在的一个基本原因就是它们可以并且应该培养出使人类的生活变得更加美好的未来的公民。这就意味着一所名校必须培养它的学生具有全球的视野和对人类的深深敬意，即具有家国情怀、国际视野，能进行跨文化沟通与交流的现代人。的确，大学是让青年男女更多地了解世界的地方，而不仅仅是接受教育和训练的地方，大学应该是一个平台，在那里年轻男女学习如何将孤立的点连接起来，不论这些点之间的联系如何稀疏、距离如何遥远。

不论大学传授的内容是什么，其重点是帮助学生掌握普遍的知识，适应普遍的规则，而不基于自己的优势和利益向学生灌输价值观。只有当学生能够认同社会和文化权威，以一种与社会的价值和信仰相容的方式找到自己在社会上的位置，这样的教育才是成功的。如果我们决心反对过分狭隘的本科课程，如果我们希望把课程用作整合学术共同体的各种学科亚文化的工具，如果我们存在一种视课程为提升公民美德、推进共同利益的需要，高等教育就必须义无反顾地推进通识教育，开设通识教育课程。“通识教育不仅是传授知识和培养能力的教育，而且是关涉人性、提升道德、关怀心灵的教育”②。所以毫不夸张地讲，能不能培养中国现代的知识人与大学的通识教育具有十分密切的关系，21 世纪，中国现代文明的性格塑造与大学的通识教育有着直接的关系。最后，借用赫钦斯的一段描述来表明通识教育的巨大意义和价值：“如果在这个国家我们能拥有一种真正的大学和能够得到大学信赖的真正的普通教育课程，也许我们的文明特色会逐渐发生变化。也许我们会对追逐金钱感到厌倦，对民主的认识会更加健全，甚至还会加深对教育目的的认识。”③

---

① 龚放：《南大逸事》，辽海出版社 2002 年版，第 407 页。

② 刘阳：《大学通识教育的目标及其实现》，《教育评论》2017 年第 6 期。

③ ［美］罗伯特·M. 赫钦斯：《美国高等教育》，汪利兵译，浙江教育出版社 2001 年版，第 68 页。

第五章

大学德性之重建路向

大学是“遗传”和“环境”的产物，既要遵循自身发展的内在逻辑，又不可避免地会受到社会和文化环境的影响。现代大学制度一方面继承了大学制度的基本精神，具有连续性特征；另一方面又是不断变化的，具有阶段性特征。刘献君指出：“关注大学制度的‘现代性’从根本上说是一种‘适应性’——适应现代社会的发展，适应现代大学所处的特定环境和时代。”① 作为后发外生型国家，我们还缺失成熟的现代大学制度，进行制度创新、建立现代大学制度的根本目的，是要回归大学组织的学术本性，保障其健康发展。因此，中国大学德性的复归与重建，必须进行制度创新，制度化地建构大学内外部关系和内外部治理结构，进一步理顺政府和学校、学校内部的行政权力和学术权力关系，是中国高等教育体制改革的必需和关键。当前，中国高等教育改革已进入深水区和攻坚期，单靠教育部门孤立难支，必须加以系统推动。政府、大学、社会三维协调，多方联动、通力配合，以更大的胆识和更稳健的步伐，全方位、系统性地推进高等教育综合改革，为大学发展创造更好的体制机制环境。

第一节　传承与创新：建设中国的现代性

从传统向现代的转型，在不知不觉间改变着人类社会基本的文化取

① 刘献君：《正确认识和处理学术权力与行政权力的关系》，《中国高等教育》2012 年第 13、14 期。

向及价值体系。中国在现代化进程中，受到西方文化的巨大冲击，发生了文化和社会的双重“解构”，当然，在其他的传统社会中也有着类似与相近的现象。现代化是所有社会一致追求的目标，其关键是中国现代化旨在回归中国自身，在借鉴与传承的基础上最终建立一个中国的现代性才是唯一正确的方向。“唯中国现代性之建构不仅是求国家之富强，讲到底，是在求建立一个中国现代文明秩序。”① 注入现代性的中国话语，使中国不再漂泊于某种“单一的现代性”。

一 尚未完成的中国现代性

英国社会学家吉登斯认为，现代性是一种大约从 17 世纪开始在欧洲出现，之后在世界范围内不同程度地产生影响的社会生活或组织模式。② 所谓现代性，美国哥伦比亚大学全球百科全书将其解释为：

> “现代性”指社会的一种类型、模式或阶段。最初，它局限于指西欧国家从文艺复兴到大众传媒崛起的这段历史，其特征是：先前处于封闭、孤立状态的区域群落被大规模地整合，从而告别传统和宗教，走向个体主义、理性化或科学的社会组织、平等主义等。处在现代性状态的社会被称作现代社会，一个社会演变成为现代社会的过程就叫现代化。③

一般地理解，现代化是人类从农业文明向工业文明转变的过程，它以工业化为推动力，以高度发达的工业社会的实现作为现代化完成的一个重要标志，并使工业主义渗透到经济、政治、文化、思想各个领域。工业文明的内涵与外延在这一转变过程中不断提升，其本身就是一个变迁的概念，而现代性正是现代化过程的本质及其结果。

---

① 何爱国：《“现代化研究”何以成为“科学”？——对现代化学科建设路向的思考》，现代化的特征与前途——第九期中国现代化研究论坛论文集，北京，2011 年 8 月，第 142 页。

② Anthony Giddens, *The Consequences of Modernity*, California: Stanford University Press, 1990, p. 1.

③ 丁志刚、刘瑞兰：《改革开放与中国社会现代性成长》，《兰州大学学报》（社会科学版）2010 年第 1 期。

中国的现代性肇始于晚清，现代性之于中国而言不是主动地选择而是被动地接受，并非中国社会内部矛盾发展的产物，是资本主义殖民主义现代性外部扩张与输入的结果，是一种后发外生型的现代化之路。随着 1840 年鸦片战争的爆发，封闭的国门和民族壁垒被帝国主义的坚船利炮强行打破，在“西学东渐”的过程中，西方的政治、经济和文化势不可挡地渗透进来。面对“三千年未有之变局”，中国人被迫面对西方现代性的挑战，中国传统的生活世界和生存方式已全然失去了应对的能力，古老的中华帝国逐步走向衰亡。中国传统社会开始逐渐向现代社会过渡，传统的政治、经济和文化结构面临着前所未有的变迁和重组。① 从政治方面来看，扎根于宏大的儒家学说的道德与圣洁已经悄然不在了，中国找到了体现政治正确性的普遍民主之路，但是如何建设却依然是一个充满困扰的难解之题。在新的体系尚未建成而旧的体系已经解构之际，整个中国社会势必处于变动不居之中，使我们处在“一个有着逼人的社会问题的时代”，带给中国人久久难以平息的焦虑与不安。我们厌恶极“左”的意识形态和支持它的体制，而呼唤民主精神；我们厌恶拜金主义这一腐败与万恶之源，而呼唤“诗意关怀”；我们厌恶唯科学主义，而呼唤“人文主义”。“民主精神、诗意关怀和人文主义是人的精神生活关怀之鼎，鼎有三足，鼎足而立，人在大地上就站稳了”②，这是古往今来人们所认同的、恒常的、普遍的人类精神价值之标准。从经济方面来看，中国传统的小农经济在现代性的冲击下悄然解体。自 20 世纪 80 年代以来，在改革和开放的双重驱动下，中国开始了政府主导下的经济改革和社会转型，通过借鉴英美等西方发达国家的发展经验和共享人类文明成果，实现了经济社会的跨越式发展，中国已经成为世界制造大国和第二大经济体，所取得的成果举世瞩目。但浮华之后，问题依然重重。从中兴、华为事件到全面的中美贸易摩擦，暴露出我们的巨大短板——还缺乏高新科技这一现代经济内涵式发展的决定性因素。近几十年来我们的快速

---

① 方永恒、张云龙：《中国现代性的理性之思》，《华中科技大学学报》（社会科学版）2013 年第 3 期。

② 吴子林：《中国“现代性”困境的理性沉思——童庆炳文艺思想新解》，《当代文坛》2020 年第 1 期。

发展在很大程度上是在高成本、高能耗、低附加值的运营中完成的，在电子信息、生物制药、航空航天、先进制造与自动化等高科技领域，我们在短时间内还很难打破西方发达国家的技术控制和垄断。

在一个尚未完全完成启蒙、依然行进在现代化进程中的发展中国家，“科学与民主”的口号无论喊得多么响亮和诱人，也不可能毕其功于一役，更不可能一蹴而就。“我们还是没有充足的理由断言，现代性已成为中国社会的主导性文化精神和社会运行机理，现代性本质上在中国尚未生成。”① 保障“主体自由”是现代民主政治的主要目标，如何妥善处理好自治和他治、个人与国家的关系才是关键，中国特色社会主义政治经济制度确实还有许多需要不断改进和完善的地方。现实中经常见诸报端的各种侵权事件、学术不端行为、腐败案件，不由得使人忧心忡忡：民主和自由对于中国人来说，依然是一个尚需努力的梦想，新的民主制度的发展和完善之途依然充满荆棘。

二　努力建设中国的现代性

近几十年来，很多人提及我们现在生活在“流动的”环境中，“这些词有时暗指不稳定状态或者干脆指令人不安的局势；或者相反，有时它的内涵是乐观的，表现为充满机会和不断演变，因而是一种常见的对变化的赞赏，甚至是对新机遇的赞赏”②。鲍曼在《流动的现代性》中指出，现代性好比是一种流体，具有流动性和多样性的特征。也就是说，“同样是达到了现代化的国家，它们在现代性方面却可以有所差别，乃至有天壤之别，因为它们可以奉行不同的价值观念与行为方式，从而表现为制度规范上的差别”③。对已经全面融入全球化和依然处于社会主义初级阶段的国情而言，现代性并不是可以任意选择与随便抛弃的东西。显然，中国的现代化进程有着自我的特殊性质，我们完全可以也必须走出自己独特的更适合于中国未来发展的现代性之路。

---

① 衣俊卿：《现代性的维度及其当代命运》，《中国社会科学》2004 年第 4 期。

② ［法］让—皮埃尔·戈丹：《何谓治理》，钟震宇译，社会科学文献出版社 2010 年版，第 53 页。

③ 陈嘉明：《现代性与后现代性十五讲》，北京大学出版社 2006 年版，第 36—37 页。

（一）重新审视中国现代性问题

相较于西方，中国的现代化进程晚了几百年，理解和解决中国的现代化和现代性问题，要以普世文明的胸怀借鉴西方资本主义现代化进程中所积累的丰富经验和教训，共享人类文明成果。要以“开放对话”的姿态替代“自说自话”式的现代性问题批判，以宽广的文化视野超越狭隘的民族主义眼光。当然，同西方文明进行积极对话应该也必须以“西方现代文明”为参照体系，但绝不能“全盘西化”和囫囵吞枣式地全盘接收，更不是以中国的现代性之路压倒西方的现代性模式，今天的世界呈现的是“全球的多元现代性”，而不是一个单一性的现代文明；对待西方话语不仅要勇于采取“拿来主义”，“更要让中国的现代性经验参与社会理论的修葺”[①]，在相互学习与借鉴中，实现“视界融合”“洋为中用”，理清中国现代性问题及其适切的发展之道，进而推进对困扰现代思想的现代性问题的准确把握，构建一个中国性格的现代文明秩序。在建构中国的现代文明秩序的历史大业中，大学是责无旁贷的，在其知识的传承与创新和大学教育目标的设定与实施上，应切实围绕中国现代文明的构建体现“知性之知”（科学）、“德性之知”（道德）和“审美之知”（美学），传授涵盖真、善、美范畴的知识，提供涵盖求真、求善、求美的教育。

（二）建立辩证多元的现代性认知

反观中国当下，因现代性中工具理性、实用主义和经济主义的过度膨胀，确有可能导致社会从属于经济，经济观取代道德观，人则愈益成为单向度的“经济人”。当然，这绝不是现代性的全部，也绝不能因出现的诸多现代性问题而“返回轻视或忽视物质因素的力量的前现代主义理论中去”[②]。当代及今后一个相当长时期的中国所面临的社会主要矛盾是人民日益增长的美好生活需要和不平衡不充分的发展之间的矛盾，在高等教育领域则表现为社会发展和人民群众对高质量高水平高等教育的要求与高等教育发展不平衡不充分之间的矛盾。国家提出要以“创新、协

---

① 刘小枫：《现代性社会理论序论》，生活·读书·新知三联书店1998年版，第3—4页。

② ［美］大卫·雷·格里芬：《后现代精神》，王成兵译，中央编译出版社1998年版，第20页。

调、绿色、开放、共享”这一新发展理念引领社会发展和高等教育发展，重视物质因素仍然必须强调，大力发展国民经济依然是硬道理。“鉴于当代中国长期处于社会主义初级阶段的历史定位，防止工具理性的过分膨胀是必要的，但也要防止极端主义思潮否定理性，否定现代性。”① 当然，我们建设的应该是政治、经济和文明协调发展的全面的现代性，离开了文化模式和政治制度的经济现代性不仅是畸形的，也是不可能的，现代性并不能简单地等同于经济发展。而作为上层建筑重要组成部分的教育，特别是高等教育，其本身的发展水平就取决于经济基础。

（三）创新传统以提供文化支撑

需要强调指出的是，中国现代性是指文化意义上的中国，而不单是指地域上的中国，最终是要建设一种中国现代文明秩序。中国的现代性引致的社会转型是从“传统”到“现代”，传统是我们成为文化人的主要依据，我们每个人都生活在传统当中。正如刘东所申明的：

> 在中国，由于《天演论》的恶性刺激，同时也由于人们对于“进步”概念未能进行理性清洗，所以人人都对“保守”这个字眼儿避之犹恐不及，故而要敢于标明自己“保守”就非大智大勇者不可。但实际上，不管文明进程是赓续绵延还是突变断裂，人们总是处于过去和未来之间，总是历史过站中的过客，故此真正能够产生持久影响的创新行为，由于种种前定条件的有形无形的制约，也由于此后富于惯性的历史环境的筛选，就反而只有通过对于旧有传统的有效激活和改造方能完成。②

我们的现代化无法脱离绵延了五千多年的中国文化传统，尽管这样的过程是以西方社会为参照系的。实际上，我们与西方现代性展开积极的对话，离不开丰富而绵长的传统文化资源的支撑。民族传统对启蒙发展的内在推动力主要表现在以下三个方面：一是形形色色的非儒学派为启蒙文化提供了内在的逻辑生长点；二是对儒学思想本身进行价值重估

---

① 陶磊、孙其昂：《当代中国语境的现代性反思与建构》，《学术界》2010 年第 11 期。

② 刘东：《保护大学生态》，《书城》2003 年第 8 期。

和重构，使其发生现代性转换；三是承续并扬弃明末以来以“主情反理”为核心的人文主义文学精神。[①] 中国的现代性启蒙是在传统文化的历史语境当中，通过学习和借鉴西方社会的现代化发展经验和人类文明成果对传统进行批判性继承，以促使我们不断实现自我的完善与发展，推动传统向现代转型，从而为“两个一百年”奋斗目标的实现和人类的文明进步创造更好的社会条件。

（四）坚持中华民族的道路自信

新时代中国特色社会主义思想为拓展人类现代化图景提供了“中国方案”与“中国智慧”。当代中国现代性建构要科学地处理好与西式现代性之间的关系，坚持“四个自信”，凸显自身的特色和优势。张明指出：“后发民族国家在建构自身现代性方案的过程中，不能陷入西式现代性的话语霸权与操控之中，而必须保持自身探索的独立性，并且在此基础上重新建构自身现代性的主体性与理论自信。”[②] 在高等教育领域，中国通过大众化运动、“双一流”建设和国际化运动，充分展示出勇于学习西方大学模式诸多长处的开放态度。与此同时，在学术及教学制度上依然保持很强的本土性。中国高等教育的发展经验表明：“拥有发展计划的大国完全可以利用大学提高其在全球舞台上的地位，而不必将一个全国或全球的模式强加于它们之上。”[③] 在追求实现世界一流大学和高等教育强国的进程中，地方特色鲜明的文化框架没有必要屈从于国际标准的同质化，“教育永远不应成为装配线。一旦这样做，你可以有一定的产量，但是你永远不会获得足够使民主社会得以运行的创新型思想者”[④]。一个国家的发展，尤其是高等教育的发展，并没有绝对统一的模式。一百多年前，美国高等教育界讨论过如何办好大学，如何办成世界一流大学。当时哈佛大学校长查尔斯·埃利奥特的主张可供我们参考：“……任何一个有价

---

① 韩升：《现代性启蒙与中国的社会转型》，《华南农业大学学报》（社会科学版）2010 年第 2 期。

② 张明：《新时代中国特色社会主义与中国现代性的当代重构》，《内蒙古社会科学》（汉文版）2018 年第 6 期。

③ 李军：《中国大学 3.0 模式——传统、现代与前瞻》，《清华大学教育研究》2016 年第 4 期。

④ R. Simmons，“Striving for Excellence：How to Make a World-class University，” *South China Morning Post*，2003：15.

值的大学，都必须从种子开始成长，它不能完全地从英国或者德国移植或嫁接。……当美国大学出现时，它不会是外国大学的复制品，而是美国社会和政治习惯缓慢而自然的产物……美国大学是一个没有母版的大学，也绝对是原创的大学。”[①] 当然，这并不意味着美国大学就没有学习和借鉴。中国大学要坚持中国的道路、理论、制度和文化自信，深深根植于儒家的文化传统——一个为了个人和公共最高利益服务的、可以被称为民主使命的灵魂。一定要按照国家的整体战略部署，按照中国经济社会发展的实际需要，适应高等教育的发展规律，借鉴国际上高等教育发展经验，立足国情，鼓励创新，走中国自己的道路。

总之，中国的现代化之路有且只有一条，那就是中国的现代化，必须在批判中继承传统，在解除“种族中心的困局”中认识并拥抱世界。中国的未来将是中国古典传统的现代化，也就是说，要建立中国的现代性，只有对于中国道路的自我认同，“我们才可能进一步凝聚中国精神和中国力量，超越资本主义的局限，在自我反思与批判中，实现中国人民伟大复兴的中国梦”[②]，实现“双一流”建设的中国高等教育强国梦。

三 现代化转型的路径选择

从“传统”到“现代”是一条漫长的道路，要经历一个较长的社会转型期，“中国的现代化决不能建立在虚无上，而必须建立在一个被批判过的传统上，现代与传统之间根本无一楚河汉界，传统与现代实是一‘连续体’，是不应、也不能完全铲除传统的”[③]。质言之，中国的现代化基本上是中国传统在合理的保守下的更新，是立足于中国传统的新陈代谢。

（一）充分发挥后发优势

虽然后发外生型的现代化道路复杂而艰难，但也可以给我们带来后发优势。在世界教育发展史上，凭借后发优势，后进国家的教育赶超先

① 李志民:《聚焦“双一流”中国离高等教育强国还有多远?》，清华大学出版社 2018 年版，第 2 页。

② 周峰:《“#3.0 时代”与中国现代性的问题》，《国际观察》2015 年第 1 期。

③ 金耀基:《从传统到现代》（补篇），法律出版社 2010 年版，第 137 页。

进国家的教育情形屡见不鲜，世界教育中心就先后从意大利到英国，再到德国，最后转移到美国。事实上，中国的高等教育现代化一直是在积极吸纳异质的、先进的外国高等教育要素中前行的，在某些时期甚至出现带有一定盲目性和急迫性的“过犹不及”。这就很容易导致“仿效别国的做法也会犯下致命的错误，因为在仿效的过程中，我们回避了试图解决问题所作的种种具有创造性的努力，从而不能从中认识到借用别国方法解决问题真正的本质，也无法认识到其中的局限和缺陷等”[①]。因此，在经历了早期的被动式现代化过程和外生式现代性成长以后，应当逐渐向主动式现代化和内生式现代性成长过渡；在构建大学新理念推进高等教育现代化时，中国大学既应该具有全球化的眼光，又要有本土化的行动。一方面，我们要弘扬主体意识和文化自觉，而不是简单机械地仿效甚至复制他国的高等教育模式。我们不能忘记的是任何国家都有自己独特的问题，特别是有自己的国情和文化，其现代化过程同时是一个传承、光大自己文化传统的文化努力。我们要在坚持独立自主的前提和基础上，加大开放力度，尽可能地吸收世界各国高等教育研究的优秀理论和先进经验，发挥高等教育的后发优势。另一方面，对他国的高等教育模式要批判性地吸收和借鉴，而不是当作教条来遵从。从全球高等教育的发展过程来看，世界上并不存在一种绝对完美的高等教育体系，更没有放之四海而皆准的高等教育体制。美洲不同于欧洲，英国、德国、法国、美国也彼此不同。这主要是因为教育从理念到制度都是文化的有机构成部分，无法离开文化的独特性考虑大学的发展。我们要通过将外来文化与本土文化有机融合，使大学既利用知识提升市场价值，又不失追求真理的知识圣殿之性质；既积极融入全球化浪潮，又始终弘扬本土优秀传统文化，保有中国高等教育的特色。

（二）大力倡导和谐发展

社会是一个有机的整体，由相互联系的各个子系统组成，在社会正常运行的情况下，社会各子系统应该是相互协调，互为支撑的。同样，社会转型也应该是一种整体性的、连续性的社会发展过程，而不能仅仅

---

① ［西班牙］奥尔特加·加塞特：《大学的使命》，徐小洲等译，浙江教育出版社 2001 年版，第 46 页。

将其理解为某一个或某些方面的转型，更不能简单地将社会转型等同于经济增长。社会现代化的目的是追求一种具有更高质量的文化与生活方式，现代化不仅取决于经济增长，还受到社会福利、社会公平、文化教育等社会进步因素的制约，应采取经济增长与社会协调发展，物质文明、精神文明和政治文明共同进步的整体性社会转型。稳步推进社会主义民主政治改革，把本该属于市场和社会的权力让渡出来，形成政府、市场、社会均衡发展的良好格局，既能保证政府更好地履行自己的职责，又能充分发挥市场在资源配置中的优势，各种社会组织才能在社会管理中发挥其应有的作用，做到“各美其美、美美与共”。在中国现代化的过程中，一方面要大力推广科学技术知识，推动科技、工业和经济的发展；另一方面还要有力地控制好科技对人文价值的威胁，并彰显传统的人文价值。① 就高等教育而言，在社会分化日益加剧、社会贫富差距日益扩大的背景下，国家要担当起投资主体的责任，并合理配置教育资源，努力谋求优质均衡的高质量发展，切实解决教育的发展与公平问题。教育公平是社会公平的重要基础，只有以公平为基础的社会才能实现良好的发展；根据高等教育的外部规律，大学的改革和发展要放在整个社会环境和大的制度背景下进行，“中国大学的问题并不是单单大学自身的问题，而是整个社会的问题。中国大学的改革并非只是大学制度的改革，而是整个政治制度改革的一个部分”②。就大学与政府的关系而言，在市场经济的整体环境之下，大学依旧作为政府部门下属机构的结果，无非就是走向穷途，在学术上是如此，在财政上亦复如此。大学必须成为完全的自为者，即一种完全意义上的法人；政府不是大学的办学者，应“实行政校分开、管办分离”，通过立法、财政、信息服务和政策指导及第三方评价等手段进行宏观调控和管理，在大学的发展中体现政府的意志。

（三）积极推进自身转型

西方大学自引入之初，人们所关注和理解的更多的是其外在的现象和结果性的东西，而最为重要和核心的大学精神几乎被忽略或被人为有意排斥掉了，也就是说，中国的大学从来就没有真正进入过“象牙之

① 参见金耀基《大学的理念》，生活·读书·新知三联书店 2001 年版，第 51 页。

② 韩水法：《大学与学术》，北京大学出版社 2008 年版，前言第 6 页。

塔”，而是直接异化为官场和学店。因此，中国大学的转型应该是大学本性的复归和大学制度的完善两个向度的行为。[①] 大学是一个以“高深知识”为操作材料的学术组织，这一本质属性决定了大学内部行政管理和行政权力的从属性，行政管理是为教学、科研服务的；大学是一个自主的机构，其发展的规律和逻辑是大学自治和学术自由，“学习和研究的错综复杂性和不可预见性要求高度的自由，不受外界的干预与控制，高校才能有效地运转”[②]；大学是一个非营利性组织，具有很强的公益性、准公共性和正外部性特征；大学是人文的殿堂，要给自然科学和人文社会科学以同等的关注，既要不断创造知识也要守望社会和人类本身，做到教育“育人”而非“制器”。大学的组织特性需要建立和完善现代大学制度，提供制度性的保障。其一，重构大学与政府、社会、市场之间的关系。建立完善的大学法人制度，大学依法面向社会自主办学；政府依法行政，对大学进行宏观调控和管理。建立完善的高等教育投资体制，明确政府在拨款支持大学方面的责任、各投资主体及其权利关系，特别是对法律地位、产权归属、合理回报、税收优惠等核心问题做出清晰界定，支持、鼓励和调动社会各界投资办学、捐资助学的积极性，有效扩大资金来源渠道。发展专业的高等教育中介机构，在政府和大学之间建立安全阀和缓冲器。其二，规范大学内部的管理与运行。在大学的法人主体地位落实后，制定大学的基本章程作为其行事的“基本法”就成为必需。大学章程应规定大学的性质和使命、基本学术组织和行政结构、校长的遴选、权力的分布和决策程序等，以彰显大学办学理念、引领大学组织文化、凝聚大学组织力量。为了增强大学章程的可操作性，应以章程为依据对过去发布实施的规章制度进行废除和修订，建立和完善学校制度体系，进一步改革和完善党委领导下的校长负责制。“变两支管理队伍为一支管理队伍，建立党委领导、行政管理、行政对党委负责的单线链条式领导结构和运行机制”[③]，实现党委领导职能和校长管理职能的分离。对

---

① 朱景坤：《社会转型期中国大学的危机》，《现代教育管理》2013 年第 1 期。

② P. G. Altbach，et al.，*Higher Education in American Society*，NY：Prometheus Books，1994，p. 56.

③ 王英杰、刘宝存：《中国教育改革 30 年 · 高等教育卷》，北京师范大学出版社 2009 年版，第 99 页。

学术委员会章程进行必要的修订，切实有效地保障行政权力与学术权力的合理配置。其三，切实推进内涵发展。随着中国经济社会发展进入新常态，创新成为第一驱动力，要实现经济结构从低端制造业向中高端制造业转型、从中国制造向中国智造转型，经济发展方式从要素驱动向创新驱动的成功转型，必然要求中国教育发展从以普及为核心的外延发展走向以质量提升为核心的内涵发展，加大创新型人才的培养力度，更好地从人力资源和科学研究上支持创新型国家建设，提升国家的国际核心竞争力。

总之，高等教育是一个持续发展着的可能世界，处于社会转型时期的大学，其本身也在进行转型和重建，其所面临的问题是转型中的问题和发展中的问题，必将为观念和制度创新提供一个难得的机遇和生长空间，重要的是建立和完善现代大学制度，以保障大学的组织本性，这样危机才能消除。

四 双一流与现代化

教育与现代化，特别是与经济发展的关系一直以来都是学者讨论的热点，人力资本理论视教育为一种投资，相信对教育的投资会增加受教育者的生产力，促进经济社会的发展。现代化最终的动力与实力是知识，也即教育，发展教育特别是高等教育就成为实现现代化的关键。一流大学是高等教育的旗帜，是创新型国家的支撑力量，许多国家和地区都制订了世界一流大学的建设计划，出台了促进世界一流大学建设的政策和举措。

（一）实现现代化的必由之路

高等教育“必须回应外部社会的不断变化的环境，高等教育的历史，很多是由内部逻辑和外部压力的对抗谱写的”①。从高水平大学到“双一流”大学的建设与发展是一个历史演化的过程，是组织内部逻辑和外部压力共同推动的结果。当中国高等教育由精英迈入大众，高等教育发展也由实现“大众化”的横向拓展转向争取“世界一流”的纵向进取。国

① ［美］克拉克·科尔：《高等教育不能回避历史：21 世纪的问题》，王承绪译，浙江教育出版社 2001 年版，第 5 页。

家意志、高校行为、社会需求等构成中国“双一流”大学建设的强大动力。

1. 国家“科教兴国”发展战略的重要举措

一流大学在大国崛起的过程中起着不可替代的作用，柏林大学对德国在19世纪的崛起，哈佛大学、斯坦福大学、霍普金斯大学等对美国在20世纪的强盛，东京大学等对日本在20世纪中叶赶超所发挥的重要作用都是有目共睹的。国际社会也纷纷将21世纪教育改革与发展的重点投向高等教育——联合国教科文组织、经济合作与发展组织、世界银行等国际性和区域性组织都发布了若干高等教育发展报告，一再阐述知识经济时代大学教育在推动全球经济发展和文明进程中的重要地位和作用，成为各国发展大学教育、改革大学办学体制的重要参考。在当今全球化时代，世界一流大学的作用更加彰显，对一国的科技、经济、国防等领域的创新都有着卓越的贡献，是否拥有世界一流大学，成为一个国家高等教育发展水平、国家发展潜力与综合国力的重要标志。新中国成立以来，大学一直是经济发展和社会进步的重要推力和前导因素。尤其是改革开放以来，中国高等教育取得了举世瞩目的成就，据2017年全国教育事业发展统计公报，全国共有普通高等学校2631所，成人高等学校282所，各类高等教育在学总规模达到3779万人，高等教育毛入学率达到45.7%。可以说，中国已经成为一个高等教育大国。高等教育为中国的社会主义建设提供了人力资源保障，在保持社会稳定、推动经济发展和促进社会繁荣等方面发挥了重要作用。

但我们也必须清醒地认识到，“外延式发展”催生的教育大国不等于教育强国，高等教育规模的扩大并不意味着高等教育质量随之提升。在高等教育质量特别是在世界一流大学建设方面，同世界发达国家相比还有较大差距。高水平一流大学的缺失严重影响着中国国际竞争力的提升，势必将制约经济社会的持续快速发展。为此，党和政府制定了“科教兴国”和建设“高等教育强国”的发展战略，切实把教育摆在优先发展的战略地位，做出了大力发展高等教育的决定。《国家中长期教育改革和发展规划纲要（2010—2020年）》提出“把提高质量作为教育改革发展的核心任务”。党的十九大报告指出，必须把教育事业放在优先位置，加快教育现代化，办好人民满意的教育。该报告还提出，要加快一流大学和一流学科建设，实现高等教育内涵发展、高质量发展。

2. 高校“内涵发展”提高办学水平的迫切需要

1999 年施行的《中华人民共和国高等教育法》赋予了高等学校七大办学自主权，从而从法律上认可并在实践中鼓励高等学校自主办学。为了获得更多的政策、经费等办学资源，“粗具办学自主权的高等学校日益遵循竞争式发展逻辑，研制自己的发展战略与规划，并且带领和促使所有教师参与日益激烈的‘学术锦标赛’”①。21 世纪的中国大学面临着新的境遇和发展的更高要求，随着“211 工程”和“985 工程”的相继实施，创建世界一流大学和高水平大学成为许多高校的奋斗目标，提高办学水平无疑成为它们实现目标的路径选择。特别是在经历了 20 世纪 80 年代具有明显外延式特征的规模扩张之后，20 世纪 90 年代中后期，步入大众化阶段的中国高等教育选择了以提升办学质量为主的内涵发展模式，高等学校竞争发展方式日益为强化高水平大学建设提供了强劲的内在动力。

2015 年 10 月，国务院印发的《统筹推进世界一流大学和一流学科的总体方案》，对中国高等教育未来 30 多年的发展提出了更宏伟的目标。要求坚持以中国特色、世界一流为核心，以立德树人为根本，以支撑创新驱动发展战略、服务经济社会发展为导向，在学校或优势特色学科领域的人才培养、科学研究、社会服务、文化传承创新和国际交流合作等方面均实现新的突破，迈上新的台阶，达到世界一流水平。与以往“985 工程”“211 工程”建设的思路不同，“双一流”政策同时聚焦一流大学和一流学科建设，突出大学对知识的责任和对社会进步的推动作用，通过分层和分类的建设思路，鼓励高校的“差别化发展”：一是拥有多个国内领先、国际前沿高水平学科的大学，要在多领域建设一流学科，形成一批相互支撑、协同发展的一流学科，全面提升综合实力和国际竞争力，进入世界一流大学行列或前列；二是拥有若干处于国内前列、在国际同类院校中居于优势地位的高水平学科的大学，要围绕主干学科，强化办学特色，建设若干一流学科，扩大国际影响力，带动学校进入世界同类

① 陈伟：《省域高等教育系统的崛起：动力分析和路径选择》，《高等教育研究》2017 年第 11 期。

高校前列；三是拥有某一高水平学科的大学，要突出学科优势，提升学科水平，进入该学科领域世界一流行列或前列。[①] 这种“总量控制、开放竞争、动态调整”的建设思路激起各层次、各类型高校创建一流的热情和活力，为了跻身“双一流”及省域层面的重点建设高校名单或避免在大学和学科排名中处于不利位置，高校只有尽力参与高等教育项目竞争，才有可能占据稀缺的优质资源并得到重点建设的支持。

3. 地方“高质量发展”要求增加优质高等教育的供给

世界银行 1999 年发表的《1999—2000 年世界发展报告：跨入 21 世纪》认为，以地方化（即国家的各城市、省等）为主体的经济和政治力量不断增大，将成为 21 世纪最重要的发展趋势。[②] 随着中国社会主义市场经济体制的建立和不断完善、现代科学技术的发展对区域经济的有力促进，已经出现明显的经济发展区域化和高等教育地方化态势，如江苏的苏州、福建的厦门、山东的青岛、广东的深圳和珠海等地区，都呈现出高等教育与区域经济社会良性互动，谋求共同发展的良好态势。正如谢维和所指出的：“区域或地方的高等教育发展，尤其是地方重点大学的建设与发展，已经逐渐成为中国不同区域显示其改革发展新成果，体现经济社会发展新进步，科技文化发展新水平，以及人民群众生活质量新内涵的一个新‘地标’。”[③] 这主要基于三个方面：第一，高等教育的地方化。针对新中国成立以来中央及其各部委权力过重、地方的高等教育权力过弱的问题以及“条块分割”的办学体制问题，1985 年《中共中央关于教育体制改革的决定》提出“实行中央、省（自治区、直辖市）、中心城市三级办学的体制”，释放了向地方政府下放高等教育举办权的信号。1994 年发布的《国务院关于〈中国教育改革和发展纲要〉的实施意见》进一步强调，“高等教育逐步实行中央和省、自治区、直辖市两级管理，以省级政府为主的体制”，从此中国高等教育开始从以中央统筹为主向以省级统筹为主的转变。在 20 世纪 90 年代，大量隶属于中央各部委的

---

① 国务院：《关于印发统筹推进世界一流大学和一流学科建设总体方案的通知》，2015 年 11 月，中国教育和科研计算机网（https：//www. edu. cn/zhong_guo_jiao_yu/zheng_ce_gs_gui/zheng_ce_wen_jian/gao_deng/zong_he/201511/t20151105_1335126_1. shtml）。

② 朱景坤、李泽彧：《中国巨型大学缘起的动因分析》，《煤炭高等教育》2005 年第 3 期。

③ 谢维和：《高等教育：区域发展的新地标》，《中国高教研究》2018 年第 4 期。

高等学校通过“共建、调整、合作、合并”等方式划归省级地方政府管辖，形成了中央和省级政府两级管理、以省级管理为主的新格局，激发了地方政府“积极建设、创新发展省域高等教育系统的潜能，竞相通过建设大学城等途径快速扩张省域高等教育规模，不少先发省份甚至在探索省域高等教育结构优化、功能强化的途径与道路”①，高等教育发展出现地方化趋势。

第二，高水平大学的引领作用。高水平大学建设对于盘活当地高等教育资源或引进外地优质教育资源，全面提升地方高等教育综合实力，拉动地方经济社会发展，加快城市化进程，提升城市文化品位具有重要的战略意义。据统计，在荣获诺贝尔奖的成果中有70%是在一流大学做出的，世界上对国计民生产生过重大影响的科技成果也有70%是在一流大学做出的。② 在中国改革开放之后城市发展进程加快，特别是一些城市如苏州、深圳、青岛等逐步由要素驱动和投资驱动进入创新驱动主导型阶段。城市发展与高等教育越来越呈“强互动”状态，美国旧金山湾区城市群与高等教育集群的深度互动就是典型案例。国内的苏州、深圳、珠海、青岛等城市也已与高等教育形成产学研紧密结合的科技创新体系。省市进一步强化高等教育与省域经济社会发展的关联度和协同性③，以增强省和市域综合竞争力。

第三，回应高等教育民生需求。“建设高质量教育体系”是“十四五”时期中国教育发展的战略任务和主要目标。随着中国高等教育在2019年进入普及化发展阶段，国家、社会和人民群众对高等教育发展的诉求已从寻求规模扩张、满足入学机会需求转向激发高等教育的创新驱动势能、扩大优质高等教育资源供给、促进人的全面发展和满足人的多样化教育需求等方面。④ 在进一步提高人口受教育水平、增加优质高等教

① 陈伟：《省域高等教育系统的崛起：动力分析和路径选择》，《高等教育研究》2017年第11期。

② 金耀基：《大学的理念》，生活·读书·新知三联书店2001年版，第201页。

③ 刘忠京、王毅：《中国高等教育结构与产业结构的协同性研究——基于2004—2013年省域面板数据的实证分析》，《教育学术月刊》2016年第9期。

④ 方芳、钟秉林：《“双循环”新发展格局下高等教育高质量发展的理论逻辑与现实思考》，《中国高教研究》2022年第1期。

育资源供给、提高高校人才培养质量和社会适应性等方面仍然面临很大的发展压力，供求矛盾依然突出。在未来一个时期内，中国高等教育发展的主要矛盾将是对优质高等教育日益旺盛的需求（更多的高等教育机会、更高的高等教育质量、更强的高等教育服务能力等）与高等教育供给不平衡不充分之间的矛盾。一直以来，教育公平是社会公平的一个重要组成部分，教育作为群众“自己的权利”，普及与平等是教育的题中应有之义。① 地方政府需要回应“优质高等教育不充分不均衡”的民生问题，响应中央政府的号召增加优质高等教育的有效供给，实现“优质均衡”的高质量发展。例如，2015 年 10 月国务院发布《统筹推进世界一流大学和一流学科建设总体方案》，对此，不少省份主动、快速回应，其中上海、广东、浙江甚至未雨绸缪，先国务院一步颁布本省的建设方案，河南、贵州、内蒙古、河北、江苏、甘肃、陕西、云南等省区也在一年内迅速发布建设方案。与此同时，不少省份还通过承诺投入巨额高等教育发展经费、创新发展方式等途径主动引导省域高等教育的变革和发展。②

至此，伴随着高等教育大众化的进程，国家决心建设若干所世界一流大学参与全球高等教育竞争的外在推力，重点大学追求世界一流的内在驱力，为大学的发展提供了前所未有的机遇和空间，激发起大学强烈的欲望和动机。总之，培育双一流大学，加速大学教育的发展，既是国际社会参与国力竞争的首选战略，也是 21 世纪中国经济社会发展和创建世界一流大学的必然诉求。

（二）一流大学的建设历程

新中国成立 70 多年来，政府启动并实施了多轮重点大学和重点学科建设，形成了初具中国特色的高等教育发展路径，成为中国重要的高等教育建设制度。

1. 重点大学建设

1954 年 10 月，高等教育部发布《关于重点高等学校和专家工作范围

① 伍春辉：《徐特立教育理念与思想史论》，《求索》2018 年第 6 期。

② 褚照锋：《地方政府推进一流大学与一流学科建设的策略与反思——基于 24 个地区“双一流”政策文本的分析》，《中国高教研究》2017 年第 8 期。

的决议》，确定北京大学、清华大学、中国人民大学等六所院校为全国重点高校，目的是“学习苏联先进经验，带动其他学校共同前进”[①]。1958年到1960年，受“左”倾思想影响，中国高等教育领域掀起“大跃进”运动，高校数量和招生规模盲目扩张，教育教学质量严重下降。为“着重提高高等教育质量”并带动国内其他高校发展[②]，1959年5月，中央下发《关于在高等学校中指定一批重点学校的决定》，北京大学、清华大学、北京工业学院、中国人民大学等16所高校入围重点建设行列。同年8月，中央决定再增加中国医科大学、哈尔滨军事工程学院、第四军医大学和军事通讯工程学院四所学校为全国重点高校。此后，随着“反右倾”运动的开展，中国再次掀起新一轮“大跃进”浪潮，高等学校数量又有大量增加。据1960年10月中央下发的《关于增加全国重点高等学校的决定》，吉林大学等44所高校被增补为重点高等学校。原因是中央认为原定20所重点高等学校的数量太少，不利于促进中国高等教育事业和支援新建高等学校的工作。[③] 1963年，浙江大学等四所学校也被指定为全国重点高校，全国重点高校增至68所。

“文化大革命”期间，此前确定或指定的重点高校也在劫难逃，部分还被撤销、合并、停办或迁址。自1977年起，高等教育进入拨乱反正时期，重点大学建设被重新提上议事日程，邓小平明确指示，“重点大学教育部要管起来”，实行“双重领导，以教育部为主”“要抓好一批重点大学，重点大学既是办教育的中心，又是办科研的中心”[④]。1978年2月，国务院转发教育部《关于恢复和办好全国重点高等学校的报告》，决定恢复原来确立的60所全国重点高校（不包括军委所属的三所院校和1970年后撤销的四所院校），同时增加云南大学等28所高校为全国重点高校，

---

① 何东昌:《中华人民共和国重要教育文献（1949—1975）》，海南出版社1998年版，第362页。

② 何东昌:《中华人民共和国重要教育文献（1949—1975）》，第902页。

③ 《中国教育年鉴》编辑部：《中国教育年鉴（1949—1981）》，中国大百科全书出版社1984年版，第331页。

④ 中华人民共和国教育部:《邓小平教育理论学习纲要》，北京师范大学出版社1998年版，第65页。

并提出重点高校要力争在“八年内使教学和科研水平进入国际先进行列”[①]。之后，国务院又批准将西北农学院等六所高校列为全国重点学校。至 1981 年底，全国重点高等学校数量为 96 所。[②] 1984 年 4 月，国务院通过了教育部、国家计委《关于将 10 所高等学校列入国家重点建设项目的请示报告》，决定将北京大学等 10 所高校列入国家重点建设项目，并安排专项资金 5 亿元用于北京大学、清华大学等七所“重中之重”高校建设，中国人民大学、北京师范大学等三所高校的专项支持经费由主管部门或主管部门商国务院负责解决。1984 年 9 月和 1985 年 1 月，经国务院批准，国家计委、教育部和国防科工委联合发文，将国防科工委所属哈尔滨工业大学等五所高校列为国家重点建设项目，所需经费由主管部门负责筹措与拨付。[③]

2. “211 工程”“985 工程”大学建设

1993 年 2 月，中共中央、国务院印发的《中国教育改革和发展纲要》明确提出：“为了迎接世界新技术革命的挑战，要集中中央和地方等各方面的力量办好 100 所左右重点大学和一批重点学科、专业。”[④] 1993 年 7 月，国家教委印发《关于重点建设一批高等学校和重点学科点的若干意见》，正式宣告中国将“面向 21 世纪重点建设 100 所左右的高等学校和一批重点学科”，“211 工程”由此诞生。1995 年 11 月，国家计委、国家教委和财政部联合下发《“211 工程”总体建设规划》，“211 工程”的目标任务、建设内容、资金筹措与组织管理等操作性规定基本到位。入选“211 工程”的高校先后分五批，最终进入“211 工程”建设的大学共有 112 所，“211 工程”成为新中国成立以来国家在高等教育领域进行的规模最大的重点建设工程。

1995 年 5 月，中国首次提出并开始实施“科教兴国”战略。1998 年

---

① 何东昌：《中华人民共和国重要教育文献（1976—1990）》，海南出版社 1998 年版，第 1597 页。

② 《中国教育年鉴》编辑部：《中国教育年鉴（1949—1981）》，中国大百科全书出版社 1984 年版，第 336 页。

③ 陈廷柱、李良立：《重点大学建设 70 年：历史传承与创新发展》，《吉首大学学报》（社会科学版）2019 年第 6 期。

④ 何东昌：《中华人民共和国重要教育文献（1991—1997）》，海南出版社 1998 年版，第 3469 页。

2月，中科院系统主导的“知识创新工程”获国务院批准，资助经费达48亿元之巨。受此启发，并得到有关方面认可，“为实现现代化，我国要有若干所具有世界先进水平的一流大学”① 等内容，被写入党和国家领导人出席北京大学百年校庆的讲话稿。1998年12月，教育部发布的《面向21世纪教育振兴行动计划》提出：今后10—20年，争取若干所大学和一批重点学科进入世界一流水平。1999年1月，国务院批转该计划，“985工程”正式启动。教育部最初计划重点资助北京大学和清华大学创建世界一流大学，后又协商决定与各省市、主管部委共建南京大学等七所高校（即“C9联盟高校”）。因兹事体大，“985工程”大学后来陆续增加了25所，至2003年“985工程”高校达到34所。2004年，启动了“985工程”二期建设，最终进入“985工程”建设的大学共39所。

“211工程”和“985工程”建设累计投入资金1100亿元，20年的持续重点建设，使“211工程”和“985工程”高校的整体水平和学科水平显著提升，大大缩小了中国高水平大学与世界一流大学的差距，并且以探索办学道路和育人模式的经验与示范作用带动了中国高等教育整体水平的迅速攀升，成绩巨大，功不可没。在国际上的影响不断提高，一些大学正在进入世界高水平大学的行列。进入建设之列的高校兼顾了行业和地区发展，覆盖了综合性大学、行业特色大学和地方高校，整体上提高了中国高等教育的发展水平。

3. “双一流”大学建设

鉴于“211工程”“985工程”等重点大学建设存在身份固化、竞争缺失、机制不活、重复交叉、结构不尽合理等缺陷，为加强系统谋划和资源整合，加大改革力度和创新实施方式，2015年8月，中央全面深化改革领导小组第15次会议审议通过《统筹推进世界一流大学和一流学科建设总体方案》（简称“双一流”）。总体方案对新时期高等教育重点建设做出新部署，提出在21世纪中叶之前重点高校和重点学科争创世界一流乃至前列，“实现中国从高等教育大国到高等教育强国的历史性跨越”，并将“211工程”“985工程”以及“优势学科创新平台”等重点建设项

① 何东昌:《中华人民共和国重要教育文献（1998—2002)》，海南出版社2003年版，第89页。

目，统一纳入“双一流”建设。

2015 年 10 月，国务院印发总体方案，提出“三步走”的战略目标：到 2020 年，若干所大学和一批学科进入世界一流行列，若干学科进入世界一流前列；到 2030 年，更多的大学和学科进入世界一流行列，若干所大学进入世界一流前列，一批学科进入世界一流学科前列，高等教育整体实力显著提升；到 21 世纪中叶，一流大学和一流学科的数量和实力进入世界前列，基本实现建成高等教育强国的战略目标。2017 年 1 月“双一流”建设具体实施办法出台，同年 9 月公布“双一流”建设高校及建设学科名单。共 137 所高校入围“双一流”建设名单，“一流大学”建设高校 42 所，“一流学科”建设高校 95 所，累计覆盖 465 个一流学科（含 44 个自定学科）。同年 10 月，党的十九大报告进一步要求“加快一流大学和一流学科建设，实现高等教育内涵式发展”[①]，作为中国共产党保障和改善民生、创新社会治理的重大战略任务，也标志着中国的世界一流大学建设进入了新阶段。

4. 重点学科建设

政府在进行重点大学建设的同时，还组织了多次重点学科评选以加强重点学科建设，对于推动学科发展、科技进步，促进中国经济社会、文化发展和国防建设发挥了重要作用。

（1）1987 年第一次国家重点学科评选。1985 年中共中央颁布的《关于教育体制改革的决定》提出：“为了增强科学研究的能力，培养高质量的专门人才，要改进和完善研究生培养制度，并且根据同行评议、择优扶植的原则，有计划地建设一批重点学科。重点学科比较集中的学校，将自然形成既是教育中心，又是科学研究中心”[②]。根据这一决定的精神，国家教委于当年发布了《关于评选高等学校重点学科的暂行规定》《关于高等学校重点学科评选工作的几点意见》等文件，开展高等学校重点学科评选工作。其主要目标是：根据国家“四化”建设对培育高级专门人

---

① 习近平：《决胜全面建成小康社会，夺取新时代中国特色社会主义伟大胜利——在中国共产党第十九次全国代表大会上的报告》，2017 年 10 月，人民政协网（http：//www. rmzxb. com. cn/c/2017 - 10 - 27/1851777_1. shtml? n2m = 1）。

② 何东昌：《中华人民共和国重要教育文献（1949—1975）》，海南出版社 1998 年版，第 2205 页。

才的需求、科技发展的趋势和国家财力的可能，决定在全国高校中教学、科研水平当时已居国内同学科、专业的前列，并主要依靠自己的力量能够在 1990 年前建成国内一流水平、在国际上有一定影响的学科中择优确定一批重点学科点。经过申报与评审，1988 年首批国家重点学科产生，共评选出 416 个重点学科，涉及 108 所高等学校。①

（2）2001 年第二次国家重点学科评选。2001 年，根据教育部《关于开展高等学校重点学科评选工作的通知》规定，开展了第二次国家重点学科评选工作。其主要目的是促进中国高等学校的学科建设，进一步提高中国高等学校教学科研能力，形成一批立足国内培养高层次专门人才、解决经济建设和社会发展重大问题的基地；根据中国经济建设、社会发展、科技进步和国防建设的需要，对高等学校的学科建设方向进行引导和示范，使高等学校学科建设进一步适应现代化建设的需要；优化高等教育资源配置，集中国家和地方有限财力，通过重点建设，逐步在全国范围内形成布局合理、各具特色和优势的重点学科体系，巩固和扩大高等学校在人才培养、科学研究方面的综合优势。此次共评选出 964 个高等学校重点学科。

（3）2006 年第三次国家重点学科评选。经过近 20 年的建设，国家重点学科的教学、科研条件得到了明显改善，学术水平、培养高层次人才和承担国家重大任务的能力得到了显著提高。但面对世界科技革命的严峻挑战和世界范围内日益激烈的人才竞争，为适应建设创新型国家、构建社会主义和谐社会和全面建设小康社会对人才和科技的要求，根据建设创新型国家的战略部署，必须调整国家重点学科结构。② 2006 年，教育部印发《关于加强国家重点学科建设的意见》，根据文件精神，在“服务国家目标，提高建设效益，完善制度机制，建设一流学科”指导思想下，调整的重点是在按二级学科设置的基础上，增设一级学科国家重点学科。一级学科国家重点学科的建设要突出综合优势和整体水平，促进学科交

---

① 教育部学科与研究生教育发展中心：《国家重点学科评选项目简介》，2020 年 2 月，中国学位与研究生教育信息网（http：//www. cdgdc. edu. cn/xwyyjsjyxx/zlpj/zdxkps/257697. shtml）。

② 胡建华等：《“双一流”建设与高校学科发展》，南京师范大学出版社 2021 年版，第 38 页。

叉、融合和新兴学科的生长；二级学科国家重点学科的建设要突出特色和优势，在重点方向上取得突破。此次共评选出 286 个一级学科，677 个二级学科，217 个国家重点（培育）学科。

2013 年 11 月，党的十八届三中全会通过的《中共中央关于全面深化改革若干问题的决定》提出，“进一步简政放权，深化行政审批制度改革，最大限度减少中央政府对微观事务的管理”“深入推进管办评分离，扩大省级政府教育统筹权和学校办学自主权，完善学校内部治理结构”。为此，2014 年 1 月，国务院办公厅下发《国务院关于取消和下放一批行政审批项目的决定》，取消了国家重点学科审批制度。不过，“双一流”建设在政府政策推动这一点上，可以说是对“211 工程”“985 工程”以及国家重点学科建设制度的进一步延续。“双一流”建设项目确定的一流建设学科是国家重点学科的“升级版”①。因此，2015 年开始的世界一流建设学科的遴选可以看作第四次国家重点学科评选。

第二节　自主与责任：谋求契约合作关系

如何处理好大学与政府之间的权力关系，在保证政府必要管理的前提下，使“学术自由”“大学自治”和“教授治校”的传统大学理想得以承袭，给予大学较大的自我发展空间，是大学发展所面临的重大问题。中国“政教合一”和“学在官府”的传统，“使中国的教育一直与政治纠缠在一起”②，与政府有着密不可分的联系，现代大学更是在民族危亡之际由政府主导建立起来的西方“技能”（“中学为体，西学为用”“师夷长技以制夷”）培养机构。惯常的行政化管理也使大学成为被行政化的学术机构，其特点就是“权力的高度集中，甚至形成政府或教育行政部门集举办、管理和办学三权于一身的状况，对高等学校的管理除计划、指挥、监督、控制外，更多地具有‘包办’‘代办’的倾向，往往造成管

① 胡建华：《“双一流”建设对我国高校学科建设的影响》，《江苏高教》2018 年第 7 期。

② 李情：《中国大学马克思主义意识形态教育模式的成因分析》，《黑龙江高教研究》2011 年第 5 期。

得过多，统得过死的局面”①。长此以往，就会造成大学缺乏或丧失自主办学的活力和动力。现代大学制度的建立，有赖于政府与大学之间形成科学合理的契约合作关系，在政府指导下充分发挥大学自主办学的积极性、主动性和创造性。

一 重塑大学管理思想

观念是行动的先导，可以给教育带来“供给侧”力量。宏观管理观念的实质是国家对高校性质与地位的认知，因而革新宏观管理观念是解决中国大学与政府关系，去除高校外部行政化问题的关键②，这可以从以下几个方面入手。

（一）从事业单位走向公共事业

人类已进入知识经济时代，一个知本社会，“今天的工业生产正在由以物质生产和劳动力为主的产品，平稳地向以知识为主的产品与服务转移，智力资本与人力资源正在取代金融资本与物质资本，成为我们力量、繁荣与富裕的源泉”③。新知识的发现、传播与应用成为创造物质财富和推动人类社会文明进步的最重要形式，知识成为决定经济繁荣、国家安全和人民富裕的关键。世界上大多数国家都视高等教育为国家责任和“公共物品”。大学的知识学习与学术研究当然有利于个人的发展，但是国家和社会也因此受益，如提高了社会劳动生产率、提升了社会文明程度、促进了国家目标的实现等，社会和政府有责任支持和资助它。虽然高等教育正越来越多地受到全球化趋势的影响，但高等教育本质上仍然是在一国的范围内发挥作用，大学通常在自己的国家运行，并且大多数时候是为地方、地区和国家利益服务。

随着中国市场化进程的加快，社会主义市场经济制度的不断完善，市场这只看不见的手日益发挥出其显见的作用，计划经济职能逐步被市场分解，国家行政权力开始逐步从单位中有限退出，单位制度开始慢慢

① 阎志坚:《现代大学的管理体制、模式与机制取向》,《现代大学教育》2001 年第 6 期。

② 王晓辉:《高校“去行政化”的省思——场域的视角》,《天津市教科院学报》2012 年第 4 期。

③ 王旭燕:《美国研究型大学创业生态系统研究》,博士学位论文,浙江大学,2018 年,第 15 页。

消解，中国进入“后单位制时代”①。一方面，社会资源总量增长和商品的极大丰富，导致人们对单位的依赖程度明显降低，特别是住房、医疗、养老等职能的社会化使全能型单位组织日渐式微。另一方面，经济市场化的改革促进了国家机构设置、人事制度、户籍制度、社会保障制度的变革，特别是原先典型单位组织所承担的各种社会保障方面的福利待遇，现在部分已由各种社会组织来承担。在这种情况下，大学改革和发展应该走向社会、走向市场、走向公共事业，将过去大学承担的社会功能剥离开来，实现由“大学办社会”到“社会办大学”的转变，使大学能心无旁骛地专心于人才培养、科学研究、社会服务和文化的传承与创新。

公共事业是指“政府之外的，为实现大多数社会成员的公共利益而从事的活动领域”②，其本质特征是以志愿机制来提供公共利益。20 世纪 90 年代以来，随着资源配置逐步由政府全面垄断向市场转移，中国社会资源分布状态发生了变化，高等教育领域也开始向公共事业方面拓展：高等教育办学资金筹措渠道多元化，家庭分担教育成本、校友与社会捐资助学等，政府拨款不再是大学的唯一资金来源；民办高校和中外联合办学（项目）得到了迅速发展，在广泛吸纳社会资源的同时弥补了公立大学供给不足；非单位制社会团体组织的数量急剧增加，一些教育中介组织开始积极参与高等教育事业发展。当大学走向公共事业的拓展时，政府必然会团结社会各界力量以及大学自身来共同治理大学事务，其生存与发展就成为包括政府在内的社会所有部门共同关心的事业。届时，政府、社会和大学就会通过互动构成一种相互依赖的合作伙伴关系，共同促进高等教育的发展。

（二）兼顾政治论和认识论双重取向

世界高等教育史充分说明政治论哲学对大学发展的影响是不可避免的，“官僚机构似乎变得更有权力，行事也更独断。把高等教育作为政治问题来对待的范围也大大扩大”③。大学早已从象牙之塔走向社会的中心

---

① 龙献忠、邱跃华：《大学单位制改革的制度路径》，《高等工程教育研究》2006 年第 5 期。

② 席恒：《公与私：公共事业运行机制研究》，商务印书馆 2003 年版，第 51 页。

③ ［美］伯顿·克拉克：《高等教育新论——多学科的研究》，王承绪等译，浙江教育出版社 2001 年版，第 118 页。

地带，成为社会发展的“服务器”和“动力站”，服务于国家发展目标成为大学使命的突出指向。在现代社会中，任何一个国家或政府对于大学都不会听之任之地使其游离于政治权力场域之外。“问题在于中国高校长期以来被置于太过接近政治场域的位置，高校长期成为服务政治的场所。”① 当前，中国正处于社会转型时期和现代化进程之中，政治场域正从服务政治向以人为本的价值取向转型，从中央集权、人治为主的体制向高度民主、法制完备的体制转型。我们在迎接不确定挑战的同时，也要充分利用这一变革的机遇，认识和调整大学与国家的关系，合理设置大学场域与国家政治场域的边界，从而减轻大学场域中行政权力对学术权力的挤压，使大学按照自身学术特点遵循学术逻辑健康地发展。

对于树立和加强认识论取向价值观，要明确大学是追求真知、探索真理、传播知识、培育新人的学术机构这一事实，而且认识到要想成功地保持和实现这些目标，自由和宽容的环境气氛是必不可少的。大学的管理须遵从学术机构的组织特性，给予充分的大学自治与学术自由。大学的发展要符合教育的规律和人才成长的规律，改变行政化管理的方式，通过简政放权、管办评分离、第三方评价等举措进一步扩大高校的办学自主权。努力做到“坚守管理为学术服务，崇尚以人为本；追求超越，拒绝平庸；崇尚民主、自由，但是又有‘法’可依；崇尚大学为社会服务，但是又不为世俗所绑架”②。如此，大学既能享有高度的自主权以保持学术自由，又能接受国家的合理调控与引导。

（三）树立服务型行政和教授治校的理念

大学是专注于人才培养和科学研究的学术机构，各领域都是互相独立、专门化，从事“以创造和革新为重点的非常规、非常灵活的组织活动”③。在发展过程中，尽管大学的外部联系和内部结构已变得日趋复杂化，但大学以“高深知识”为操作对象的学术性主旨并没有发生根本性改变，大学的知识品性决定了大学组织所特有的制度特征。显然，只有

---

① 王晓辉：《高校“去行政化”的省思——场域的视角》，《天津市教科院学报》2012 年第 4 期。

② 李斌琴：《一流大学需要一流的管理德性》，《现代教育管理》2018 年第 3 期。

③ ［美］弗莱蒙特 · E. 卡斯特：《组织与管理》，傅岩等译，中国社会科学出版社 2000 年版，第 86 页。

充分尊重大学内在的学术性、最大限度地维护学术自由和大学自治，才能实现大学外在的社会性，更好地为社会的整体利益和人类的长远利益服务。

从大学与政府的关系来看，大学应该有相对的独立性，不能也不该被政府主导和高度管制。事实上，大学与政府之间的关系一直都是国家密切关注的问题。从国际上看，虽然不同国家现代大学制度的表现形式存在差异，但也表现出共同的规律性特征：政府总是力图保有对大学的最终控制权，但“所幸的是无论在什么地方，除了很少的一些例外，这种权力没有被无限地行使”①。虽说大学自治从来都不是绝对的，但大学自治的信念从来都没有动摇过，它仍然是政府控制或干预大学的边界。正是这种适度的张力，达成国家与大学目标利益在长远意义上的一致，使学术自由与大学自治一起作为大学最根本的大学理念和学术价值观保留下来。由于历史和文化传统的原因，中国的大学长期运行于行政权力主导的模式下，整个高等教育系统在某种意义上成为政府高度统一管理的“一所大学”，大学缺乏办学自主权。因此，当务之急是对大学有一个准确的定性和定位，在宏观层面上就是要革新阻碍高等教育发展的价值观念，还大学本来应有的学术组织特性，把大学作为学术组织来建设。②党的十八届三中全会提出要逐步取消大学的行政级别，政府要逐步从以管理为主转变为以服务为主，必须改变政府部门管控高校经费的管理方式。大学去行政化的根本就是要保证教师的教学、科研权力，从而最终保证人才培养质量。当然，大学的去行政化不是去掉行政管理，也不等同于去行政级别，而是调整目前政府与学校之间以及学校内部的权力资源配置方式，让学术权力参与其中，发挥教授治校应有的作用。建立起科学合理的行政管理模式，努力做到既能保证大学的教学和学术权力的良性运转，又能监督和防范教学与学术权力的不当偏离。

---

① ［美］克拉克·克尔：《大学的功用》，陈学飞等译，江西教育出版社 1993 年版，第 17 页。

② 朱景坤：《德性大学重建：高等教育强国的一个现实命题》，载张宗荫、范笑仙《质量提升与建设高等教育强国——2011 年高等教育国际论坛论文集》，西南师范大学出版社 2012 年版，第 364 页。

二 强化大学顶层规划

事物的发展必然涉及发展方式的选择，高等教育也不例外。赵应生指出："在中国加快转变经济发展方式、全面建设人力资源强国、教育'由大向强'转变的关键时期，高等教育发展需要选择更能体现高等教育规律、更加符合国情的方式。"① 特别是我们已经进入高等教育大众化阶段，"大学不再是供人仰望而成为多数人必需时，再集中资源为少数人办成几所大学，有违社会公平原则，会受到多数人的诟病"②。为了适应高等教育大众化和普及化的现实需求，人们普遍认为需要更分化的学术体制，提供更加多样化的教育，从而肩负起不同的教育使命。然而，同构的倾向仍然非常强烈，其他类型的大学纷纷仿效研究型大学的模式，特别是为数众多的地方普通本科院校。大学能够正确定位，就要有一个比较好的发展环境，政府应该让大学自主定位。普林斯顿大学伍德·威尔逊校长指出："普林斯顿不像哈佛，也不希望变成哈佛那样；反之，也不希望哈佛变成普林斯顿。我们相信民主的活力在于多样性，在于各种思想的相互补充，相互竞争。"③ 作为政府，只能是提供信息来帮助学校规划，而不是说让一个学校必须搞什么，不能搞什么，政府在学校规划方面只能做三件事：一是提供信息，二是进行监督，三是制定好如何办好学校的规则。政府教育主管部门有责任对高校及其学科专业的发展进行宏观调控和分类指导，通过规划解决好高等教育的"优化组合"，鼓励高校的"差别化发展"。通过国家政策，促使不同类型的高校在各自的定位上对标找差、争先进位，有效避免高校精英教育趋同、办学定位模糊、资源重复配置、人才培养与社会需求错位的现象。高等学校或仰望星空、九天揽月，或脚踏实地、五洋捉鳖，各安其位、各尽其能、各得其所，办出特色。

在通常情况下，学术体系需要政府的宏观"调控"来保持它的多样

---

① 赵应生、钟秉林、洪煜：《转变教育发展方式：教育事业科学发展的必然选择》，《教育研究》2012 年第 1 期。

② 李志民、杨建安：《谈谈中国大学的国际学术影响力》，《中国高校科技》2015 年第 9 期。

③ 肖木：《普林斯顿大学》，湖南教育出版社 1992 年版，第 125 页。

性以及服务更大更深远的国家发展目标，“开展大学科学分类、合理定位，既是国际惯例，也是国家行使教育治理权的重要体现”[①]。20 世纪 60 年代，美国在高等教育大众化发展的初期，加州以立法的形式颁布《高等教育总体规划》，通过政府顶层设计把相互竞争的不同类型的高校转变为一个由州大学、州立大学和社区学院构成的有机高等教育体系，把维持巨大招生规模与保持优异教育质量有效地结合起来。瑞士按区域分布情况对高等教育进行规划和布局，州立大学是自治性组织，推崇学术自由，守卫着古老大学的传统；160 年前创建的联邦技术学院直接为国家的产业技术创新和现代化发展服务，兼有德国工业大学和法国工程师学校的影子；近年来集中改造的应用科学大学主要为区域经济发展服务，培养应用型人才的模式，则明显是德国 Fachhochschulen（FH）[②] 的翻版。“建立一体化高等教育体制的努力，看起来只是一种形式，实际上却强化了已有的院校分层”，这样的高等教育体制在中国已经有了现实基础，“985 工程”大学和“211 工程”大学中的院校已经从高等教育中分化出来。下一步，中国可以根据国家高等教育总体规划和学校的办学使命，实施大学分类推进方案，建立更加科学合理的高等教育系统。按照国家两个一百年的重大战略部署，适度超前布局我们的高等教育，“分类建设一批世界一流高等学校，建立完善的高等学校分类发展政策体系，引导高等学校科学定位、特色发展”[③]。再就是调整优质高等教育区域分布不平衡状况。中国优质高等教育资源区域分布极不均衡，这既与中国经济社会发展的区域不均衡有关，又与国家和政府的政策导向和宏观调控有关，如“211 工程”“985 工程”及“双一流”等重点大学建设。要改变优质高等教育资源区域分布不均衡的状况，一方面应加大区域经济建设，通过区域一体化和城乡一体化发展提高区域经济水平，不断缩小区域间和城乡间的差距。另一方面，国家在进行高等教育宏观布局与规划时，在不减少东部优质高等教育资源财政投入的前提下，应通过省部共建、

---

① 冯用军等：《中国“双一流”大学建设成效中期监测评估研究》，《黑龙江高教研究》2021 年第 2 期。

② 德国大学有偏重理论研究的综合性大学（UNI）和更贴近实践的应用科技大学（FH）两大类。

③ 中共中央国务院：《中国教育现代化 2035》，《人民日报》2019 年 2 月 24 日第 1 版。

财政转移支付等举措适当考虑向优质教育资源欠缺的中西部地区倾斜。此外，地方政府也要发挥应有的作用，加入国家大力支持优质高等教育建设队伍中，为区域“一流大学”建设出一分力。[①]

三 重构大学治理模式

从政府与大学的关系方面来说，政府要遵循高等教育规律，不能完全用行政化的手段去管理大学，而应探索间接性的政策引导和法治规范管理模式，让高校建立形成自身边界的有效途径。

（一）大学法人化

督促大学制定并不断完善大学章程，“理顺大学党委与行政的关系，真正落实党委领导下的校长负责制；处理好学术权力与行政权力的关系，实现大学由行政主导向服务学术发展的回归；靠大学章程规定大学内部制度建设与各机构之间运行的关系，实现科学高效管理，避免大学内部的行政化”[②]。建立健全高校章程落实机制，加快形成以章程为统领的完善、规范、科学的内部治理体系，确立高校的法人主体地位，从而在法律上进一步明确政府的权限，划分政府对大学的权属，建立法治框架中政府与大学的委托—代理关系，实现“政校分开、管办评分离”，促进政府职能转变和大学面向社会依法自主办学，构建政府、大学、社会的新型关系。政府主要通过立法、财政、规划、信息服务和政策指导及第三方评价等手段进行宏观管理和调控，不再通过行政命令直接干预大学内部事务。美国高等教育学家阿特巴赫曾高度评价中介机构在维护大学自主权方面的作用，他说：“事实证明它是在政府与大学之间保持一定程度分隔的最成功的手段。”[③] 就中国目前的情况来说，将原来由政府承担的学科（专业）评审、教学评估等职责和管理任务委托给中介组织，可以阻止政府教育行政部门直接干预大学内部事务，将学术评价与管理从以

---

① 申怡、夏建国：《论我国高等教育的“不平衡不充分”及其破解路径》，《中国高等教育》2018 年第 1 期。

② 李志民：《聚焦“双一流”：中国离高等教育强国还有多远?》，清华大学出版社 2018 年版，第 59 页。

③ ［美］菲利普 · G. 阿特巴赫：《比较高等教育》，符娟明等译，文化教育出版社 1986 年版，第 60 页。

行政评价为主转向以同行评价为主，重点评价科研诚信与学风、创新质量和学术贡献。

（二）改革校长的遴选方式

正如哈佛大学前校长博克所指出的：“大学要在现代社会的多种挑战之下取得成功和进步，最关键的一环就在于大学校长能发挥有效的领导作用。”① 国际上很多一流大学之所以享有盛誉，在很大程度上是因为具有战略眼光和胆识一流的校长的领导。办大学和管大家需要智慧和勇气，大学校长不是一般人能胜任的，只有教育家校长才能引领大学崛起，书生校长、政客校长、企业家校长都不是大学校长的理想类型。老子曾说，“力将不如智将，智将不如德将”。理想的大学校长应是具有“大师思维”的教育家校长，对学校办学水平和办学质量的提高有很大的推动作用，但至关重要的是如何才能把这种教育家型的校长遴选出来。“中国大学校长多由上级政府主管部门自上而下任命，缺乏明确的遴选程序和标准，作为大学主体的教师、大学生和校友对校长遴选没有发言权。”② 在确定校长的人选上，仅由有关领导部门和学校的上级部门决定，把选拔校长仅视同任命行政首长。按照“谁赋权对谁负责”的基本政治原理，被任命的校长习惯性地处于任命部门或领导者的下级地位，习惯性地全心全意遵守下级服从上级的原则，不愿意体察和提出学校教育中那些并非千篇一律的问题。这种遴选机制容易产生“大楼思维”，见物不见人。教育是一个需要长期投资的事业，老老实实地做，你今天的付出也许要到十年后才能见成效，而十年的周期，有谁等得起？干部的提拔任命，十年可不是一个短的时间。于是，在这里，大师思维是行不通的。畅通无阻的是——美丽的校园、气派的建筑、大笔的经费、大堆的论文，这是多么有生气的现代大学图景。制造出这般景象之后，“办学者”就有了未来。在最短的时间里出政绩，是很多办学者的理想。为了能出政绩，他们可以不计成本，不择手段，甚至做出严重违背教育规律的事。因为出

① 全守杰、王运来：《美国大学校长角色的嬗变及其动力——兼论中国大学校长领导制度建设》，《现代教育管理》2011 年第 8 期。

② 刘亚敏：《教育家校长引领大学崛起——以哈佛大学五任校长为分析样本》，《高等教育研究》2011 年第 11 期。

了政绩就能得到进一步的提拔重用。当前政策的负面效应在未来几年甚至十几年后才会出现，而那已经与自己完全无关了。没有人会追究，没有人会问责。没有人关心教育的未来，只关心自己的未来。这就使杰出校长的产生成为一件可遇而不可求的事情，正如杨德广所指出的，中国大学校长“专家型的多，管理型的少；理科出身的多，文科出身的少；硬专家多，软专家少；事务主义者多，从事教育研究的少，教育观念滞后”①。而事实上，只有受到教职工高度敬重的学者和与教师志同道合的人，才有可能成为教育家，也才有可能在大学中承担领导角色。我们需要改变现行的大学校长遴选机制，建立公开的遴选程序和严格的遴选标准，让大学人真正掌握校长选择主动权，这样才能真正选拔出能够并且愿意带领大学走向成功的杰出校长，推行大学校长职业化和教育家治校。毕竟，由治学的人来选拔治校的人，是合情合理的。

（三）营造公平竞争的环境

高等教育的竞争日趋激烈，特别是进入顶尖大学（985、211、双一流等）的难度越来越高。学者为了工作机会而竞争，为了保住工作而更加努力地工作。大学之间在为获得私人资助和社会捐助而竞争，国与国之间也在为学术地位、国际学生以及顶级的学者和研究人员而竞争，“各种排名在国家制定高等教育政策中越来越有举足轻重的分量。在各个国家内部，排名助长了国内学校的分层”②。竞争一直是学术界的一股动力，竞争能够以多种方式帮助追求卓越和产出杰出成果，竞争激励机制的建立，可以强化大学的主体地位和竞争意识，充分发挥市场在高等教育资源配置中的作用。政府要进一步确立和完善法人治理机制，落实大学法人地位；进一步加强对私立（民办）高校的扶持和规范管理，指导和推动私立高校健康发展。一方面，可以激活社会力量办学的积极性、主动性和创造性，扩大高等教育的供给，为那些可能达不到公立大学招生标准的学生或者由于其他大学满员而没有学上的学生提供入学机会，满足全面建成小康社会后人民群众多样化、个性化的优质教育需求。民办教

① 熊丙奇：《体制迷墙：大学问题高端访问》，天地出版社2005年版，第40页。

② ［美］菲利普·阿特巴赫、利斯·瑞丝伯格、劳拉·拉莫利：《全球高等教育趋势：追踪学术革命轨迹》，姜有国等译，上海交通大学出版社2010年版，第13页。

育的意义不仅仅在于拾遗补阙，而在于提供多样化、选择性的教育。另一方面，可以有利于营造公办、民办教育协同发展、良性竞争的体制机制。布鲁贝克认为："保护高等教育自治，防止政府过分束缚的一个堡垒是私立大学。"[①] 在目前的宏观政治体制背景下，私立大学更易于推行国际上行之有效的大学制度，可以起到"实验"和"示范"作用，从而充当体制创新中一种激活公办教育的力量。

（四）坚持内涵建设与外延发展并重的评价

大学是为社会个体提供全面教育，促进科学进步的最优组织，评价大学时只需要关注两个方面："它为个人教学做了什么？它为推广知识做了什么？"[②] 就是说，评价一所大学的核心要素是看这所大学是否有利于人的发展，是否有利于社会的进步。大学评估是高等教育管理的一个重要手段，科学的评价观能够促使评估发挥出促进大学提升办学内涵和质量的作用。大学的内涵建设与外延发展是辩证的统一体，内涵建设是外延发展的前提和基础，而外延发展是内涵提升的有力保障。目前中国高等教育评估指标存在重硬件投入、轻软件提升的倾向，以普通高等学校本科教学工作水平评估指标体系为例，在 7 个一级指标、11 个二级指标及 44 个观测指标点中，绝大多数指标都是对硬件建设的检测。高等教育评估指标体系的偏向，容易导致高校片面注重硬件建设、政绩工程等外延投入，从而助长行政权力的膨胀和泛化。[③] 改革评价观在"破五唯"（唯论文、唯帽子、唯职称、唯学历、唯奖项）评价的新时代背景下，推进大学特色建设、内涵建设和高质量建设进程，要对仅凭数字标准评估智力工作的惯常做法做出改进，必须重视高校的文化和精神特性，在指标设定上向育人质量、大学精神、学术成就等方面倾斜，体现对高校办学特色的保护性鼓励，以及对学科建设的方向性指导。突出引导和鼓励大学重师德师风、重真才实学、重质量贡献的评价导向作用，让大学不

① ［美］约翰·S. 布鲁贝克：《高等教育哲学》，王承绪等译，浙江教育出版社 2001 年版，第 35 页。

② ［美］丹尼尔·柯尔特·吉尔曼：《美国大学的问题》，兰玉译，浙江教育出版社 2019 年版，第 36 页。

③ 王晓辉：《高校"去行政化"的省思——场域的视角》，《天津市教科院学报》2012 年第 4 期。

仅重视大楼建设，而且重视大师培养，真正做到以人为本，以育人为中心。

在现代社会，大学和政府都是为公共利益服务的机构，二者在存在形态和地位上有一定的独立性和平等性，需要以符合各自组织特点的规律和运行规则的方式运转。大学不是政权机关，不能用政府管理模式管理学校和进行学校内部治理。大学可以自治维护其自由，但不能超越社会而独立发展，政府也不可能放弃自己应有的责任，国家利益与大学发展已紧密地结合在一起。① 因此，有效的管理应是学校意志和国家意志的综合体现，满足政府目标和大学自治的双向要求，这样才能实现学术和国家利益的最大化。

第三节　规范与自律：明晰大学内部治理

就大学而言，英国著名高等教育学家、剑桥大学前校长埃里克·阿什比在对构成大学影响要素的讨论中强调指出，大学并不只是受政府和市场力量影响的组织，来自大学自身的影响在某些时候更大，也是不可以低估的。“我们必须认识到外部世界节奏的变化，而这些变化直接影响到大学内部的生活。快节奏和迅速发展需要快速稳定的反应和计划，需要更加明确地做出决定，使大学可以及时地做出有效的变化和调整。”② 大学是一个复杂的社会组织、高度自治的学术组织，除了处理好大学与国家和社会的外部治理关系之外，还要处理好大学内部治理问题，即处理好大学内部领导体制、权力分配和治理结构问题，其有效运行和功能发挥有赖于其自身制度的健全与完善。

一　建立党委领导、校长负责和教授治学的领导体制

《中华人民共和国高等教育法》和《中国共产党普通高等学校基层组

---

① 陈收：《大学章程的制订与自主办学制度建设》，中国高教学会高教管理研究会 2014 年学术年会论文集，北京，2014 年 7 月，第 216 页。

② ［美］大卫·科伯：《高等教育市场化的底线》，晓征译，北京大学出版社 2008 年版，第 192 页。

织工作条例》都明确规定："国家举办的高等学校实行中国共产党高等学校基层委员会领导下的校长负责制。"党委领导有利于在意识形态领域坚持社会主义办学方向，使高校培养的人才符合社会主义建设事业的要求，这对于维护国家的政治稳定和推进社会主义现代化建设具有十分重要的意义。坚持党委领导下的校长负责制不仅是政治要求，也是依法治校、依法行政的重要标志和必然要求。在现有法律框架下，协调处理好以校党委书记为班长的党委与以校长为首的行政系统以及以专家教授为主的学术系统三者之间的关系，实现大学由行政主导转为行政服务学术发展，实现科学管理、民主管理，显得尤为重要。

（一）党委领导

"党委领导"是指党委总揽学校改革、发展、稳定的大局，统一领导学校的工作，讨论决定学校的一切重大事项。"为谁培养人、培养什么人、怎么培养人"始终是教育的根本问题，"党委作为大学的最高领导机构对大学的运行起着协调各方和统揽全局的作用，是中国大学坚持社会主义办学方向的关键'掌舵者'，也是维系国家教育顶层设计自上而下实施的重要力量"①。

1. 党管方向

这体现为抓大政方针、办学方向和发展规划，主持高校重大问题的决策，确保高校各项事业发展的社会主义方向。党政分工主要体现为决策与执行的分工，党委和行政在各自职权范围内做到责权统一。决策失误，追究党委集体的责任；执行不力，责任在校长。

2. 党管干部

负责干部的选拔任用、培养教育、监督考核（特别是大学各职能部门的主要负责人和学院主要负责人的选拔和配备），真正把政治立场坚定、思想理论素养高、组织领导能力强、熟悉新形势高校工作的干部选配到相关领导岗位上来，并领导工会群团等群众组织，做好统战工作等。

3. 党要管党

党委应集中精力抓好党组织的建设，充分发挥党的基层组织的政治

① 史秋衡、李玲玲：《大学章程的使命在于提高内生发展质量》，《教育研究》2014 年第 7 期。

核心、战斗堡垒和党员先锋模范作用。不断探索新形势下加强和改进党的建设与思想政治工作的新路子，使党委成为一个主要着眼于未来，为学校发展制订长远规划，并且监督其执行的最高决策和权力机构。最后，大力支持行政系统行使职权。党委在对学校实现有效领导的同时，必须充分尊重校长的行政指挥权，并为校长行使职权营造良好的氛围和条件，保证校长职、责、权的高度统一，保证以人才培养为中心的各项任务的完成。

（二）校长负责

“校长负责”是指校长作为学校的法人代表和学校最高行政首长，在党委领导下依法行使大学的行政职权，主要是落实党委领导，执行党委决议，全面主持学校行政工作。哈佛校长尼尔·陆登庭曾指出：“一所优秀大学的领导责任，在很大程度上取决于校长、学院院长及其同事的能力。”① 正如蔡元培之于北大、郭秉文之于东南大学、朱九思之于华中科技大学、张楚廷之于湖南师范大学，校长是大学发展的领路人，决定着学校的建设和发展方向。大学校长对于办好大学实在是太重要了，党委讨论决定的重大事项或常规性工作都必须由校长统一组织实施。要落实校长负责制，使其真正成为学校的行政首脑，必须做到以下几点。

1. 完善大学法人治理结构

大学校长行政权力的正确行使和领导作用的充分发挥，必须以良好的法人治理结构为保障，实现责、权、利的对等与统一，充分调动校长办学的积极性，并实现有效的监督以避免盲目的决策行为给大学造成的损失。必须落实扩大校长办学自主权，提供发挥个人能力的舞台和必要的支持；同时健全教师和学生的参与权，健全制约和监督机制，使校长的权力在阳光下运作。

2. 推进校长职业化

管理大学是一门复杂的学问，是一项困难的职业，因而“整个学校应当有整个校长，不应当有命分式的校长（指一个校长身兼数职，是个

① ［美］陆登庭：《一流大学的特征及成功的领导与管理要素：哈佛的经验》，阎凤桥译，载教育部中外大学校长论坛领导小组《中外大学校长论坛文集》，高等教育出版社 2002 年版，第 11 页。

分心的人)。试问：世界上有几个第一流的大学是命分式的校长创造出来的?"[①] 特别是规模巨大、结构复杂、目标多元的现代大学，由一些"双肩挑"甚至"三肩挑"的校长来领导并不是好办法。对于一名学者，精力不集中只是影响个人的发展，但大学校长如果精力不集中就会贻误学校整体的事业。大学校长是极富挑战性的一个职业，必须全力以赴、殚精竭虑地扑在学校治理上，才能办好学校。杨德广在谈到怎样才能做好一名大学校长时指出，大学校长"必须把80%以上的精力投入搞教育管理中去，在其位谋其政，搞自己业务的时间不能超过20%"[②]。在这种情况下，大学校长职业化势在必行。职业化的校长不一定非院士、博导不可，最重要的是要有能力、精力、魄力、效力——能力包括学习能力、组织管理能力、人际交往能力，还要有先进的教育理念、丰富的教育实践经验；精力指能全身心地投入校长工作中去，有健康的体魄；魄力指决策能力；效力指有实效，有实绩。作为一名校长，必须热爱教育，热爱学生，热爱学校。当然，中国的大学校长职业化需要有制度性保障，明确界定大学校长的权利和义务，保障大学校长职业管理者的身份定位，促使其将全部身心投入对大学的科学管理中去。在国外以及中国港澳台地区，大学校长的职业化已经是一项推行多年、卓有成效的制度。实际上，我国民国时期的大学教育管理制度，已有了"校长职业化"的制度基础。2009年9月10日，被选聘为南方科技大学校长的朱清时也是校方通过国际人才咨询公司在全球范围内层层遴选出来的职业化校长。

（三）教授治学

"教授治学"是一种学术内行对大学实行民主管理的制度，是指教授团体和学术组织在学科规划、学位审定、教学指导、队伍建设、成果评定等学术事务管理中的决策和管理作用。教授治学是由大学的知识属性所决定的，"既然高深学问是超出一般的、复杂的甚至神秘的知识，那么，自然只有学者能够深刻地理解它的复杂性。因而，在知识问题上，

---

① 《陶行知选集》（第1卷），湖南教育出版社1983年版，第606页。

② 熊丙奇：《体制迷墙：大学问题高端访问》，天地出版社2005年版，第31页。

应该让专家单独解决这一领域中的问题。他们应该是一个自治团体。”① 随着中国高等教育改革的不断推进，大学自主权的逐步落实和大学章程的颁布，“教授治学”已经成为完善高校内部治理结构，建立现代大学制度的题中之义。《中华人民共和国高等教育法》第 42 条明确规定了校学术委员会的功能，赋予校学术委员会以重要的学术管理职能。《国家中长期教育改革和发展规划纲要（2010—2020 年）》在完善中国特色现代大学制度章节中明确指出要“充分发挥学术委员会在学科建设、学术评价、学术发展中的重要作用。探索教授治学的有效途径，充分发挥教授在教学、学术研究和学校管理中的作用”②。教育部于 2014 年 3 月 1 日颁布实施的《高等学校学术委员会规程》规定：“担任学校及职能部门党政领导职务的委员，不超过委员总人数的 1/4；不担任党政领导职务及院系主要负责人的专任教授，不少于委员总人数的 1/2。”③ 将教授治学提升到国家高等教育现代化发展的统一规划和现代大学制度建设之中。

学术自由是现代大学制度的根基，教授治学为学术自由提供了土壤。教授群体既是高校业务活动的主体，又是高校学术发展的核心和人才培养体系的主导，他们的知识权威决定其在大学管理中不可替代的作用，在大学的学术繁荣、教学研究活动的开展、管理秩序的维持、教育教学质量的提高等方面发挥着重要作用。事实上，大学要达到最终的管理目标，只有在研究和教育的担当者接受的情况下，其效率才能得到发挥。“高等教育中大多数重要的日常决策既不是由系统管理董事会或系统管理部门来做，也不由各分校校长来做。相反，许多事情是由教授们决策的，至少在很大程度上受到了他们的影响。”④ 因而，在大学真正的有效管理问题上，在决策及执行时，研究和教育担当者的意志得到反映是非常必要的，在坚持党委领导下的校长负责制前提下，建立基于学术权力的教

---

① ［美］约翰·S. 布鲁贝克：《高等教育哲学》，王承绪等译，浙江教育出版社 2001 年版，第 31 页。

② 《国家中长期改革和发展规划纲要（2010—2020 年）》，2010 年 7 月，中央人民政府（http://www.gov.cn/jrzg/2010-07/29/content_1667143.htm）。

③ 《高等学校学术委员会规程》，2014 年 2 月，中央人民政府（http://www.gov.cn/jrzg/2014-02/20/content_2615412.htm）。

④ ［美］杰拉德·盖泽尔：《美国多校园大学系统：实践与前景》，沈红等译，教育科学出版社 2004 年版，第 10 页。

授治学可以充分发挥教授群体参与高校管理工作的积极性和创造性，采取“专家论证与民主集中”的有机结合，共同承担办学决策的责任。教授参与治学也可以克服教授因“行会传统”或专业界墙而形成的散漫、偏执、保守、文人相轻的缺陷和不良积习。教授参与决策和办学，还可以对各级领导者起到智囊作用、促进作用和制约作用，能有效防止行政领导的“短期行为”和决策失误。

二 构建行政权力和学术权力二元一体权力配置模式

权力是构成一个组织或团体基本的要素之一，高等教育领域作为人类社会的一个子系统，权力现象和权力关系始终伴随其间，深刻影响着大学的运行和发展。大学内部治理结构的变革“首先要解决好学术权力与行政权力的配置，合理划分学术权力和行政权力，使之规范运行、相辅相成、并行不悖、形成合力”①，共同服务于学校发展的整体目标。

（一）现代大学是一个双重组织结构

面对现代社会的飞速发展和变迁，大学已经发展成为一个办学规模宏大、专业领域广泛、组织结构复杂、目标任务多元的巨型社会机构，所要处理的事务已不再局限于单纯的学术性事务，大学管理面临着很多新情况、新问题和新挑战，大学内部开始配备专职的行政管理人员，乃至出现专门的行政管理机构，而且行政机构和人员越来越多。例如，1975 年到 2005 年，美国大学管理职位如校长、副校长、助理等增加了 85%，专业管理人员人数增加了 240%，但大学教师数量只增加了 51%。② 随着大学在经济社会发展和文化传承创新中重要性的逐渐增强，国家和政府对大学内部事务的干预越来越多，逐步加大了对高等教育的控制，这也提升了行政权力在大学中的地位和作用。基于上述种种原因，行政权力开始成为大学学术权力之外一个不容忽视的结构性要素，大学行政管理具有了必要性和合法性。

可见，现代大学既是一个学术组织，又是一个科层组织，“围绕知识

① 潘保田：《完善治理结构加快现代大学制度建设步伐》，《世界教育信息》2014 年第 1 期。

② 刘献君：《正确处理学术权力行政权力的关系》，《中国高等教育》2012 年第 13、14 期。

体系和学术业务形成的学术结构和学术权力与围绕资源管理和行政事务形成的行政结构和行政权力构成大学组织结构和权力结构的两维"①，现代大学正常运转需要学术人员和行政人员的通力合作。作为传播文化的学术机构，学术性是其本质属性。现代大学以学科专业组成的教学科研机构为基础，各领域都是专门化、互相独立的，从事"以创造和革新为重点的、非常规、非常灵活的组织活动"。现代大学的内部组织形式和一切活动都必须以服务学术为宗旨，以学术为中心，这是符合大学学术性的客观要求的。因而，学术权力不可或缺，大学教授等学术人员对学术事务应有相应的发言权和决策权。作为一种社会组织，科层性是其基本属性，现代大学存在与其他社会部门相同的等级制的行政管理机构，存在日常的行政事务管理。尽管庞大的规模不是科层组织的同义词，但是大规模的行政管理所提出的种种难题有助于产生组织的科层化，正像克拉克·科尔所指出的，行政管理在维持大学整体化方面的作用越发突出了。自然，大学组织就日趋"科层化"，因为"行政任务的发展永远是行政管理官僚制度化的适宜土壤"②。随着教育的不断发展和学校组织规模的不断扩大，学校组织活动所涉及的因素越来越多，为了更好地进行协调与规划，提高管理效率，必须具有一个比较严密和规范的行政结构和统一的行政权力。

基于两种权力的存在和学术与行政两个管理系统的矛盾与冲突，西方高校往往采用"双重组织模式"，即行政事务和学术事务分别由不同的权力系统决策。当然，在大学内部不同的管理层面上，双重组织又各有侧重，如在学校一级，就是以行政权力为主的官僚模式占主导地位，而在学院一级则是以学术权力为主的学院模式占主导地位。

（二）行政权力的泛化与僭越

在大学的场域中存在着学术权力和行政权力，是一种典型的二元权力结构，正确处理二者之间的关系，必须认识两者的不同特点。首先是

---

① 朱景坤:《巨型大学中的学院——建立以学院为重心的学院治理结构》，《煤炭高等教育》2009 年第 5 期。

② ［美］R. J. 斯蒂尔曼:《公共行政学》（上册），李方等译，中国社会科学出版社 1988 年版，第 80 页。

权力性质不同。学术权力属于专业权威，主要取决于学术能力、学术修养和学术成就，是符合大学内在逻辑的权力。行政权力属于法定权力，是科层化的以上级管理主体对组织活动的控制与协调为特征，处于强势地位。其次是权力运行规则不同。学术系统是专业组织，其组织结构松散，工作于其间的专业人员享有学术自由，专业人员之间的交流是相对开放和非正式的。行政系统是科层组织，以严格的等级制度为依托，组织结构严密。最后是权力主体交叉多元。大学功能日益多元，与社会关系也越来越密切，学术的内涵与外延也在发展变化，导致各种学术工作之间的界限日渐模糊，“两种权力的主体呈现多元、交叉的状态”①。显然，这种交叉多元给行政权力挤压学术权力甚至取代学术权力提供了借口。

近代以来中国高等教育的变迁，尽管在过程和目标上都指向以西方高等教育为蓝本的现代高等教育，但中国大学从一开始就是在行政权力的操纵下建立起来的。这就使大学在管理上一直沿袭着行政管理体制，维持着“行政主导”的“单一”（学术民主管理不够）和“单向”（几乎全部是由上对下的管理）关系模式。②政府教育主管部门把大学视为附属机构，使大学成为准行政机关（事业单位）。在日常的运行上，政府把办学资源按计划配置到大学，学校再把计划分解到内部的职能处室和二级学院，行政权力成为支配学校运行的核心和主角，这种学术管理“行政化”、学术权力“边缘化”的倾向使行政权力凌驾于学术权力之上，学术权力长期以来得不到应有的尊重，学术民主管理基础薄弱。正如保尔·昂利·霍尔巴赫所指出的：“中国普通的行政人员，在其他国家应该是给专业领导和专业人员做辅助工作的，而在中国却常常能领导和指挥专家。”③ 对现代大学这样一个特殊的学术组织，其科层管理方式必须进行较大的改革，“通过合理的制度安排，对行政权力和学术权力各自行使的范围、责任和义务给予明确界定，克服或约束行政权力的泛化，避免官

---

① 刘献君：《正确处理学术权力行政权力的关系》，《中国高等教育》2012 年第 13、14 期。

② 檀传宝：《何谓与何为——关于北京师范大学转型的初步研究》，《教师教育研究》2003 年第 6 期。

③ ［法］霍尔巴赫：《自然的体系》（下卷），管士滨译，商务印书馆 1964 年版，第 423 页。

本位意识的蔓延，保持两种权力之间的张力”[①]，让学术人员行使学术权力而不是形式上的参与，真正分担学术事务管理，使之更好地服务于学校的发展目标。

（三）建立强有力的保障学术权力的制度

1. 正视学术权力的存在，健全和完善学术管理机构

尽管共同的“宿主”使学术权力与行政权力关系密切，但二者并不能相互取代，更不能将行政权力凌驾于学术权力之上。毕竟，大学组织中的行政权力和学术权力各自具有相对独立性，也都有它们自己的规律和标准。特别是“科层管理目标的过分明细性与大学学术目标的宽泛性不甚兼容，科层管理方法缺乏对自主管理的吸纳，与大学必须依靠教授的力量来制订学术政策、规范学术活动也格格不入”[②]。因此，在大学权力架构中，应正视学术权力的存在，根据学术活动与学术事务的不同要求，设置相应的学术管理机构或学术组织。“学术管理机构和学术组织的人员构成应具有学术上的广泛代表性，给予学术权力充分的空间，而不能以为听听教师代表的意见就是民主管理，以为任命几位教授当当领导就是学术管理。”[③] 大学章程明确规定，大学内部事关课程设置、人才培养模式、招生标准、教学评价等教育决策，事关学术资源配置、学术成果评定、教师评价、考核晋升等学术决策由教授委员会决定；同时，教授委员会对行政事务享有建议权和监督权，从而真正确立教授委员会在学校学术决策中的地位和作用。只有通过完善的大学内部制度安排，对学术权力进行合理的配置，赋予教授团体和学术组织主导学术管理和参与学校重要事务的实际权力和责任，才能发挥其在学校学术事务中的重要作用。

2. 将学术事务与行政事务适当分开，构建双重组织模式

行政权力在行使中往往与学术权力交织在一起，权力间的模糊、错

---

① 朱景坤、姚宜新：《构建科学的大学学术管理体制和运行机制探析》，《徐州师范大学学报》（哲学社会科学版）2006 年第 5 期。

② 眭依凡：《教授“治校”：大学校长民主管理学校的理念与意义》，《比较教育研究》2002 年第 2 期。

③ 朱景坤、姚宜新：《构建科学的大学学术管理体制和运行机制探析》，《徐州师范大学学报》（哲学社会科学版）2006 年第 5 期。

位和滥用，是两种权力出现缺位或越位而经常陷入尴尬境地的重要原因。因此，在大学管理工作中必须“界定和区分两种权力的适用性质、适用特点和适用范围，科学地发挥两种不同性质的权力在管理工作中的作用和功能，使二者在学术管理活动中建立起正确行使的规范秩序”①。这就要求我们将学术事务和行政事务适当分开，围绕资源管理和行政事务构建由非学术人员控制和管理的科层组织结构；围绕知识体系和学术事务构建由教授控制和管理的传统组织结构，形成科层组织与学者行会组织交织在一起，行政权力与学术权力共存的“双重组织模式”，以保证学校既能按照学术发展规律办学，激励学术创新，又能整体规划与协调学术事业，提高管理效率。另外，学校领导和职能部门负责人不再从事学术研究应是实行行政权和学术权分权的有效举措。“这也是国际学术界的惯例，这不仅仅因为继续承担教研工作将影响其履行领导的职能。而且其本身拥有的行政权，可能为他的学术研究创造便利，由此影响学术平等。”② 在现代大学制度中，教授委员会的成员是否来自行政职能部门已经不重要了，重要的是这一学术机构能否坚持按学术规律运行和学术标准进行学术管理、做出学术决策，以及他们所做出的决策是否有效并得到切实执行。

3. 重视学术管理的组织程序与运作方式的建设和运用

目前中国现代大学虽然已建立了学术委员会、学位委员会等部分学术管理机构，但其组织程序与运作方式还不够规范。其中一个重要原因就是其组织程序与运作方式没有建立起完善的制度，特别是在组织程序与运作方面，这些机构的地位、性质，职权范围并不都是明确的。向东春从大学纯学术人员在大学管理中的影响力和学术委员会参与大学管理的影响力两方面来分析行政权力与学术权力分配的均衡度，大多数受访者认为目前学术委员会主要是具有辅助决策性质的咨询机构。③ 由于大多数学术机构没有独立运作的机制而成为“摆设”和“工具”——学术机

① 秦惠民：《依法治校的高校学生管理制度特征》，《中国高等教育》2004 年第 8 期。

② 李海萍：《大学学术权力现状研究》，博士学位论文，湖南师范大学，2010 年，第 126 页。

③ 向东春：《论当代大学组织中的信任——基于关系判断的视角》，《教师教育研究》2010 年第 5 期。

构往往挂靠在学校人事处、科研处、教务处或研究生院，不是学校的一级权力机构，学术权力极其有限；学术机构往往听命于行政安排，扮演将行政机构的决策合法化的角色，而不是独立组织学术活动，做出独立的学术决策，让行政机构执行。[①] 对于这样的学术组织而言，委员不过是一种荣誉头衔而已。所以，学术管理机构要明确制定各委员会章程，确定决策管理范围，建立正常的活动程序，从而保证教师能在其中充分行使自己的学术权力，保证现代大学学术管理落到实处。在学校内部，校长及其他兼职行政领导，无疑也是学术权力主体的重要组成部分，但在参与学术事务的评议、审查、讨论时不应以行政首长的面目出现，更不应采用行政命令的手段，而应以学者的身份和民主的方式参与其中。

这样就从体制和程序上保证学术管理与行政管理的规范化、制度化，构建起学术管理和行政管理两套班子分工合作、相互制约的学术权力和行政权力二元一体配置的双重组织模式，实现了高校内部管理决策模式的创新。

三　建立以学院为重心的学院治理结构

如何在教育的集权和分权之间保持恰当的平衡？正如美国学者苏珊·莫尔·约翰逊所说的：“我们知道不存在集权化或分权化的简单而理想的模式，我们需要发展一种更为复杂而精确的理解方法，以便能对管理的集权化和分权化作出及时调整。”[②] 哈佛大学实行校、院、系三个层次管理，其各个学院是相对独立的单位，设有学院教授会、捐赠基金会和相应的管理机构，“各学院自治自理是哈佛一个世纪的至理名言”[③]。多校园系统的加州大学采取事业部型组织结构，“大学系统只是一个政策协调者，公共事务提供者以及政府与各分校之间的代理者”[④]，重大决策由

---

① 李海萍：《大学学术权力现状研究》，博士学位论文，湖南师范大学，2010 年，第 129 页。

② 冯大鸣：《沟通与分享：中西教育管理领衔学者世纪会谈》，上海教育出版社 2002 年版，第 143 页。

③ ［美］罗杰·盖格：《大学与市场的悖论》，郭建如等译，北京大学出版社 2013 年版，第 62 页。

④ 陈运超：《略论多校区大学管理的理论研究——兼论美国多校园大学系统与中国多校区大学的管理》，《清华大学教育研究》2002 年第 4 期。

总校决定，战略的实施由各个分校进行，将权力分散到各个分校，使各分校成为实际上的独立办学实体。英国大学的学院更是具有自治的传统，“甚至到今天，学院与大学之间仍保持分开的法人关系”[①]。可见，以学院（分校）为权力重心和管理中心，将垂直领导与水平联系、高度民主集中与分权自治有机地结合起来，是当今世界上大学普遍采用的治理模式。

（一）学院制改革的动因

中国大学进行学院治理有着特殊的背景，那就是20世纪50年代开始建立的高等学校管理体制，在适应高校科学管理与学科综合发展，学校规模扩大与专业增加的需要等方面受到严重挑战，暴露出许多问题和缺陷，要求进行改革。特别是随着高等教育的跨越式发展，中国高等教育已基本完成了向多学科、综合性发展的战略调整，高校规模、结构所出现的一些新变化对高校内部管理体制改革提出了新要求，实行学院制改革符合大学发展的内在逻辑和市场经济规律，有利于解决高校所面临的一些矛盾。

1. 有利于解决学科分化与综合的矛盾

20世纪中叶以来，科学发展出现了高度分化与高度综合，综合化居于主导地位的发展趋势，“要求我们突破单一学科视野局限，让学科具有较大的集成度、开放性和灵活性”[②]。现代大学不仅规模巨大，而且学科众多，单纯基于学科分化特性的系科划分和设置已不合时宜，它难以促进学科间的交叉与融合，难以发挥多学科综合优势，院系设置和学科结构必须做出相应调整。在现代大学中实行学院制符合学科发展趋势，为学科发展提供有力的组织保障和体制扶持，它可以消弭原有专业、学科之间的壁垒，拓宽、活化学科专业内容，促进边缘学科、交叉学科和大学科群的不断涌现，使学校组织起更大范围的学科联合，形成学科专业的整体优势，有利于承接重大科研课题，提高学校办学水平。这种整合应该是深度的融合，能够产生存在正反馈的线性依赖关系，可以“触发原有整体知识结构的‘失稳’，发生知识体系‘涨落’，生成新的学术生

① 李家宝：《一流大学的管理与改革》，哈尔滨工业大学出版社1994年版，第4页。

② 邹晓东、吕旭峰：《“学部制”改革初探——基于构建跨学科研究组织体系的思考》，《高等教育研究》2010年第2期。

长点，实现知识的创新涌现”①。

2. 有利于解决人才培养中通才与专才的矛盾

培养既具有多方面知识基础和健全人格，又具有一定专长善于综合运用知识解决复杂情境问题的复合型人才，是当代高等教育发展的一个重要特点，更是现代大学的使命和职责。2005 年，经济合作与发展组织提出核心素养的概念；随后，欧盟也发布了《核心素养：欧洲参考框架》；2006 年，《美国竞争力计划》更是明确提出培养具有 STEM② 素养的人才，并称其为全球竞争力的关键。这些素养指向的都是面对不确定的现实生活情境，能够应对和解决复杂问题的能力。伯顿·克拉克认为：“大学之所以能推行普通教育是与大学的内部组织有关的，这是因为大学拥有综合性的文理学院。”③ 随着社会经济、科技、文化的迅速发展和时代的进步，随着中国经济体制和增长方式的根本性转变，原有的过于单一的人才培养模式已经很难适应时代的要求。进行校际合并重组和校内以学科为分类基础的学院制改革，正是从组织形式上提供了“强化基础，拓宽专业口径，淡化专业界限”的体制保证，有利于凭借学科群和大学科优势培养厚基础、宽口径和强适应性的高素质复合型人才。

3. 有利于缓解办学效益中经费紧张与资源浪费的矛盾

在大学组织中，学院存在的理由是出于学科制度化、节约学术交往和人才培养的成本、应对管理收益递减的需要。④ 中国高校长期处于经费紧缺与资源浪费并存的状态，后者表现为专业划分过细，新兴专业不断增多，教学人员和设备不断分散，教学人员与非教学人员比例失调，有限的资源无法实现优化配置。根据闵维方对高等院校系和专业规模效益的实证研究，“系和专业规模的扩大更能改善学校的内部效率及人力、物

① 杨朔镔、杨颖秀:《“双一流”背景下大学院系治理现代化探论：自组织理论的视角》,《教育发展研究》2018 年第 5 期。

② STEM 是科学（Science)、技术（Technology)、工程（Engineering)、数学（Mathematics）四门学科英文首字母的缩写，其中，科学在于认识世界、解释自然界的客观规律；技术和工程则是在尊重自然规律的基础上改造世界、实现与自然界的和谐共处、解决社会发展过程中所遇到的难题；数学则是技术与工程学科的基础工具。

③ ［美］伯顿·克拉克:《高等教育系统——学术组织的跨国研究》，王承绪译，杭州大学出版社 1994 年版，第 48 页。

④ 王建华:《学院的性质及其治理》,《中国高教研究》2017 年第 1 期。

力资源的使用率"[①]。学院制改革就是高校对内部进行学科、专业的重组和管理体制及运行机制的调整，是集中资源凝练办学特色、建设一流学科的一种战略方式的选择。在实现校内资源共享的同时，变学校集中统一管理为校、院两级管理，使办学资源配置的主体从"学校一方"向"学院一方"转变，资源配置方式由"计划性"向"市场性"转变，使资源配置与教育活动充分结合，提高学校的整体办学效益，更好地实现跨越式发展。

4. 有利于解决管理效益中集权与分权的矛盾

一般来说，集权有利于组织效率的提高，但过度集权会抹杀基层的个性与活力。分权有利于组织的民主化，有利于调动基层人员的积极性，而过度分权则会造成学校领导层或其他管理层缺少主动和有效采取行动的动力，容易导致组织失控。在较为普遍地经历过合并重组、规模扩张的中国当代大学中，如果仍维系过去的校系两级管理体制，并实行校级集权管理，直接进行学校各项事务的过程管理，很难做到统筹兼顾，最终必然导致学校宏观调控能力和过程管理能力下降，管理难度增大。相反，如果简单下放权力，则会面临失控的危险。成立中间层次的学院，更好地实现介于校系之间的大学科门类层面的行政职能，建立起管理层次和幅度合理的扁平组织结构，实行分权和集权相结合的管理体制，可以保证大学管理系统内部要素之间、要素与系统之间及各子系统之间的物能流动和重组优化，调动院系办学积极性，分散校级领导的办学压力，提高管理水平和资源配置效率。

基于以上动因，中国的大学大都进行了学院制改革，"学院制不仅仅是一种管理制度、管理方式，更重要的是，它体现了一种新的大学学术管理思想，反映了大学学术管理变革的新需要，适应大学学术发展的新要求"[②]，大学学院治理的反思与重构是推进现代大学制度建设的一个重大突破口。教育部于2011年启动了试点学院改革项目，在所选取的17所

---

① 闵维方：《高等院校系和专业的规模效益研究》，《教育研究》1995年第7期。

② 别敦荣：《中美大学学术管理》，华中理工大学出版社2000年版，第217—219页。

高校试点学院[1]推行综合改革。随后出台的《教育部关于推进试点学院改革的指导意见》提出了一系列试点学院改革的方向和思路，为试点学院提供了多项优惠和保障条件。在“完善学院内部治理结构”部分提出三条支持政策：

> 第一，支持试点学院改革院长选拔任用制度，试行教授委员会选举提名院长的办法。第二，支持试点学院赋予学术委员会学科建设、学术评价、学术发展中的审议权，在学术成果评价等方面的评定权。第三，落实和扩大试点学院教学、科研和管理自主权，支持试点学院依照学院章程自主确定发展规划并组织实施，自主配置各类资源，自主确定内部收入分配，自主设置和调整学科专业。[2]

该文件的出台为高校大胆推动体制机制改革、先行先试、破解难题提供了强有力的政策支持，试点学院的推行重点强化的是建立健全制度规则体系、强化学院学术权力并扩大办学自主权等，为学院实行自主治理提出了指导性意见。

（二）学院制改革的权力配置

从目前中国大学的运行来看，由于原有行政管理体制的强大惯性、运行机制的不完善、事权和财权分配的不合理，因此，学院制的内涵发生了偏移，表现为管理重心过高、权力主要集中于校级决策层及其职能部门等，增设的许多学院既没能从校级行政那里获取足够的授权，也没能从系科那里把权力集中起来，学院的办学自主权明显不足。就其院系内部而言，行政权力偏大，学术权力彰显不足；学术生态缺失，创新氛

---

① 17 所首批教育部试点学院：清华大学理学院、北京大学物理学院、上海交通大学机械与动力工程学院、中山大学管理学院、华中科技大学光学与电子信息学院、北京师范大学教育学院、天津大学精密仪器与光电子工程学院、同济大学土木工程学院、南开大学泰达学院、上海大学钱伟长学院、中国科学技术大学物理学院、浙江大学基础医学院、四川大学生命科学学院、北京航空航天大学能源与动力工程学院、北京交通大学经济管理学院、苏州大学纳米科学技术学院、黑龙江大学中俄学院。

② 《〈教育部关于推行试点学院改革的指导意见〉提出的 24 项支持性政策措施》，2012 年 11 月，中华人民共和国教育部（http://www.moe.gov.cn/s78/A08/A08_ztzl/s7327/s7331/201304/t20130418_150829.html）。

围不足。思想观念、制度设计、文化生态及运行方式方法与治理、善治的理念存在不同程度的不适切，与大学发展的内在逻辑不够匹配，与现代大学制度的本质要求不够协调。[①] 要激活学院自主办学活力，学校应进一步下放权力，并对内部权力结构进行调整，通过行政管理和学术管理重心的下移、行政权力和学术权力适度分离，构建以学院为中心的校、院、系三级内部权力结构和运行机制。

大学是“底部沉重”的学术组织，强调“来自底层”“自下而上”的管理。哈佛大学名誉校长陆登庭倾向于把相对分权模式的一些特征看作大学的一个基本优势，也正是大学最富有创造性、能最有效地履行其基本职能的原因。[②] 对于现代大学而言，由于规模扩张和学科专业的增加，基层结构不断复杂化，相互之间的差异性不断扩大，各单位学术活动的独立性增强，学术人员的专业化程度提高，这就要求大学内部管理具有更大的主动性、灵活性和创造性。学院的建立就是为了更好地实现介于校系之间的大学科门类层面的行政职能，实现集权向集权与分权相结合的体制转变，建立起管理层次和幅度合理的扁平组织结构，以发挥集权与分权各自的效能，促使决策正确和执行迅速，提高大学管理的绩效。正如浙江大学前校长潘云鹤所说，一个好的大学机构，需要执行的是多智能体的运行模式，把人、财、物及业务权下放给学院，运行扁平式的、网络式的管理。[③] 随着组织结构的扁平化，需重新划分校院管理权限，建立起科学的权力构架，形成一个有序的职、责、权匹配的有机关联、互相衔接的整体。

具体来说，学校作为“决策中心”，其主要职责是进行宏观调控和政策引导，协调和理顺各学院间的关系，为基层创造良好的环境和办学条件，由以前的过程管理改为目标管理，直接管理改为间接管理。学院作为“管理中心”，在学校的宏观调控下自主办学、自我发展。学院制的本

---

① 王战军、肖红缨：《大数据背景下的院系治理现代化》，《高等教育研究》2016 年第 3 期。

② ［美］陆登庭：《一流大学的特征及成功的领导与管理要素：哈佛的经验》，载教育部中外大学校长论坛领导小组《中外大学校长论坛文集》，高等教育出版社 2002 年版，第 12 页。

③ 潘云鹤：《发展与改革：高校永恒的主题》，长沙理工大学出版社 2003 年版，第 60—61 页。

质特征是学院的自主性、独立性，在协调各系之间的关系，组织各系之间的教学和科研活动以及学科建设等方面都发挥着重要的作用。学系（所）作为“质量中心”，是大学和学院的基石，是教学和科研的基地，是学术创造力的来源，因此系应当在教学和科研方面拥有充分的自主权。就学院本身而言，作为大学内设二级单位同样具有双重性，既是一个专业学术组织，也是大学的基层行政实体，因而也存在学术权力和行政权力横向合理配置问题。

（三）学院制改革的组织与管理

1. 明确学院设置原则

学院的设置应从学科发展和管理效能两个基本方面着手，遵循学科群原则、规模化原则、实体性原则和情景性原则，将学院制改革作为脱离陈旧体制束缚的重要突破口和实现自身跨越发展的重要动力。首先，改革校、系两级管理体制，构建校院系三级管理体制。其基本依据就是学科类型和层次的划分，即必须尽可能地按一级学科设置学系，按学科群设置学院，“就现在大学学院制的科学内涵来说，学科群（特别是交叉学科）建设是实施学院制的基础”①。否则，学院制就失去其内涵，并有可能因为多设了一个管理层面而造成管理上的负效益。其次，组建学院是为了实现学科的优化组合，发挥综合效益，因而要考虑学院的规模。黄祥林认为：“一般学院的规范应有4—8个系（所）为宜，最少不少于3个系（所），否则就失去了学院改革的意义。”② 最后，要把学院建成权责相称的实体学院，“实体性是学院制的一个重要特性，也是提高学院制运行效率的基本保证”③。学院只有摆脱执行机构的功能，具有相对的办学自主性和独立性，才能真正发挥其办学主体功能。

2. 明确学院领导体制

《中华人民共和国高等教育法》和《中国共产党基层组织工作条例》对高校中的院（系）级组织的领导体制规定得不是很明确。在现代大学

① 李泽彧、陈昊：《关于我国大学学院制的若干思考》，《江苏高教》2002年第5期。

② 黄祥林：《“学院制”改革与高校内部教学科研机构重组》，《延安大学学报》（社会科学版）2004年第3期。

③ 刘德宇、刘浩：《当前应大力推进地方院校学院制改革》，《河北科技大学学报》（社会科学版）2008年第1期。

里，由于学院成为管理的中心，其规模甚至远远超出过去某些学校的规模，再加上它主要是一个办学实体，应以“学院模式”① 为主构建院系管理体制。因此，可采取院党委监督下、院务委员会领导下的院长负责制。学院党委的主要任务在于保证监督党和国家的教育方针、政策及学校决策在学院层面的贯彻执行；参与本学院行政管理工作重要事项的讨论和决定；支持院长在其职责范围内独立负责地开展工作；搞好党的建设；领导全院的思想政治工作；领导工会、共青团、妇联、学生会等群团组织，发挥其政治核心和战斗堡垒作用，一般不干预院长的日常管理工作。学院领导是学术权威和行政权威的集合体，院长具有学校“委托法人代表”资格，自主对外联系有关工作，完成学校下达的工作目标任务。学院应该成立院务委员会，它是学院的最高决策会议机构。

3. 做好教学科研单位的设置和管理

实行学院制改革，需要重新设置教学科研单位。一般来说，仍然采取三级建制比较适当，组织层级少，符合大学效能的需要。因此，在学院内实行学系（所、中心）制度，全院进行综合调配，使资源得到充分利用。学系是负责组织实施一个或若干个相近专业教学的教学单位；研究所是开展学科建设、组织科学研究的科研组织，是学术梯队的基本形式；中心实验室是学院下设的综合性实验室管理机构，负责实验教学工作和实验室建设的具体工作。当然在有些大学里，教学部和中心实验室的功能是由学校统一安排的，而不是由学院安排。学系在学院的统一管理和协调下完成本部门的工作职责和任务，是最基本的教学与科研单位。

出于学科发展和提高效率的需要，以学院为管理中心是普通高校内部管理的共同趋势。通过切实扩大院系办学自主权，把垂直领导和横向联系，集中管理和分权自主有机地结合起来，切实推进管理重心下移，构建起科学合理的混合矩阵组织，是体现和保证大学管理健康发展的重要方面。学院的独立自主将极大地激发大学自身的办学积极性和灵活性，

---

① 托尼·布什将教育管理划分为正规模式、学院模式、政治模式、主观模式、模糊模式、文化模式六种管理模式，学院模式是组织通过讨论的方式达成意见一致，并通过这样的过程进行决策；权力是由组织中的所有或部分成员共同分享的，他们对组织的目标有着共同的认识（参见［英］托尼·布什《当代西方教育管理模式》，强海燕译，南京师范大学出版社 1998 年版，第 75 页）。

确保大学的教育决策调整以及与市场的适应能力大大增强。总体而言，中国高等教育发展历程令人欣悦和兴奋，大学是我们未来的希望，那些从中获益的人一直发挥着物有所值的作用，大学也必将为我们的社会发展和文明进步做出更为重要的贡献。

结　语

一张不包括乌托邦的世界地图是不值一提的，因为它漏掉了人性恒久降临的那个国家。而每当人性降临，它便会四顾环望，当其发现更好的国度时，它便会扬帆而去。进步就是乌托邦的实现。

——奥斯卡·王尔德[①]

有人曾问晚年的爱因斯坦：你后半生致力于和平与全人类的共同利益，花很大精力推动一种朴实的人文理想，你认为这个理想可以实现吗？爱因斯坦肯定地回答了两个字："不能"。问的人就感到很奇怪，那你为什么这样做？还要做吗？爱因斯坦又回答了两个字："必需"。人类至高无上的理想，不能因为难以做到就不做。面对高等教育的问题和理想大学的追求，人们有过沮丧，但从来没有失去对教育的希望，大学也正是在不断地吸收和积累一代又一代人不同的期待中成长与发展的，"大学的成就始终是引人注目的，也几乎是始终如一的"[②]。无论在何种境遇下，如果希望大学独善其身，而不是被其他机构所取代，大学都要认识自己的力量，做出适应性的变革与转型，以强化其优势、守护其独特性，从而坚守自己的使命和价值。

---

① 转引自［英］齐格蒙特·鲍曼《流动的时代》，谷蕾等译，江苏人民出版社 2012 年版，第 112 页。

② ［英］怀特海：《教育的目的》，徐汝舟译，生活·读书·新知三联书店 2002 年版，第 142 页。

一　观念的转变

在知识经济时代，特别是随着高等教育的大众化乃至普及化，现代信息技术的发展、现代教育技术手段的达成和世界范围内无边界高等教育的发展态势，大学内的学生构成、课程体系、学习方式和教育模式等都发生了不同程度的变化。高等教育不再是有特权的、聪明的中产阶级学生和值得褒奖的贫穷学生的专有领地，大学学位仅仅提供了一个满足大部分劳动力市场最低要求的资格证明，这意味着大学必须应对更多的挑战，虽说也有机遇。大学内具体知识越来越让位于技能课程与方法论知识的学习，基于复杂问题的研究正在向“跨学科”“超科学”“集体化”的方向发展，传统的学科界限和院系樊篱将被打破，大学需要在课程上重新做出调整，以形成基于项目的学习方法和学习者需求的个性化课程；大学校园内非传统学生越来越多，而在以前这些学生总体上会因学术或者经济原因而被拒绝，大学必须重组自身以回应学生的多样化需求；国际认可的学位项目越来越显示出其任何国家的高等教育都不得不面临的世界高等教育的竞争压力，在招生、市场调研、课程设置、教师聘用等方面做出努力与调整。① 在一个大学多元化的时代，不能一厢情愿地期望大学仍是某种持有单一理念的社会组织，因为大学需要面对各种各样相互矛盾的需求和服务的挑战。但无论大学的理念多么模糊不清，其基本的推动力或使命就是满足社会的各种理性要求。其结果在很大程度上取决于政府和大学的领导人是否愿意携手向前，共同应对诸如“如何对痼疾实施改革”以及“如何保护那些不可或缺的属性”这样的问题。在后现代社会，知识的传授将具有极大的可替代性，因为每个人都可以成为潜在的学生——都能超越时空并从全球范围内获得信息和知识；大学也不再垄断科学研究——当前很多研究都是在大学之外进行的。但大学仍然是它们各自社会里的主要学术中心，基本的知识仍然在大学里受到非常热烈的追求。对于大学而言，以立德树人为旨归，唯有道德及其教育才是学校之为学校、教育之为教育的最稳定的合法性来源，这正是

① ［美］戴维·查普曼、安·奥斯汀：《发展中国家的高等教育：环境变迁与大学的回应》，范怡红译，北京大学出版社 2009 年版，第 24—36 页。

教育的任务和光荣，一种社会的、道德的存在。

那么大学不能再拘泥于传道授业的功能，而需要注重文化传承和通识教育；教师不能再局限于知识的传播者角色，而应是培养优秀人才的引导者和指导者。正如克里尚·库马尔所指出的："如果大学将其存在的合理性仅仅建立在知识和技能传递的基础之上，大学就无法捍卫自己的地位，因为大学传授的知识和技能随处可以获得，而且容易受到挑战。"[①]高等教育与文化传承之间存在着一种本质的联系，它可以为公民提供所需的共同文化和共同标准，提供一个健康社会所依靠的文化背景和社会习俗。对学生而言，高等教育是一种文化体验，跨学科的知识体系和高校的综合文化对学生的求知和体验富有教益，它是邀约学生分享的一笔共同文化遗产。就所提及的一般心智拓展而言，学生的体验并不局限于仅仅获得知识和技能上，而应是多方面的发展，这是因为大学是来自不同家庭背景、学校教育和社会阶层人才的荟萃之地，它提供的环境可以让这些人找到发展的空间和机会，激发出人们最大的努力。对社会而言，大学是我们教育体系的顶点，把知识的丰富领域扩展到最大的限度，具有用以满足人类的最高需求和渴望的一切东西。高等教育文化的可迁移性与价值不在于使学生获得某种具体能力，而在于使他们能对所碰到的诸如真理探求、思想、价值、前进道路等方面的问题秉持一种怀疑态度和批判精神。相较独自求知而言，不管是与他人互动还是直接与知识本身互动，人们都认为学生将更为积极地亲身参与其中。任何人际互动都取决于其经验的支持，而这种经验在网络虚拟世界和大学之外的其他机构里是很难获取的。[②] 在大学的文化氛围中，无论师生之间、学生之间面对面的交流，还是沉浸于追求知识的海洋，这种建基于以知识为交流工具的社会互动和个人与知识的互动都可以发展学生的个性，使其获得心智的提升，塑造教育的进程。

在后现代社会里，学生是地地道道的互联网原住民，他们与网络共

---

① ［英］安东尼·史密斯、弗兰克·韦伯斯特：《后现代大学来临?》，侯定凯、赵叶珠译，北京大学出版社2010年版，第9页。

② 朱景坤：《全媒体时代背景下大学的现实困境与发展理路》，《江苏高教》2012年第6期。

生，可以熟练地借助网络生活，本能地通过屏幕加以学习。但媒介“传播”的世界往往并不是世界本身，而是被选择和解释过的世界，“这个‘世界’可能是扭曲的、变形的，但它总是被当作真实存在的世界传播给受众”[①]。的确，丰富的网络世界和信息来源，带给青年学子的不仅仅是知识，还有纷繁复杂的世界；网络知识的来源并不都是权威性的，所提供的信息良莠不齐、泥沙俱下，甚至乾坤颠倒，学生需要对其正确性进行判断，取其精华、去其糟粕。一方面，对于缺乏社会阅历和经验，自制力不强的年轻学子而言这绝非易事。社会规范理论认为，个人行为感知会受到他人行为感知的影响，那些缺乏批判思维的大学生在面对网络中良莠不齐的信息时很容易出现价值选择困难与非理性的“指尖决策”[②]。特别是当代大学生，大多出生在中国社会剧烈变迁、经济高速发展的特殊时代，5G 通信、互联网 +、人工智能等先进科学技术让他们掌握了最现代的信息传播途径和手段，但却缺乏独立思考和判断能力。事实上，当信息在一个纷繁复杂的世界上不再是稀缺商品的时候，教师的作用其实比以往更为重要。另一方面，在知识爆炸的信息时代，知识淘汰的速度正逐渐加快、知识的碎片化突显、知识的遴选难度加大，在这种情况下掌握获取知识的能力比掌握知识本身更为重要。德里克·博克曾指出：

> 迅速增长的信息和知识对各级教育都有影响，在大学最明显的需要是停止对传授固定知识的强调，转而强调培养学生不断获取知识和理解知识的能力，这个转变意味着更加强调学术研究的基本方法，强调论述和演讲以及掌握基本语言（可能包括外国语、计算机语言和定量分析）的方法，掌握这些方法是获得大量知识的途径。[③]

因此，大学教育应该更努力地寻求获得知识的方法，而不再仅仅致力于知识的传递和储存，方可使学生学会如何在数字化环境中学习与生

---

① 居延安：《信息·沟通·传播》，上海人民出版社 1986 年版，第 184—185 页。

② 李小玲：《“微时代”大学生网络行为新样态与引导策略》，《思想理论教育》2019 年第 3 期。

③ ［美］德里克·博克：《美国高等教育》，乔佳义译，北京师范大学出版社 1991 年版，第 137 页。

存。自然，大学教师的职责现在已是越来越少地传递知识，而是越来越多地激励思考；大学学习是基于教师指导下的发现，而不单是信息的传递。大学教育应确立以沟通为核心的教学交往，形成师生双方的心智和情感交流，共享教学现代型师生交往的“师生场”。

二　优势的强化

21 世纪的一个主要现状是知识经济的兴起，而知识经济将高等教育推到一个更加显要的位置。日益增加的劳动人口需要在大学接受高等教育，大量的研究也都是在大学中进行的，而且研究的范围和相关性已经大大扩展。大学要认识到自己的力量，即使在知识垄断地位丧失、教师学术权威式微、师生学术共同体解构的后现代社会，这种力量仍然是巨大的。

（一）大学是唯一的学位授予机构

在这个伟大的社会转型时期，知识渗透进了生活中所有的领域，社会成员拥有了比过去任何时代都更大的自我解释与行动的能力，“智力资本与人力资本正在取代金融资本与物质资本，成为力量、繁荣与富强的源泉。知识本身也就是受教育的人和他们的思想，成为我们通向繁荣的关键”[①]。大学对当代社会来说是极其重要的，有越来越多的人渴望接受大学教育，因为新文凭化将改变人们的生活方式和生活机遇。这种改变包括两个方面：其一，随着个体化消费主义的发展，传统上以阶级、性别、种族、地域为基础的社会分层的重要性有所衰减，上大学就成为一条可行的社会分层和流动的途径，大学学历将越来越成为文化资本的主要标志。其二，传统意义上的“工作”的内涵正在消失，人们开始寻找能体现自身价值和地位的新途径，而接受高等教育可以为人们提供这样的途径[②]，大学文凭是获得社会、教育和政治领域权利的通行证，没有大学学位的人则无法获得这些权利。同时，这一转变还蕴含着其他深层次的社会进步。传统上，许多女性在正式的就业市场上处于劣势地位甚至

---

① ［美］詹姆斯·杜德斯达：《21 世纪的大学》，刘彤等译，北京大学出版社 2005 年版，第 12 页。

② 韩益凤：《平庸时代的大学》，博士学位论文，南京师范大学，2015 年，第 65 页。

被排除在外，而现在女性已经通过接受大学教育确立了属于自己的社会身份和体面的社会地位。詹姆斯·杜德斯达曾指出："我们已经进入了一个对高等教育和学习机会的需要和要求急速增长的时代。个人的教育和技能水平日益被看作他们个人生活质量和强大社会实力的关键。"① 在社会上，越来越多的人把不断获取新知识视为人生的持续过程，把教育视为实现有意义而充实体面生活的希望。而大学不仅与知识的生产和传授相联系，而且与深层次的经验和体验相关联，"大学的任务在于，使人们能构建新世界理智的见识，并把知识与经验融为整体"②。在现代社会，需要提供更多的知识与终身学习的机会，实现知识的更新和可持续发展。这是因为无论知识来自何处，都只有那些合法的学术机构，才有资格检验学习结果，并确保知识被适当地消化、创造和被社会个体完全掌握。"大学不仅实施教学，同时通过授予学位保证其持有者的能力"③，学位称号标志着被授予者的受教育程度和学术水平达到规定的标准，既为其持有者提供了知识教育的保证，也为其职业生涯选择提供了便利。

在向社会个体传授知识技能方面，大学依旧是唯一具有公信力和交换价值的机构，只有大学有资格颁发对于多数人来说是稳定、舒适生活通行证的学位。埃尔温·戈夫曼指出："如果没有大学这样的机构对文凭资格进行确认，社会生活就会逐渐停止下来——文凭是检验和评估个人品质的必要手段。"④ 在教育大众化的今天，虽说获得学位仅仅意味着生活的一个起点，但这个起点非常关键，若没有大学学位，你甚至无法走出第一步——即使起步了，也将面对重重困难。公众对大学学位授予权力的广泛认同，表明人们承认构成真正大学的核心品质。对大学来说，至关重要的是保持或不断提高其声誉资本，在与其他类型的高等教育机构竞争"名牌"证书的过程中，实现大学"产品"（文凭、学士学位、

---

① ［美］詹姆斯·杜德斯达：《21 世纪的大学》，刘彤等译，北京大学出版社 2005 年版，第 246 页。

② ［英］杰勒德·德兰迪：《知识社会中的大学》，黄建如译，北京大学出版社 2010 年版，第 16 页。

③ ［法］雅克·韦尔热：《中世纪大学》，王晓辉译，上海人民出版社 2007 年版，第 51 页。

④ ［英］安东尼·史密斯、弗兰克·韦伯斯特：《后现代大学来临?》，侯定凯、赵叶珠译，北京大学出版社 2010 年版，第 40—41 页。

硕士学位、博士学位）价值的最大化，而不能蜕变为功能性、工具性和利益代言者的机构。只要人们能够超越只看眼前和纯粹工具主义的眼光，在更宏大的背景下看待大学问题，完全可以在兼顾社会和个人经济目标的情况下，找寻和确立广泛而意义深远的“大学之道”。

（二）大学是公民培养的关键环节

彼得·斯科特在关于后现代社会及大学在其中地位的评论中强调，尽管“今天的教育并不能保证学生获得稳定的工作和生活，个人‘身份’不再与工作和生活方式紧密挂钩，但是大学可以成为向人们提供拓展潜能机会的机构。人们可以利用大学教育发展人际关系，培养共同的归属感，以便建立和塑造自我形象”①。一方面，大学提供了一种人生转型的体验。大学教育可以帮助学生将历史和现实生动地结合起来，在日益家庭化和个人化的社会里，大学是少数存留下来能够吸引人们走出私人空间的机构。正是这一点让大学卓尔不群：大学是群贤毕至之地，它鼓励人们自由地交流思想，鼓励人们参与共享的公共活动，“使青年和老年人融为一体，对学术进行充满想象力的探索，从而在知识和追求生命的热情之间架起桥梁”②；它规范个体行为，帮助学生自我定位，学生的身份认同、持久的友谊和人际关系在这段时间里将得到重要的发展。也就是说，大学的核心职能是发展个人和社会的身份认同，这种身份不仅仅是一个知识化的人，而是一个文化的人和社会化的人。另一方面，大学经历为培养人的思想独立性奠定了基础。在后现代社会，在传播最新信息和知识方面，大学不再一枝独秀。“在通信技术发达的时代，人们有足够的便捷途径学习处世之道，但大学在终身教育、促进个人与社会发展方面和探寻生活真谛方面，依然占有重要的一席之地。”③ 大学可以为个人生活的不同阶段提供一系列继续教育的机会。西奥多·泽尔丁形象地把

① ［英］安东尼·史密斯、弗兰克·韦伯斯特：《后现代大学来临?》，侯定凯、赵叶珠译，北京大学出版社2010年版，第15页。

② ［英］怀特海：《教育的目的》，徐汝舟译，生活·读书·新知三联书店2002年版，第137页。

③ 韩益风：《平庸时代的大学》，博士学位论文，南京师范大学，2015年，第136页。

大学比喻为“快乐之屋”[①]。在人生的不同阶段，人们可以随时来到这里“充电”，增进自己的学识和睿智，以便建立和塑造自我形象，提高自己的生活品质和社会贡献。大学经历的确培养了反思的品质，凡是经历过大学的人都普遍拥有这种品质。

（三）大学是社会文化的灯塔

大学是博学之士的聚焦地和理智活动的中心，在这里伟人不时地出现，引领人类思想的发展。大学的功能并不在于随波逐流，而在于逆流而上，在大众文化的发展中发挥一种领导作用，成为社会风尚的定力和社会文化的指针。正是这样一种信念，确保大学能够保持和发展高雅文化，抵御商业、政治和世俗生活的侵蚀，培养了我们这个文明世界的知识分子先锋——律师、政治家、医生、科学家、文学家和艺术家，引导人们勇敢地面对时代的困扰。哈佛大学前校长内森·普西认为：“每一个较大规模的现代社会，无论它的政治、经济或宗教制度是什么类型的，都需要建立一个机构来传递深奥的知识，分析批判现存的知识，并探索新的学问领域。”[②] 大学自诞生以来，几百年间不仅成为教学和研究的中心，也成为知识和文化生活的中心——它群贤毕至、思想自由，是对公共问题进行辩论的地方，是被以最本土化方式遮蔽的公共生活得以重建的地方，高等教育是文明社会的一个必要因素。它们的图书馆、博物馆是一个社会智识传统的重要储存地；一些大学支持出版社和杂志；许多大学拥有各种艺术团体、非营利性的广播电台和电视台，这些事物就像社会文化的灯塔。大学作为重要的智识中心，为社会文化和政治话题提供了一个论坛。这些功能一直与传统的学术责任相伴而行。尤其是在那些缺乏这类公开讨论的社会里，大学的这些功能扮演着重要角色。具有教师身份的学者拥有的精深的专业知识、知识库的内在价值和多种知识任务的互补，一起构成大学的理想典范。大学的角色是开启智慧、形成个性，并敏锐地意识到应培育良好的社会环境以促进课外学习和社会化。

---

① ［英］安东尼·史密斯、弗兰克·韦伯斯特：《后现代大学来临?》，侯定凯、赵叶珠译，北京大学出版社2010年版，第15页。

② ［美］约翰·S. 布鲁贝克：《高等教育哲学》，王承绪等译，浙江教育出版社1998年版，第13页。

热尔松认为，大学应当在当时社会中发挥积极作用，他在《国王万岁》的颂词中定义大学在国家中的作用："犹如站在高塔上的卫士"，它是"国王之女、学习之母、法兰西之耀日"[①]。在中国古代的教育思想中，特别是宋明以后的书院传统中，学校还负有教化民众、移风易俗，领导社会风气的使命。现代大学教育应是一个教化的重镇，应成为各民族优秀文化与世界先进文明成果交流借鉴的桥梁，在保存人类文化传统与建立现代文明秩序的工作中扮演着重要的角色。

三　独特的维持

由于大学在研究系统中的独特角色，它们在满足知识需要方面发挥着不可替代的作用。大学作为智力资本的巨型仓库运行着，它们聚藏知识的任务同传播和增进知识的使命不可分割地联系在一起。通过对教师专长的投资，它们培育了这个过程；通过聘用和支持特定领域研究专家的发展，大学在广大的范围内培育并维持了最高级的知识形式。这种专长与进行高端研究的装备、设施以及发展着他们自己专长的青年"学徒"相辅相成。这个结合为开发高深知识提供了强大的有着独特价值的资源。[②] 就是说大学独有角色是以大学在生产和传播高深的专门知识中所处的特权位置为基础的。

（一）大学是一个统一的知识整体

科尔曾指出："对大学来说，最基本的现实是，人们普遍认识到新知识是经济发展和社会进步最重要的因素。我们现在正意识到大学的无形产品——知识，或许是我们文化中最有力的单一要素，影响着职业，乃至社会阶层、地区，甚至是国家的兴衰。"[③] 当代大学在其广泛的活动中，实际上是一种知识聚集体，它既从事研究，也从事教学，还要提供给社会服务、文化传承与创新。大学通过教学和科研将其影响渗透到下一代人，引领学科的未来，同时使这种影响的传授超越它们所教授的内容，

---

① 转引自［法］雅克·韦尔热《中世纪大学》，王晓辉译，上海人民出版社 2007 年版，第 155 页。

② ［美］罗杰·盖格：《大学与市场的悖论》，郭建如等译，北京大学出版社 2013 年版，第 140—141 页。

③ ［美］克拉克·克尔：《大学之用》，高铦等译，北京大学出版社 2008 年版，序第 xi 页。

并按照它们自身的教学与发现的传统来做到这一点。大学的这种复合性给人以一种强大的集合体的印象，不同学校之间的联系更是强化了这一点。尽管存在着研究的专门化进展，学院中各个学科的从业人员的共存和大学中各个学院的共存，形成了学术交流的密度和范围，这促进了人们的一个普遍认识，即知识的进步是一个具有最高价值的目的。

在后现代社会，我们得到的很多东西虽然是及时的、快速的，但却是碎片化的，今日教育之困恰恰是信息的表层化和知识的不完整。而“大学”则意味着一个统一的知识整体，“大学的最初含义——教师与学生的共同体——与它作为所有学科的统一体的含义是同等重要的”[①]。当我们把知识割裂开来，并由多个独立的学术职业各行其是时，它使我们回想起这样一种理念，那就是最终所有知识必定统一起来，“知识领域的‘多种声音’使大学愈加需要捍卫自己作为不同形态知识的‘储存库’地位”[②]。大学的教学和科研覆盖着整个学术范畴，这种综合性不仅使它们与众多不同的、专门化的兴趣联系在一起，也使它们能够得到今天人们给予教会那样的广泛的尊敬。它们同时涉及所有严肃的对象，这使得它们从其他所有具有更为专门化的研究范围和活动领域的学术机构中脱颖而出。“信息技术革命不可避免地席卷了作为信息生产中心的大学，大学成为宣布进行信息革命的机构中的先导力量”[③]，在教学和研究中率先使用电脑和新的通信技术，而正是这些新技术的使用使高等教育超越了传统意义上的校园在物理和空间上的限制。在全媒体时代，现在有许多新的、开放的知识来源——电视、互联网、智能手机等，不论知识在何处生产，都会遭到挑战。不同知识之间的差异如此显著，知识的分裂（片段化）已不可避免。但我们仍有理由主张大学是文化交流和探索的主要场所，依然是不同形态知识的“储存库”，处在其他所有促进学习的机构之上，带领并连接它们。尽管知识具有不确定性和富有争议，却仍值得知识分子花费心智去努力探究，这就需要一个供人们聚在一起工作的场

---

① ［德］雅斯贝尔斯：《大学之理念》，邱立波译，上海人民出版社 2007 年版，第 97 页。

② ［英］安东尼·史密斯、弗兰克·韦伯斯特：《后现代大学来临?》，侯定凯、赵叶珠译，北京大学出版社 2010 年版，第 8—9 页。

③ ［英］安东尼·史密斯、弗兰克·韦伯斯特：《后现代大学来临?》，侯定凯、赵叶珠译，第 3 页。

所——无疑非大学莫属。与任何其他类型的学术工作组织方式相比，大学学科众多、人才荟萃，分布不同的知识库都对知识总量做出了贡献，而整个知识集合就成为我们解决问题时能够援引的独特资源。

（二）大学有其独特的使命

社会的巨大发展破坏了大学作为新知识的创造者和研究与培训权力中心的特权地位，大学需要与越来越多的各种专业机构竞争，这些机构依靠新的信息技术和明确的经营理念，能够为政府和企业提供堪与大学媲美的甚至品质更佳的服务。因此，大学必须停止简单模仿其他机构的行为，坚守其独特使命，专心致力于它所擅长的服务职责，即培养人才和促进科学发展。① 古人说：本立而道生，立本错乱，兴道必偏。大学越是职能多样化，就越是要坚守立德树人、育人为本的大学之道——毕竟，大学是实施高等教育的专门机构，有其自身独特的使命——为国家和民族的伟大复兴培养高素质建设者和忠诚可靠的接班人，是大学对国家和社会的重大贡献，也是大学的最高荣誉。

大学教育有别于其他社会机构的独特之处，就是培养科学家、科学技术专家和医师，并创造出科学和生物医学的基础知识。大学自然有知识上的能力来从事教学、培养和研究活动，没有别的机构能够将这三种紧密地互相依赖的事情做得如此好。别的机构，譬如研究机构，可以做很好的研究，在某些情况下比大学做得还好，但它们不能够教学。如果它们这样做了，就变得像是大学了，而且，基于很多原因，它们没有能力同时这样做。在提供科学和科学技术基础知识及培养投身于追求这种知识的人员方面，大学是不可替代的，正是大学选拔和发展了拥有合适的道德情操和精神品质的人才，没有谁能够代替它们在知识上的成就和能力。这些功能建立在大学对专业性、专门性和理论性知识拥有唯一资格这一基础上，如果大学不做这些事情，它们就做不出来。德国大学改革的领导者洪堡曾指出："国家决不应指望大学同政府的眼前利益直接联系起来；却应相信若能完成它们的真正使命，则不仅能为政府眼前的任务服务，还会使大学在学术上不断提高，从而不断地开创更广阔的事业

---

① 朱景坤：《全媒体时代背景下大学的现实困境与发展理路》，《江苏高教》2012 年第 6 期。

基地，并且使人力物力得以发挥更大的功用，其成效是远非政府的近期布置所能意料的。”① 弗莱克斯纳对大学和社会的关系做了精辟的分析，他认为，大学必须做到“明智的变化——根据需求、实施和理想所做的变化。”② 在一个实用性和专门化的时代，大学要设法达成实用性与基础研究、专门化与广泛性的协调，坚持区别于社会其他机构的特质，使自身成为商业及世俗海洋中一座文化和高尚思想之岛。

（三）大学是一个自主的机构

大学的逻辑发展规律是学术自由和大学自治，大学自中世纪产生时起就是一个具有行会性质，旨在追求真理、探索学问的学者共同体。出于对知识学问的共同爱好，希望在相互交流中满足自己的好奇心而使人们聚在一起，其组织形式极其松散。大学像其他行会一样自行制定行规，实行自我管理，享有很大的自治权。随着规模的扩大和作用的增强，大学日益受到教会、世俗政权及城市当局的关注，并与之发生了一系列冲突，但大学通过灵活的斗争策略，依然获得一系列自治权。大学自治使其相对超越于社会现实，独立于其他社会机构而存在，这就给栖身其中的学者以学术自由，使执着于理性的追求和探求高深学问成为可能。大学自治和学者自我管理使大学成为聚集各种知识，继承科技文化遗产，创新科技文化的场所，成为思想观念和学术思潮的交汇之地，并显示出不屈从于外力的叛逆精神，树立起知识权威的地位。正如艾伦·布鲁姆所言：“大学的灵魂在于反抗诗学、神学或市民社会信念等压倒一切的强权，在于对理性的追求。”③ 大学对普遍的理性知识的追求，实际上就是对一切具体直观性存在的超越和否定，也是对以常识为根基的现实生活和社会秩序合理性的批判和超越。正是凭借其对理性的执着追求，大学能够历经数不清的天灾人祸而发展壮大，其基本组织特性并没有为环境所磨灭，没有被其他社会组织所取代。

无论现在还是过去，大学都只能是一个共享思考过程的组织，是“不

---

① 转引自［德］弗·鲍尔生《德国教育史》，滕大春等译，人民教育出版社 1986 年版，第 125 页。

② ［美］弗莱克斯纳：《现代大学论：美英德大学研究》，徐辉等译，浙江教育出版社 2001 年版，第 3 页。

③ 转引自龚放《尚诚尚朴，求真求实》，《南京大学学报》总第 766 期。

同的思想共生共荣”的地方，“在‘商业卓越’的理念之外，未来大学应该有一套属于自己的思想活动方式——这样的思想活动方式历经‘怀旧者’与‘浪漫者’的追求和排斥，现在依旧充满生机”①。爱德华·希尔斯认为，大学受到支持是因为它们能发挥双重职能：“一是向年轻人灌输知识，使他们可以在自己的职业中应用它，并且他们的生活会因对知识的掌握而得到启发；一是对知识积累的进步作出贡献，越来越洞悉现实的本质。”② 大学是发挥这一双重认知职能的最佳工具，因为在这一方面，没有任何其他一种智力活动的安排方式能接近大学。大学能够以更可靠、更连续的方式生产出更多的知识，它们可以传播知识，因而为知识进步的持久性做好了准备。大学还可以向全部正当的认知领域进军。其中作为知识进步的手段的科学和学术研究具有很高的位置，大学在公共舆论对象中成为一个强有力的存在。大学必须将自身看成是一个生产、保存、扩展和深化高深学问之责任的实体。当然，已经走向社会中心的现代大学不应该，事实上也不可能完全独立自足。无论是大学在经济生活和政治场域的条件，还是与之相关的利益相关群体；无论是大学之于社会发展和人类文明的历史责任，还是基于学识的理性判断和有秩序的知识在社会中的灌输与传播，都难以允许它完全独立自足。爱德华·希尔斯指出：“外部世界受益于大学在19世纪和20世纪初期所积累下来的精神资本和传统。这些资本和传统的积蓄，必须是一个不断维持、添加和修正的过程，如果它们不是为人所利用、重新诠释和增加，它们就会失去生命力，变成无果之花。”③ 这是大学在离心力迸发过程中所遭遇到的危机，要更加丰富它的传统以使世界可以继续从中受益，就需要更大的向心力。

总之，作为一个拥有悠久历史传统的社会学术组织，在任何时期、任何地域，大学都可以指代用于推广知识和年轻人教育的最高级机构。大学应该在政治和世风的影响下坚定自己的风向，保持它应有的高傲和执着，清楚自己的定位与使命并有所守；只有现代大学从知性走向德性，

---

① ［英］安东尼·史密斯、弗兰克·韦伯斯特：《后现代大学来临?》，侯定凯、赵叶珠译，北京大学出版社2010年版，第25页。

② ［美］爱德华·希尔斯：《学术的秩序：当代大学论文集》，李家永译，商务印书馆2007年版，第49—50页。

③ ［美］爱德华·希尔斯：《学术的秩序：当代大学论文集》，李家永译，第89页。

成为德性之家，用真理，用良心烛照人类和社会。正如赫钦斯所指出的，“作为教育，这就是真诚地追求知识；作为学术，这就是真诚地献身于知识的进步。”[①] 大学只有献身于这些目标，不屈从于当下时代的需求，而是走自己的路以提供非功利性的教育和研究，培养那些能批判性地反思当代社会发展进程的技术和品质，我们才能对高等教育的未来充满希望。借用奥登的话来讲就是，大学知识分子可以在社会文化生活中成为“一团充满希望的火焰”。为了保证火焰熊熊燃烧，社会在为大学提供燃料的同时，必须与之保持适当距离。大学必须不屈从于当下时代的功利性需求，唯其如此，才能更好地服务社会，服务于社会更长远的未来。

---

① ［美］罗伯特·M. 赫钦斯：《美国高等教育》，汪利兵译，浙江教育出版社 2001 年版，第 19 页。

参考文献

一　著作

曹保印：《直击中国教育底线》，中国社会科学出版社 2004 年版。

陈根法：《德性论》，上海人民出版社 2004 年版。

邓正来：《反思与批判：体制中的体制外》，法律出版社 2006 年版。

董云川：《论中国大学与政府和社会的关系》，云南大学出版社 2004 年版。

冯友兰：《中国哲学简史》，北京大学出版社 2012 年版。

甘阳：《大学人文教育的理念、目标与模式》，载甘阳、陈来、苏力《中国大学的人文教育》，生活·读书·新知三联书店 2006 年版。

高全喜：《全球视野中的社会转型》，人民日报出版社 2009 年版。

郭石明：《社会变革中的大学管理》，浙江大学出版社 2004 年版。

贺国庆：《德国和美国大学发达史》，人民教育出版社 1998 年版。

胡建华：《现代中国大学制度的原点：50 年代初期的大学改革》，南京师范大学出版社 2001 年版。

胡建华等：《大学制度改革论》，南京师范大学出版社 2006 年版。

胡仁东：《大学组织内部治理研究——基于权力场域的视角》，南京大学出版社 2017 年版。

黄坤锦：《美国大学的通识教育》，北京大学出版社 2008 年版。

江畅：《德性论》，人民出版社 2011 年版。

金生鈜：《德性与教化》，湖南大学出版社 2003 年版。

金耀基：《大学之理念》，生活·读书·新知三联书店 2008 年版。

匡促联：《批判和导引：当代中国大学德性的伦理反思》，中南大学出版社 2011 年版。
李福华:《大学治理的理论基础与组织架构》,教育科学出版社 2008 年版。
李泽彧等:《我国巨型大学组织与管理模式研究》,厦门大学出版社 2005 年版。
潘艺林:《从超越到世俗:西方高等教育的当代转型》,山东教育出版社 2011 年版。
朴雪涛:《知识制度视野中的大学发展》,人民出版社 2007 年版。
钱理群:《风雨故人来:钱理群谈读书》,商务印书馆 2016 年版。
乔锦忠:《学术生态治理:研究型大学教师激励机制探索》,教育科学出版社 2008 年版。
眭依凡:《大学的使命与责任》,教育科学出版社 2007 年版。
孙彩平:《教育的伦理精神》,山西教育出版社 2007 年版。
万俊人:《现代西方伦理学史》,中国人民大学出版社 2011 年版。
王本陆:《教育崇善论》,广东教育出版社 2001 年版。
王海明:《公正平等人道》,北京大学出版社 2000 年版。
王建华:《我们时代的大学转型》,教育科学出版社 2012 年版。
王绍光:《祛魅与超越》,中信出版社 2010 年版。
吴松:《大学正义》,人民出版社 2006 年版。
徐小洲:《自主与制约:高校自主办学政策研究》,浙江教育出版社 2007 年版。
许纪霖:《启蒙如何起死回生:现代中国知识分子的思想困境》,北京大学出版社 2011 年版。
许杰:《政府分权与大学自主》,广东高等教育出版社 2008 年版。
杨守建:《中国学术腐败批判》,天津人民出版社 2001 年版。
姚国华:《全球化的人文审思与文化战略——大学重建》,海天出版社 2002 年版。
张东:《德性与理性:大学教学管理的伦理诉求》,中国社会科学出版社 2018 年版。
张俊宗:《现代大学制度:高等教育改革与发展的时代回应》,中国社会科学出版社 2004 年版。

张学文:《大学理性研究》,北京师范大学出版社 2013 年版。

赵俊芳:《论大学学术权力》,中国社会科学出版社 2012 年版。

赵宪宇:《教育的痛与痒》,北京大学出版社 2005 年版。

周光礼:《学术自由与社会干预——大学学术自由的制度分析》,华中科技大学出版社 2003 年版。

朱小蔓:《教育的问题与挑战:思想的回应》,南京师范大学出版社 2000 年版。

祝爱武:《责任与限度:高等教育办学主体研究》,教育科学出版社 2014 年版。

二 译著

[德] 恩斯特·卡西尔:《人论》,甘阳译,上海译文出版社 2003 年版。

[德] 赫尔穆特·施密特:《全球化与道德重建》,柴方国译,社会科学文献出版社 2001 年版。

[德] 卡尔·雅斯贝尔斯:《大学之理念》,邱立波译,上海人民出版社 2007 年版。

[德] 卡尔·雅斯贝尔斯:《什么是教育》,邹进译,生活·读书·新知三联书店 1991 年版。

[德] 马克斯·韦伯:《学术与政治》,冯克利译,上海三联书店 2005 年版。

[德] 曼弗雷德·富尔曼:《公民时代的欧洲教育典范》,任革译,人民出版社 2013 年版。

[法] 雅克·勒戈夫:《中世纪的知识分子》,张弘译,商务印书馆 2002 年版。

[法] 雅克·韦尔热:《中世纪大学》,王晓辉译,上海人民出版社 2007 年版。

[古希腊] 柏拉图:《理想国》,郭斌和等译,商务印书馆 1986 年版。

[古希腊] 亚里士多德:《尼各马可伦理学》,廖申白译注,商务印书馆 2003 年版。

[加] 比尔·雷丁斯:《废墟中的大学》,郭军等译,北京大学出版社 2008 年版。

［加］迈克尔·富兰：《学校领导的道德使命》，邵迎生译，教育科学出版社2005年版。

［加］许美德：《中国大学1895—1995：一个文化冲突的世纪》，许杰英主译，教育科学出版社2000年版。

［美］A. 麦金太尔：《德性之后》，龚群等译，中国社会科学出版社1995年版。

［美］阿拉斯代尔·麦金太尔：《伦理学简史》，龚群译，商务印书馆2010年版。

［美］埃里克·古尔德：《公司文化中的大学》，吕博等译，北京大学出版社2005年版。

［美］艾伦·布鲁姆：《走向封闭的美国精神》，缪青等译，中国社会科学出版社1994年版。

［美］爱德华·W. 萨义德：《知识分子论》，单德兴译，上海三联书店2002年版。

［美］爱德华·希尔斯：《教师的道与德》，徐弢译，北京大学出版社2010年版。

［美］爱德华·希尔斯：《学术的秩序：当代大学论文集》，李家永译，商务印书馆2007年版。

［美］安·兰德：《自私的德性》，焦晓菊译，华夏出版社2007年版。

［美］安东尼·克龙曼：《教育的终结：大学何以放弃了对人生意义的追求》，诸惠芳译，北京大学出版社2013年版。

［美］查尔斯·霍默·哈斯金斯：《大学的兴起》，王建妮译，上海世纪出版集团2007年版。

［美］大卫·科伯：《高等教育市场化的底线》，晓征译，北京大学出版社2008年版。

［美］德里克·博克：《走出象牙塔——现代大学的社会责任》，徐小洲等译，浙江教育出版社2001年版。

［美］弗兰克·纽曼、莱拉·科特瑞亚、杰米·斯葛瑞：《高等教育的未来：浮言、现实与市场风险》，李沁译，北京大学出版社2012年版。

［美］弗雷德里克·E. 博德斯顿：《管理今日大学：为了活力、变革与卓越之战略》，王春春等译，广西师范大学出版社2006年版。

[美] 哈瑞·刘易斯：《失去灵魂的卓越：哈佛是如何忘记教育宗旨的》，侯定凯译，华东师范大学出版社 2007 年版。

[美] 汉娜·阿伦特：《过去与未来之间》，王寅丽等译，译林出版社 2011 年版。

[美] 赫伯特·马尔库塞：《单向度的人》，刘继译，上海译文出版社 2006 年版。

[美] 克拉克·科尔：《大学的功用》，陈学飞等译，江西教育出版社 1993 年版。

[美] 克拉克·科尔：《高等教育不能回避历史——21 世纪的问题》，王承绪译，浙江教育出版社 2001 年版。

[美] 理查德·鲁克：《高等教育公司：营利性大学的崛起》，于培文译，北京大学出版社 2006 年版。

[美] 刘易斯·科塞：《理念人：一项社会学的考察》，郭方等译，中央编译出版社 2001 年版。

[美] 罗伯特·波恩鲍姆：《高等教育的管理时尚》，毛亚庆等译，北京师范大学出版社 2008 年版。

[美] 罗伯特·伯恩鲍姆：《大学运行模式：大学组织与领导的控制系统》，别敦荣译，中国海洋大学出版社 2003 年版。

[美] 罗伯特·纳什：《德性的探询：关于品德教育的道德对话》，李菲译，教育科学出版社 2007 年版。

[美] 罗杰·盖格：《大学与市场的悖论》，郭建如等译，北京大学出版社 2013 年版。

[美] 玛莎·努斯鲍姆：《告别功利：人文教育忧思录》，肖聿译，新华出版社 2010 年版。

[美] 诺兰：《伦理学与现实生活》，姚新中译，华夏出版社 1988 年版。

[美] 乔纳森·R. 科尔：《大学之道》，冯国平等译，人民文学出版社 2013 年版。

[美] 萨乔万尼：《道德领导——触及学校管理的核心》，冯大鸣译，上海教育出版社 2002 年版。

[美] 斯坦利·阿罗诺维兹：《知识工厂：废除企业型大学并创建真正的高等教育》，周敬敬等译，高等教育出版社 2012 年版。

［美］苏珊·D. 布鲁姆：《自己的话：抄袭与大学文化》，朱文超等译，高等教育出版社 2012 年版。

［美］索尔斯坦·凡勃伦：《学与商的博弈：论美国高等教育》，惠圣译，上海人民出版社 2009 年版。

［美］唐纳德·肯尼迪：《学术责任》，阎凤桥等译，新华出版社 2002 年版。

［美］威廉·V. 斯潘诺斯：《教育的终结》，王成兵等译，江苏人民出版社 2006 年版。

［美］希拉·斯劳特：《学术资本主义》，梁骁等译，北京大学出版社 2014 年版。

［美］雅罗斯拉夫·帕利坎：《大学理念重审：与纽曼对话》，杨德友译，北京大学出版社 2008 年版。

［美］亚伯拉罕·弗莱克斯纳：《现代大学论——美英德大学研究》，徐辉等译，浙江教育出版社 2001 年版。

［美］余纪元：《德性之镜：孔子与亚里士多德的伦理学》，林航译，中国人民大学出版社 2009 年版。

［美］约翰·S. 布鲁贝克：《高等教育哲学》，王承绪等译，浙江教育出版社 1987 年版。

［美］约翰·罗尔斯：《正义论》，何怀宏等译，中国社会科学出版社 1988 年版。

［美］詹姆斯·杜德斯达：《21 世纪的大学》，刘彤主译，北京大学出版社 2005 年版。

［美］詹姆斯·施密特：《启蒙运动与现代性》，徐向东等译，上海人民出版社 2005 年版。

［西班牙］奥尔特加·加塞特：《大学的使命》，徐小洲等译，浙江教育出版社 2001 年版。

［英］R. W. 费夫尔：《西方文化的终结》，丁万江等译，江苏人民出版社 2004 年版。

［英］阿什比：《科技发达时代的大学教育》，滕大春等译，人民出版社 1983 年版。

［英］安东尼·吉登斯：《现代性后果》，田禾译，译林出版社 2000 年版。

[英] 安东尼·史密斯:《后现代大学来临?》，侯定凯、赵叶珠译，北京大学出版社 2014 年版。

[英] 罗纳德·巴尼特:《高等教育理念》，蓝劲松主译，北京大学出版社 2012 年版。

[英] 迈克尔·夏托克:《成功大学的管理之道》，范怡红主译，北京大学出版社 2008 年版。

[英] 米勒德·德兰迪:《知识社会中的大学》，黄建如译，北京大学出版社 2010 年版。

[英] 齐格蒙特·鲍曼:《后现代伦理学》，张成岗译，江苏人民出版社 2002 年版。

[英] 齐格蒙特·鲍曼:《生活在碎片之中——论后现代道德》，郁建兴译，学林出版社 2002 年版。

[英] 托尼·比彻:《学术部落及其领地:知识探索与学科文化》，唐跃勤等译，北京大学出版社 2008 年版。

[英] 托尼·布什:《当代西方教育管理模式》，强海燕译，南京师范大学出版社 1998 年版。

[英] 休谟:《人性论》，关文运译，商务印书馆 1980 年版。

三 期刊论文

别敦荣、朱晓刚:《我国高等教育大众化道路上的公平问题研究》，《北京大学教育评论》2003 年第 3 期。

陈何芳:《论高等学校可持续发展的“职业校长”机制》，《高等理科教育》2011 年第 1 期。

陈少徐:《从“创新强校”看大学德性的缺失与重构》，《高教探索》2014 年第 4 期。

戴木才:《论德性养成教育》，《江西师范大学学报》(哲学社会科学版) 2000 年第 3 期。

冯用军:《大学及学术人员的道德使命与社会责任——读〈走向良性大学:学术实践的道德基石〉》，《大学》(学术版) 2010 年第 7 期。

高德胜:《论大学德性的遗失》，《全球教育展望》2009 年第 12 期。

龚怡祖:《现代大学治理结构:真实命题及中国语境》，《公共管理学报》

2008 年第 4 期。
韩宁、高继鑫:《〈理想国〉中的德性概念及其现实意义》,《山西高等学校社会科学学报》2017 年第 6 期。
韩益风:《大学的人文危机及其反思》,《教育学术月刊》2016 年第 5 期。
胡建华:《70 年高等教育重点建设的变化及影响》,《江苏高教》2019 年第 10 期。
胡建华:《步入深水区:高等教育改革的两难问题》,《江苏高教》2015 年第 2 期。
胡建华:《大学内部治理与外部治理关系分析》,《江苏高教》2016 年第 4 期。
胡建华:《中国高等教育管理体制改革分析》,《南京师大学报》(社会科学版)2005 年第 4 期。
胡绪阳:《德性的概念与内涵》,《伦理学》2006 年第 4 期。
黄福涛:《高等教育的国际化与全球化——历史与比较的视角》,《国际高等教育研究》2003 年第 1 期。
江畅:《论德性》,《伦理学研究》2010 年第 4 期。
蒋家平:《论大学之道德》,《学校党建与思想教育》2002 年第 9 期。
金生鈜:《大学人文教育与公民理性》,《大学·研究与评价》2008 年第 5 期。
卡洛斯·阿尔伯托·托里斯:《新自由主义常识与全球性大学:高等教育中的知识商品化》,《北京大学教育评论》2014 年第 1 期。
孔垂谦:《论大学学术自由的制度根基》,《江苏高教》2003 年第 2 期。
匡促联:《当代中国大学德性的反思诉求》,《大学》(学术版)2012 年第 9 期。
匡促联:《论大学的德性》,《大学》(学术版)2011 年第 7 期。
劳凯声:《面临挑战的教育公益性》,《教育研究》2003 年第 1 期。
雷小波:《德性:大学保守的根基》,《高等教育研究》2007 年第 11 期。
黎清群:《〈斯通纳〉:危机之中的大学精神坚守》,《闽江学院学报》2018 年第 1 期。
李斌琴:《一流大学需要一流的管理德性》,《现代教育管理》2018 年第 3 期。

李长伟：《从德性到欲望：教育的古今之变——基于政治哲学史的考察》，《教育理论与实践》2014 年第 19 期。

李军：《中国大学 3.0 模式——传统、现代与前瞻》，《清华大学教育研究》2016 年第 4 期。

李巧针：《娱乐文化盛行背景下大学的社会责任》，《黑龙江高教研究》2011 年第 9 期。

刘成：《大学的理想与现实》，《江苏高教》2010 年第 3 期。

刘芳丽：《麦金泰尔对亚里士多德德性观的承接与重构》，《齐齐哈尔大学学报》（哲学社会科学版）2017 年第 6 期。

刘健儿：《教育公正争议》，《北京大学教育评论》2005 年第 1 期。

刘铁芳、樊杰：《古典传统的回归与教养性教育的重建》，《高等教育研究》2010 年第 11 期。

刘学坤：《西方社会的政治现代性与大学德性的衰落》，《现代教育管理》2012 年第 5 期。

卢德友、杨士喜：《“中国道路”与新型现代性构建》，《天津社会科学》2019 年第 2 期。

卢晓中：《教育的卓越与平庸》，《教育导刊》2012 年第 21 期。

马丁·特罗：《从大众高等教育到普及高等教育》，《北京大学教育评论》2003 年第 4 期。

潘懋元：《大众化阶段的精英教育》，《高等教育研究》2003 年第 6 期。

彭阳红：《“教授治校”与“教授治学”之辨——论中国大学内部治理结构变革的路径选择》，《清华大学教育研究》2012 年第 6 期。

启越：《中国大学的危机》，《经济观察报》2011 年 6 月 3 日。

施芳：《高等教育如何实现公平》，《人民日报》2005 年 2 月 21 日。

施晓光、李俊：《“现代性危机”映射下的大学困境》，《浙江大学学报》（人文社会科学版）2013 年第 12 期。

史蒂文·施瓦茨：《大学的道德重建》，《世界教育信息》2009 年第 11 期。

宋君波：《大学何以有大德——在创建世界一流大学的实践中修炼德性》，《联合日报》2019 年 10 月 22 日。

苏红、章建石：《高等教育公共性的消解与高校的文化自觉》，《江苏高教》2005 年第 1 期。

苏君阳:《论教育公正的本质》,《复旦教育论坛》2004 年第 5 期。
眭依凡:《大学庸俗化批判》,《北京大学教育评论》2003 年第 7 期。
孙华:《论大学的道德责任》,《现代大学教育》2007 年第 1 期。
王长乐:《谁的大学》,《现代大学教育》2004 年第 5 期。
王晨:《大学共同体诸面向:学术、德性与政治》,《北京大学教育评论》2014 年第 4 期。
王洪才:《试论大学制度建设的价值导向》,《复旦教育论坛》2005 年第 3 期。
王建华:《大学道德危机》,《华东师范大学学报》(教育科学版)2009 年第 1 期。
王建华:《大学的范式危机与转变:创新创业的视角》,《中国高教研究》2020 年第 1 期。
王建华:《道德危机中的中国大学》,《大学教育科学》2010 年第 2 期。
王建华:《高等教育中的道德危机》,《教育发展研究》2009 年第 11 期。
王建华:《人性、道德与教育》,《教育研究与实验》2013 年第 4 期。
王建华:《我们需要什么样的大学》,《高等教育研究》2014 年第 2 期。
邬大光:《大学与斯文》,《光明日报》2016 年 3 月 31 日。
邬大光:《论建立有中国特色的现代大学制度》,《中国高等教育》2006 年第 19 期。
吴祚来:《精英成为社会稀缺资源 我们需什么样的精英教育》,《环球时报》2006 年 11 月 1 日。
熊庆年:《我国高等教育公共管理中的行为失落及其矫正》,《教育发展研究》2007 年第 11 期。
杨东平:《从权力平等到机会均等——新中国教育公平的轨迹》,《北京大学教育评论》2006 年第 2 期。
杨华:《大学精神的失落与重建》,《天津市教科院学报》2013 年第 4 期。
约翰·怀特:《教育与“有意义的生活”》,《教育研究与实验》2014 年第 1 期。
张斌贤:《现代大学制度的建立与完善》,《国家教育行政学院学报》2005 年第 11 期。
张其香、陈维军、赵静幽:《大学何以陷入“废墟”:一个知识生产的视角》，《福建师范大学学报》（哲学社会科学版）2016 年第 4 期。

张应强：《把大学作为学术组织来建设和管理》，《中国高等教育》2006 年第 19 期。

张应强：《全球化背景下的我国现代大学制度改革》，《高等教育研究》2013 年第 9 期。

赵凤娟：《后现代视域中的大学危机及其超越》，《鲁东大学学报》（哲学社会科学版）2015 年第 2 期。

赵荣辉、金生鈜：《大学的伦理德性与内部治理》，《高等教育研究》2019 年第 4 期。

郅庭瑾：《教育管理伦理：一个新的研究领域》，《华东师范大学学报》（教育科学版）2005 年第 3 期。

周川：《中国高等教育管理体制改革的政策分析》，《高等教育研究》2009 年第 8 期。

周峰：《“#3.0 时代”与中国现代性的问题》，《国际观察》2015 年第 1 期。

朱景坤：《大学“被行政化”的制度分析与“去行政化”的路径选择》，《江苏师范大学学报》（哲学社会科学版）2013 年第 3 期。

朱景坤：《大学德性迷失的现象解读与原因分析》，《江苏师范大学学报》（哲学社会科学版）2014 年第 5 期。

朱景坤：《美国大学教师学术自由的逻辑基础与制度保障》，《比较教育研究》2012 年第 2 期。

朱景坤：《社会转型期中国大学的危机》，《现代教育管理》2013 年第 1 期。

四　学位论文

步秋艳：《高校教师德性研究》，硕士学位论文，山西农业大学，2016 年。

付八军：《高等教育属性论——教育政策对高等教育属性选择的新视角》，博士学位论文，厦门大学，2006 年。

高桂娟：《现代大学制度演进的文化逻辑》，博士学位论文，华中科技大学，2003 年。

郭平：《我国公办大学内部治理结构研究》，博士学位论文，西南大学，

2012 年。
韩益凤：《平庸时代的大学》，博士学位论文，南京师范大学，2015 年。
雷晓云：《中国高等教育制度变迁及其文化透视》，博士学位论文，华中科技大学，2002 年。
林杰：《西方知识传统与学术自由》，博士学位论文，北京大学，2003 年。
刘芳：《论德性养成》，博士学位论文，东北师范大学，2013 年。
刘学坤：《现代性视野下大学学术不端问题研究》，硕士学位论文，南京师范大学，2008 年。
罗志敏：《大学学术伦理及其规制研究》，博士学位论文，武汉大学，2010 年。
马廷奇：《大学组织的变革与制度创新》，博士学位论文，华中科技大学，2004 年。
庞晋伟：《崇善的大学——现代大学的伦理精神探究》，博士学位论文，东南大学，2006 年。
朴雪涛：《论知识制度与大学发展》，博士学位论文，华中科技大学，2003 年。
尚洪波：《大学的伦理精神——蔡元培教育思想伦理研究》，博士学位论文，南京师范大学，2007 年。
沈慧：《教育的伦理精神及其教育德性的实现》，硕士学位论文，江苏大学，2008 年。
王峥：《德性是否可教——基于亚里士多德德性论的研究》，硕士学位论文，东北师范大学，2018 年。
吴国娟：《大学制度伦理反思》，博士学位论文，华中科技大学，2008 年。
吴铭：《当代中国大学精神缺失的伦理思考》，硕士学位论文，南京林业大学，2012 年。
杨华生：《麦金太尔的德性伦理学研究》，硕士学位论文，黑龙江大学，2018 年。
叶舒风：《现代性视域下的德性伦理研究》，硕士学位论文，南京信息工程大学，2016 年。
张乐：《论大学教学管理的伦理诉求》，博士学位论文，西南大学，2012 年。

钟爱华：《教师德性的缺失与重塑研究》，硕士学位论文，渤海大学，2014 年。

周益赋：《当前我国大学文化危机研究》，博士学位论文，华东师范大学，2016 年。

朱平：《制度伦理视角下的高等教育制度》，博士学位论文，厦门大学，2007 年。

五 英文文献

Barnet, R. *Beyond all Reason: Living with Ideology in the University.* Buckingham: Society for Research into Higher Education and Open University Press, 2003.

Bruce Wilshire. *The Moral Collapse of the University.* Albany: State University of New York Press, 1990.

Charles J. Sykes. *Profscam: Professors and Demise of Higher Education.* Washington, D. C.: Reqnery Gateway, 1988.

Derek Bok. *University in the Marketplace: The Commercialization of Higher Education.* Princeton: Princeton University Press, 2003.

Eric Ashby. *University: British, Indian, African, A Study in the Ecology of Higher Education.* Harvard University Press, 1966.

Harold J. Perkin. *Key Profession: The History of the Association of University Teachers.* London: Routledge and Kegan Paul, 1969.

Jon Nixon. *Towards the Virtuous University: The Moral Bases of Academic Practice.* New York and London: Routledge Taylor & Francis Group, 2008.

Karen Stohr. "Manners, Moral, and Practical Wisdom," in Timothy Chappell, ed. *Values and Virtues: Aristotelianism in Contemporary Ethics.* Oxford: Clarendon Press, 2006.

Slaughter, S., Rhoades, G. *Academic Capitalism and the New Economy: Markets, State, and Higher Education.* Baltimore, MD: The John Hopkins University Press, 2004.

后　记

本专著是在我博士学位论文《大学德性的迷失与重建研究》基础上修改而成的，以国家社会科学基金教育学一般项目“反思与重建：中国现代大学德性研究”（BIA130083）作为依托和支撑，出版得到江苏省高校优势学科建设工程（教育学）、江苏省高校哲学社会科学优秀创新团队（现代大学治理研究）建设项目和江苏师范大学博士教师科研支持项目的资助。

《易经》云：“见龙在田，利见大人。”其一解为：人在成长阶段，如果有幸得到德行高尚、品行卓著之人的扶持，有助于摆脱命运的泥淖，进而有所作为。在本书即将付梓之时，我首先要感谢李泽彧教授，作为我的硕士生导师更是我启蒙导师，是他把我领入学术研究的殿堂，厦大白城的秉烛夜读、前埔潘懋元先生学术沙龙的学术浸润，让我体味到学术研究和学术生活的艰辛与快乐，悄悄植入为学的种子。同等学力申请的硕士学位使我没有获得正式的研究生身份，让我有些难以释怀，一直有一个“正儿八经”读研的梦想并且挥之不去。蒙胡建华先生不弃，将生性愚钝的我收在南师门下，耳提面命、厚爱有加。胡老师不仅尽其授业解惑的经师之责，而且身先垂范教弟子如何为人为学。特别是在漫长的论文写作过程中，从没有“逼我”却也常常通过别人传递一些殷切期望，胡老师教诲之恩，不敢言谢，却没齿难忘。

南京师范大学教科院严谨风气的形成非一日之功，亦非一人之力。张乐天教授、吴康宁教授、张新平教授、王建华教授、陈何芳教授均治学严谨，给我的教诲和帮助十分慷慨，他们的真知灼见彰显了文化家园“厚生、人本、敬业、循道”的独特魅力。我想，就是这种严谨、朴实的治学之风和人文底蕴注解了南师大教育学在学界的地位和影响力。感谢一起学习的祝爱武、蒋惠玲、赵志鲲、马宇、崔艳丽、王龙、钱志刚等师姐师兄师妹师弟们！我们一起亲历博士生活，共同生活中的“碰撞”激活了你我的思维和灵性，彼此的智慧才华充实着共同的学术生活。

求学期间，宁徐两地有许多领导、师长和朋友以不同的方式给予我宝贵的支持和帮助。他们包括徐放鸣书记、任平校长、华桂宏书记、方忠书记、周汝光校长、蔡国春副校长、钱进副校长、姚宜新副书记、季红副书记；鲁斌宏、马志友、刘礼明、段作章、陈琳；胡仁东、赵峻岩、张欣、黄海涛、刘林、朱玉山、章乐、李云鹏。感谢一起工作共事的人事处、国际交流合作处、附属实验学校的同事和朋友！他们的包容理解、关心支持与帮助减轻了我博士学习生活中的思想压力，这种无形的支持力量是我博士学位论文写作的重要基础。

最后，要感谢我的父母！是他们给我巨大的理解和支持，是他们构筑起我心底最坚实的根基。感谢妻子蔡雪荣女士！她甘挑重担，在繁忙的工作之余，还要担当起全部家务和养育一双儿女的重任，成为我坚强的后盾。

本书能够付梓，离不开陈琳教授和蔡国春副校长的鼎力支持，中国社会科学出版社赵丽女士的帮助，在外文文献的搜集与翻译方面得到许凝同学的大力支持。在此特向他们表示衷心的感谢！

2022 年 5 月 1 日于彭城夕拾书屋